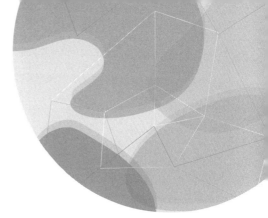

ホーンブック
法学原理
〔第4版　補訂〕

澤木敬郎・荒木伸怡・南部篤 / 著

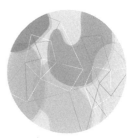

北樹出版

第4版の補訂にあたって

　『ホーンブック法学原理』は、澤木敬郎先生と荒木伸怡井先生の執筆によって1988年に公刊された。以来、多くの読者を得て版を重ねるとともに、第3版からは南部篤先生が共著者として加わり、2015年に第4版が発行された。さらに民法や刑法などの改正があったことをうけて、2024年に改訂が行われる予定であったところ、南部先生が急逝されたために新しい版を出すことが叶わなくなった。

　本書は、初版のはしがきにもあるとおり、講義内容を基礎として、具体的な例をあげながら分かりやすく親しみやすいものとして書かれたものである。澤木先生、荒木先生、南部先生が意図された内容や記述をそのままのかたちで残すため、今回は全体の改訂は行わず、補訂作業に留めるということとした。基本的には、法改正によって説明自体を変えなければならない箇所について以下の基準で加筆・修正を行った。

　まず、民法に関しては成人年齢の引き下げや債権法・家族法などの重要な改正があり、消滅時効の一部廃止や懲戒権規定の削除など、本文の記述が現行法にそぐわないものとなっている。しかし、それぞれの制度等の趣旨や背景を理解するうえで必要と考えて、本文の記述が改正前の内容となっている部分には網かけや＊マークを付けて、改正された内容について註記した。次に、本文で刑法の条文が引用されている箇所があるが、拘禁刑の導入（2025年6月から施行）や性犯罪に関する規定が改正されていることから、これらについては本文自体を現行の規定に修正した。さらに関連する法律などについても、条文等が引用されている場合には本文を修正した。ただし、改正前の規定が直接引用されるべき箇所についてはそのままとした。

　今回の補訂を行うことについては私がその大役を果たせたか極めて不安であり、その評価は読者に任せるしかないが、定評のある本書がこれからも多くの支持を集めて、入門書・基本書として利用されることを願うばかりである。

本書が補訂として出版できたことは、一重に、本書の初版から編集に携わってこられた北樹出版の古屋幾子さんのご尽力によるものである。心から感謝し、御礼を申し上げたい。

　　　2025 年 2 月 10 日

　　　　　　　　　　　　　　日本大学法学部准教授　　岡　西　賢　治

第4版のはしがき

　前回の改訂で、かなりの部分に所要の修正、追加を施したが、それから10年も経たないうちに再び本書の記述に手を入れることとなった。近時の法改正と判例の動き、社会の変化のはやさには目を見張るものがある。

　修正を加えた主な点を挙げれば、非嫡出子の相続分に関する最高裁の違憲判断と法改正、債権の消滅時効に関する法改正の動き、国選弁護制度の拡充、自動車運転死傷処罰法の制定、裁判員裁判制度の運用、検察審査会制度の改革などである。なお、民法の家族法の分野では、近く大きな法改正が行われようとしていることが伝えられているが、その点は次の機会にゆずらざるをえなかった。

　初版が世に出てからすでに三十年近くが経過しているが、本書は多くの方から好評をいただいているようである。「法学原理」という普遍的な内容を扱いながら常に社会の現実に目を向け、「法と社会の学のテキスト」であり続けようとする本書のスタンスが受け入れられているのだとすれば、まことに幸いなことである。こうした評価、読者の声を受け止め、本書を第4版にアップデートしてその要求に応えるべく私たち著者に精力的に働きかけて下さり、編集作業に力を注いでいただいた北樹出版編集部の福田千晶さんに、この場をかりて深く感謝を申し上げたい。

　　2015年3月

荒木伸怡・南部篤

第3版のはしがき

　初版のはしがきに記したように本書は、故澤木敬郎先生の講義内容を下敷きにしている。それ故に有する「西欧法の理論枠組みと日本社会の関連にも視点を広げる」という特色のためか、私の手で新版を出して以降も本書は幸いに好評である。

　近年の日本では、さまざまな法分野で法改正が次々と行われていて、本書の内容にも多大な訂正や追加が必要になってきていた。しかし、澤木先生が病没された年齢に私自身も近づきつつあり、必要なエネルギーが私一人では不足していて、再改訂に踏み切れないで悩んでいた。

　この度、長年にわたり本書を使いこなして教えておられる南部篤君の協力をえられることになったので、単なる編集協力者としてではなく共著者として、存分に手を入れてもらうこととした。

　新版のはしがきに記した事情により、故田中英夫先生の『実定法学入門——第三版』には、税務大学校における私の教育経験を随所に生かして頂いたし、本書もその内容を踏まえている。しかし、残念ながら、田中先生の著書には改訂の計画はないように思われる。

　そこで本書では、第3版から南部君に共著者として加わってもらい、必要に応じてこれからも改訂を重ねることを可能にした。私は、澤木先生の教育遺産とも呼ぶべき本書、澤木先生の講義内容に感激した私が多大なエネルギーを注いで初版をまとめた本書が、その特色を生かしたままに周辺的な記述を変更しつつ、これからも好評であり続けることを願っている。

　本書を第3版に改訂できたのは、南部君の努力と、それを支えた北樹出版の福田千晶さんのおかげである。私と北樹出版の登坂治彦社長とは、二人の仕事を支えたいわば黒子にすぎなかったのではなかろうか。

　　2006年1月

　　　　　　　　　　立教大学法学部研究室にて　　　荒　木　伸　怡

新版のはしがき

初版のはしがきに記したように本書は、故澤木敬郎先生の講義内容を下敷きとしている。幸いに好評であり、誤記・誤植その他について最低限の修正を加えつつ刷りを重ねてきた。澤木先生のご闘病とご逝去のため、全体を通じての見直しや修正は私が独力で行わざるをえない。未だそのような能力がないからと先延ばしにしてきたものの、刑法典の口語化・民事訴訟法改正等々もあり、いよいよ改版に踏み切らざるをえなくなった。

改版にあたり、「西欧法の理論枠組みと日本社会の関連にも視点を広げる」という本書の特色は、そのまま生かし続けた。したがって、例えば目次を見比べるだけでは、どこがどのように書き換えられたのか不明であろう。しかし、見直しや修正を行ったのが私である以上、専門分野が刑事法学ないし犯罪社会学である私の考え方や価値観などが、自ずと現れている筈である。初版をまとめるための作業過程で澤木先生から、「荒木はこんなに踏み込んで記してしまって」と、呆れられたことを思い出している。

私が初めて法学を教えたのは、大学院生の頃に税務大学校で故田中英夫先生をお手伝いしたときのこと。その後の研究・教育について、先生からかなり影響を受けていることは否めない。それ故、初版について田中先生から澤木先生へのお葉書により、お褒めの言葉をいただいたときは本当にうれしかった。

この新版を、澤木先生と田中先生のご霊前にお捧げしたい。

本書を教科書として教える際の時間配分や、それぞれの参考文献について、私のホームページにシラバスなどを公開しているので、参考にされたい。

　　1998 年 12 月

　　　　　　　　　　　　　立教大学法学部研究室にて

　　　　　　　　　　　　　荒 木 伸 怡

初版のはしがき

　法学の入門書あるいは概説書としては、すでに高い評価が定着しているすぐれたものが多数刊行されている。それなのに、何故、さらに本書をそれらに追加しようとするのか。この点について、一言しておきたい。

　法は歴史的所産であると言われる。しかし日本は、明治期における西欧法の継受によって、法発展の歴史に、大きな制度上の断絶を経験することになった。江戸時代あるいはそれ以前から、日本人と日本社会の中で成立し展開してきたさまざまな法制度は、基本的には変革されてしまった。しかし、法意識とか法観念そのものまで、全面的に変わってしまったと言えるのか、また、継受された西欧法がそのまま日本社会の中に定着したと言えるのかは、むしろ疑問とすべきであろう。法の歴史性という考え方からすれば、このようなことこそ起こりえないことなのである。

　それなのに、従来、法学の入門・概説を試みる場合、どちらかと言えば、西欧法の体系を説くことに重点を置くものが多かったように思われる。もちろん、今日の日本法の体系が西欧法の体系に依拠している以上、それを基礎とすることは当然であるが、西欧法の理論枠組みと日本社会の関連にも視点を広げることが必要だと考えたのである。

　さらに、このような西欧法の理論体系の解説を内容としてきたため、従来、ややもすると法学の案内書は、抽象的・理論的で、専門家以外には読みにくいものであったように思われる。そこで、具体例を豊富にもりこみ、初学者にも分かりやすい、そして何よりも親しみやすい法学の書物が必要だとは感じていた。

　本書の企画を立てたのは1982年の春であり、1983年に澤木が担当した法学の講義内容を基礎とした。具体的には、この講義を完全に録音・再生し、それを上記の趣旨に合うように編集した。教室で語られる具体例を切り捨ててしま

えば、理屈だけの難しいものになってしまう。それらを広く収録すれば、いたずらに冗長なものとなってしまう。詳しすぎる説明を要約し、説明不足を補いながら、約1万枚もの原稿を約500枚の長さに整理する作業に、5年もの長期間を要してしまった。その間には、全面書き直しを何回か行ったし、苦労して調査し補充した内容を、やむをえず切り捨てたこともある。

　しかし、このような形にまとまってみると、なお心残りの点が少なくない。御批判をえて、より利用しやすいものに作り変えて行きたいと考えている。

　本書ができるまでには、多くの方々に協力して頂いた。録音とテープ起こしを担当してくれた当時の学生達は、既に卒業してしまった。録音に失敗してあわてたこと、笑い声などまで忠実に起こしてしまった学生がいたこと等々を、懐かしく思い出している。本書のイラストは、当時は新入生であったのに、今は銀行員として極めて多忙な茨城守君に無理にお願いして、腕を振るって頂いた。

　北樹出版の登坂治彦氏は、徹底的に手をかける我々の作業に半ば呆れつつも、暖かく見守り続けて下さった。同じく古屋幾子氏は、必要な作業を分担までしつつ、我々を終始叱咤激励してくれた。これら多くの方々に心から感謝の意を表したい。

　　　1987年12月

　　　　　　　　　　　　　　　　　立教大学法学部研究室にて

　　　　　　　　　　　　　　　　　　澤木敬郎・荒木伸怡

目　次

序　章　法学を学び始める人へ ……………………………………… 13

  1．法の技術性（13）　2．価値判断と法技術（14）
  3．平和と秩序の叡知（17）　4．日本社会の法文化（18）

第1章　法とは何か …………………………………………………… 19

 第1節　社会と秩序 …………………………………………………… 19

  1．秩序と法（19）　2．不文法と成文法（20）

 第2節　行　為　規　範 ……………………………………………… 24

  1．もんなんだ主義（社会化）（24）　2．遊んであげな
  い（サンクション）（27）　3．行為規範の多様性（28）
  4．法文化（29）　5．社会規範と裁判規範（30）

 第3節　慣習・道徳・法 ……………………………………………… 32

  1．慣習（32）　2．西欧の道徳と日本の道徳（33）
  3．法と道徳（35）

 第4節　権利と義務 …………………………………………………… 40

  1．法学の中心的概念（40）　2．権利という言葉の使
  われ方（41）　3．権利の分類（46）　4．日本の歴史
  における権利（52）　5．権利の濫用（56）

 第5節　法　と　実　力 ……………………………………………… 60

  1．インフォーマル・サンクション（60）　2．法的サ
  ンクション（62）　3．法的サンクションの内容（65）
  4．行政的制裁（66）　5．刑事的制裁（67）　6．民
  事的制裁（70）

 第6節　法　と　言　語 ……………………………………………… 72

  1．社会統制の媒介手段（72）　2．言語と社会（74）
  3．言語の多義性（75）

 第7節　法　と　論　理 ……………………………………………… 77

  1．近代合理主義と論理（77）　2．概念法学と自由法
  論（78）　3．法の解釈と価値判断（82）　4．解釈理

念と解釈技術（85）

第8節　法の目的・理念……………………………………………91

1．具体的妥当性——正義（91）　2．法的安定性——
秩序（97）

第2章　法の成立と形式………………………………………104

第1節　法系と法の継受………………………………………104

1．法系とは（104）　2．大陸法系（105）　3．英米
法系（108）　4．法の継受（108）　5．法典編さんと
外国法の継受（111）

第2節　制　定　法………………………………………………114

1．法源とは（114）　2．成文法主義と不文法主義（115）
3．制定法の種類（116）　4．一般法と特別法（120）
5．法律不遡及の原則（121）　6．制定法の調査（122）

第3節　附　合　契　約…………………………………………124

1．私的自治の原則と契約（124）　2．日常生活と契約
（124）　3．普通契約約款（126）　4．附合契約の規
制（128）

第4節　慣　習　法………………………………………………130

1．慣習法の生まれる理由（130）　2．慣習法の例（133）
3．任意法規・強行法規と慣習法（136）

第5節　判　例　法………………………………………………139

1．判例とは（139）　2．判例の拘束力（140）
3．判決の理由（レイシオ・デシデンダイ）（144）

第6節　学　　　説………………………………………………147

1．科学学説と解釈学説（147）　2．通説とは（148）

第7節　条　　　理………………………………………………150

第3章　法　と　裁　判………………………………………152

第1節　裁判制度の基礎…………………………………………152

1．紛争解決制度としての裁判（152）　2．裁判制度の
歴史（154）　3．特別裁判所の禁止（158）

第2節　民事紛争の解決…………………………………………160

１．紛争解決制度の種類（160）　２．黒白と灰色（161）
３．和解（162）　４．調停（165）　５．仲裁（168）

第３節　裁判制度とその理念………………………………………170

１．三審制（170）　２．裁判の公開（172）　３．司法
権の独立（175）　４．裁判官の独立（179）

第４節　裁判と法曹………………………………………………182

１．法曹養成（182）　２．準法曹（184）　３．予防法
学（185）　４．裁判と民間人（187）　５．法曹倫理（188）

第５節　司法過程と事実認定……………………………………190

１．判決の成立と構成（190）　２．当事者主義（193）
３．自由心証主義（199）　４．挙証責任（201）

第４章　法と行政………………………………………………207

第１節　行政機関の持つ立法機能と司法機能………………………207

第２節　固有の行政機能…………………………………………212

１．行政活動（212）　２．行政指導（214）

第５章　法の発展………………………………………………216

第１節　近代市民法の発展………………………………………216

１．歴史的産物としての法（216）　２．近代市民法の基
本原理（217）　３．人格権の尊重（219）　４．所有権
の絶対性（220）　５．契約自由の原則（222）　６．過
失責任の原則（226）　７．社会法の成立（230）

第２節　公法と私法の関係………………………………………230

１．実定法の体系（230）　２．保護法益による区別（231）
３．主体による区別（233）　４．法律関係の性質による
区別（233）　５．公法と私法の相対性（234）

終　章　法学の学び方…………………………………………238

１．人と社会の認識（238）　２．法学の体系性（239）
３．リーガル・マインド（240）

練習問題（243）／**参考文献一覧**（247）

ホーンブック　**法 学 原 理**
〔第 4 版 補訂〕

序　章　法学を学び始める人へ

〔この章で学ぶこと〕

「法」という言葉で、六法全書を思い浮かべ、「法学教育」とは六法全書を暗記させる技術教育・職業教育だと思い込んでいる人が少なくない。法に技術性は不可欠である。しかし、人間に対する理解や社会に対する理解を欠いた法技術のみでは、「平和と秩序の叡知」を求めることはできない。

1．法の技術性

　法学の分野は、憲法・民法・刑法・商法など、個別の学科目に分かれています。そして法学部には、憲法が専門の先生とか民法が専門の先生とかはおりますが、法学が専門の先生というものはおりません。それぞれはひとつまたは複数の専門化されたある分野の研究をしており、法学全体について問題関心はあるものの、「法学とは何か」を主として研究しているのではありません。このように法学の各分野は専門的に細分化されていますが、そのひとつの原因は法の技術性にあると言えましょう。

　刑法 199 条は、「人を殺した者は、死刑又は無期若しくは 5 年以上の拘禁刑に処する」と規定しています。ここで用いられている「人」という言葉は、どういう意味なのでしょうか。法律が扱う社会現象は大変広範囲にわたるので、そのある場面をとり上げると、殺されたのが人であるか人でないかの判断にあたっては、人の始まりと終りについて、かなり難しい問題が出てくるのです。人の始まりは、例えば刑法では、堕胎罪（212～216 条）と殺人罪との境界に関わります。堕胎と殺人とを区別すべきでなく、妊娠 1 カ月の胎児を殺しても殺人だという考え方もありえます。しかし、道徳上はともかく法律上の扱いとして、堕胎と殺人とは違うという価値判断に立つ場合には、どの段階から胎児

が人に変わるのかを決めなければならず、陣痛開始説・一部露出説・全部露出説・独立呼吸説等々、色々な学説があります。そして、どの説をとるかが、いわゆる間引、今の言葉で言う新生児殺を、処罰すべきか、どう処罰するかに関わるのです。なお、民法3条1項には「私権の享有は、出生に始まる」と規定されており、例外はあるものの（721、886、965条など）、原則として胎児のうちは権利義務の主体になれません。ですから、民事関係でも人の始まりが問題になるのです。

　人の終り、つまり、いつから人でなくなるかも難しい問題です。人の死を、脈拍・呼吸・瞳孔反応の停止という三徴候で判定すべきか、脳の機能喪失を示す脳幹反射消失、平たん脳波等の基準で判定すべきかは、現代の大問題です。死の判定には、どうしても人間の感情が絡むので、単純に医学上の観点からだけで結論を出すことはできません。なお、臓器移植との関係については、本人の意思を尊重する「臓器提供意思表示カード」制度が、解決のためのひとつの方向性を示しています。

　甲は、憎い男乙を殺そうと夜中に乙の家に忍び込み、就寝中の乙の心臓めがけて短刀で一突きして逃走します。ところが乙は、その数時間前に既に心臓マヒで死亡していた場合に、甲の行為の道徳的な悪さは殺人と同じです。では、甲の行為は刑法上は199条の殺人罪でしょうか、それとも190条の死体損壊罪でしょうか。

　おそらく国語辞典で引いてみようとすら思わない「人」という言葉について、法学にはこんな面倒な問題があり議論があります。そして、こういう問題は、どの言葉にもあるのです。法にとり技術性が不可欠であることを、幾分かでも理解し納得したでしょうか。

２．価値判断と法技術

　法に技術性が不可欠であるのは、法が制度であるからであり、技術的知識を身に付ける必要があるのは、制度は制度としてきちんと理解する必要があるからです。さて、制度の背後には必ず、何故そういう制度になっているか、ある

いは、何故そういう扱いをするかという、理由ないし価値判断があります。例えば堕胎罪と殺人罪との境界の問題については、生命の尊重、基本的人権、犯罪とは何か、人が人を処罰するとはどういうことかなどについて、哲学的あるいは倫理的な価値判断があり、それらの交錯の中で、この場合には「人」という言葉にどのような意味を与えておくと一番妥当な解決が導かれるのかということが考えられているのです。

　昔イギリスで、重度身体障害の子供を産んだ母親が、その子の将来を悲観して殺してしまい、第一級殺人罪で起訴されたとき、裁判官が「人を殺せば殺人罪になる。しかし、ここで生まれたのは人ではなく鬼だ。鬼を殺した者に刑罰を科す法律はないので無罪」という判決を下したことがありました。障害者問題についての現在の考え方からは、これは疑問の多い判決かも知れません。しかし、追いつめられた状況に置かれた母親が自分の産んだ子を殺してしまったときに、さらにその母親を殺人罪で死刑や無期拘禁刑に処するのが良いかどうかは、別問題です。何とか母親を無罪にしたいという判断に立つときに、情状酌量など色々な技術ないし理屈のつけ方があり、そのひとつとして、この裁判官は「これは人ではない」と説明したのです。

　この裁判官が名裁判官かデタラメな裁判官かの問題はさておき、ここで大切なのは、法はこういう働き方もできると認識することです。例えば、新聞報道される判決文の中に、素人眼には訳の分からないことを書いてあることがあります。これは、素人をごまかすためではなく、妥当な結論を導くために裁判官が苦労して、法技術を駆使しているのです。

　旧刑法時代の電気窃盗事件も、価値判断と法技術についての例です。電気料金を滞納すると、家庭への引込み線を切断され、電気を止められてしまいます。しかし、引込み線を勝手につなげば電気は通りますし、電気料金も払わずに済みます。ところが電力会社も時折巡回しているので、この行為が発見され、起訴されて、一審有罪・二審無罪の後、今なら最高裁判所、当時の大審院に事件が係属しました。被告人は「(旧) 刑法366条は『人ノ所有物ヲ窃盗シタル者』と規定しており、所有物とは有体物であって、民法における『物』もそう解さ

れている。電気は有体物ではないから、窃盗には該当せず、無罪である」と主張しました。大審院は被告人を有罪としましたがその背後には、ただで電気を使うとはけしからんという道徳的判断ないし倫理的判断が、まずあったと思われます。そして、「(旧) 刑法366条にいう『物』とは、管理可能性のあるものである。電気は、バッテリーに蓄えたりでき、管理可能性があるので『物』である。故に、盗電行為は窃盗にあたる」と、理論構成したのです。

　この大審院判決に対し、法学者は大反対をしましたが、この反対の背後には「刑罰は基本的人権に対する重大な制約なので、『常識的に考えて悪いから処罰する』ことは許されない。刑罰を科すことができるのは、こういう行為をしたらこういう刑罰を科すと予め法律で決めてあるにもかかわらず、その行為をしたときだけである。盗電行為を処罰したいなら、事前に法律で決めて置かなければならない」という、価値判断がありました。

　その後、旧刑法が全面改正され現行刑法が制定されたときに、245条の「電気は、財物とみなす」という規定が新たに設けられています。つまり、一般人は相変らず電気を物とは思っていないのに、法律や法律家は電気を物と扱っているのです。これは、特殊技術や知識を振り回して一般人を煙に巻くためではありません。常識的に考えて悪いことは適切に処罰すべきであるという価値判断や、国家権力による刑罰の濫用から市民の人権を守らなければならないという価値判断が交錯している中で、最も妥当な解決に到達するために、技術的な理論が必要とされたのです。

　法の持つ技術性の背後にあるものは、価値判断にとどまらず、人生観や思想であるかも知れません。法学を学ぶには、法律知識を単に積み重ねるのではなく、背後にあるものを理解できるよう研鑽を積むことも大切です。この意味で法学は大人の学問とも言われています。また、研鑽を欠いては、社会の変化に伴い将来起きるであろう新しい事態に、適切に対処することが不可能となるのです。

3. 平和と秩序の叡知

　法は、平和な社会を作る、あるいは、社会の中に安定した秩序を作るためのものです。そしてこれは、不幸にして社会内に争い事が起きたとき、どのようにその紛争を解決すべきか、また、法はそこでどのような役割を果たすべきかに関わります。例えば、裁判には必ず勝ち負けがあり、勝った方は納得しますが、負けた方はなかなか納得しません。そこで、極端に言えば、負けた方も納得するような紛争解決こそ望ましいのです。

　私が教室に忘れた時計が、質屋へ届けられ、質流れになって、売りに出されます。私が忘れた日から2年を超えたある日、私の時計を使っている学生と出会います。そこで「それは私の時計だから返せ。証拠としてここに傷がある」と言いますが、学生は「これは質流れ品でお金を出して買ったのだ。盗んだ訳でも拾った訳でもない。これは自分の所有物だ」と言って返してくれないので、紛争が起きます。私の時計を拾って質屋へ届けた奴は悪人です。しかし、ここでの紛争は、忘れた人の所有権と、知らずに買った人の信頼との、どちらが保護されるべきかの争いであり、どちらかが一方的に悪いとは言えないのです。もしも世の中の紛争が、絶対に悪い奴と絶対に良い人で可哀想な人との争いばかりなら、法学は不要です。遠山の金さんや水戸黄門が現れて、悪い奴をやっつけてしまえば良いのです。また、離婚訴訟などでも、虐げられた可哀想な夫とすさまじい悪妻というような事案は少なく、どっちもどっちという事案が多いのです。

　私の時計については民法192条に即時取得という条文があり、それに関連して遺失物や盗品に関する規定（193、194条）もありますから、裁判所の判決は学生の勝ちです。しかし、もしも私に対しても充分に納得のいく説明がなければ、私は法律不信・裁判所不信に陥り、法律粉砕・裁判所粉砕を叫んで、自分で実力行動にでるかもしれません。すなわち、紛争を平和的に解決し社会秩序を維持する機能を法が果たしていくためには、屁理屈の形式論理ではなく、充分な論理的説得力と総合的判断力とが、法にとり不可欠であり一番重要なのです。これは、法的なものの考え方とかリーガル・マインドとか呼ばれ、法学

を学ぶ過程で必ず身に付けなければならないものです。そして、これを身に付けるには、教室で講義を受けるだけでなく、自分の頭で考えること、他人と討論することが必要なのです。

4．日本社会の法文化

　実際に社会を動かしている法は、国会で作られた法律のみではありません。「約束を守る」ことを例にとり説明します。民法（415～422条）には債務不履行という規定があり、契約を破った人は損害賠償を支払うことになっています。それ故、法律的には、約束は守らなければいけないというルールがあります。しかし、日本社会総てが、約束を守るというルールで動いている訳ではありません。例えば、貸した金の期限が来たので返してもらいに行くと、相手の家では葬式準備の真最中だったとします。それにもかかわらずもしも玄関先に座り込んで、「耳をそろえて金を出してもらいたい」と要求したら、「人でなし」とののしられたり、嫌な奴だからこれから遊んであげないという制裁を受けたりしますから、普通の人はこういう行動を避けます。したがって、約束は守らなければならないというルールが存在しているものの、それと同時に、ある種の場合には約束は守らなくて良いという了解があるのです。また、労働組合と会社との間の契約である労働協約の違反があった場合にも、日本では、労働協約通りの機械的な扱いはせず、円満に話し合う場合が多いのです。

　これは日本の法文化の問題です。江戸時代以来言われて来た義理や人情などが、現代の日本社会にも色々な形で尾を引いており、実際に私達の行動を決めているのです。法学を学ぶ際には、価値判断や法技術を学ぶことと併行して、そもそも日本社会とはどういうものか、どのような独特の社会生活の基準があるのか、それに対し自分はどのような評価を与えるのか等々をも、学ばなければなりません。

第1章　法とは何か

〔この章で学ぶこと〕

「法とは何か」という表現は、法学の重要課題である「法の定義」を指して用いられることが多い。しかし本章は、定義者の立場毎に内容が区々となっている「法の定義」自体を述べるのではなく、いろいろな角度から「法学の究極の課題」を述べることにより、「法とは何か」を描き出し、いわば法を定義するための素材のみを提供することとする。

第1節　社会と秩序

1. 秩 序 と 法

　「秩序」は、法の基本的な目的や理念に関わる重要な概念です。しかし、ここではそこまで立入らず、「社会秩序が維持されている」とはどのような状態かから、考察を始めます。

　ラッシュ・アワーの駅のホームを例にとりましょう。皆が整列乗車をすれば、満員電車であっても何台目かにはきちんと乗れます。この状態を秩序がとれていると言います。ところがホームにすき間なく人が待っていると、ちょうど目の前にドアが来れば運良く乗れ、そうでなければ乗れません。ましてお年寄や子連れは、いつになっても乗れません。こういう状態を、秩序がなく混乱していると言います。

　社会を構成しているひとりひとりはそれぞれ行動を選択しており、秩序がとれているか否かは、各人が選択した行動の総和に依存しています。社会秩序が維持されるためには、人々の行動選択が平和な秩序（整列乗車）に向けられていなければならないのです。したがって平和な社会秩序の維持にとって、人々

が一体どのような基準で自分達の行動を選択しているかが、重要な意味を持ってくることになります。

「社会あるところに法あり」（Ubi societas, ibi ius.）という言葉は、この点について、ひとつの示唆を与えてくれます。例えばロビンソン・クルーソーがひとりで暮していたときにも、獣に襲われないよう今日は柵の修理をしよう、食料を入手するため明日は釣りに行こう等々、彼なりに行動選択の基準がありました。しかし、嫌になったからと柵の修理を延期しても、誰にも影響を与えません。自分と自分の良心ないし神との関係にしか関わらない段階では、その行動選択の基準を、未だ法とは呼びません。

その後フライデーが来て、ふたりの協力が始まると行動選択の基準が、他人との関係で自分は何をすべきかという意味を持つものに変わります。これが、法の始まりです。人間は社会的動物ですから、他人との関連の中で初めて、法や秩序というものが問題になってくるのです。

２．不文法と成文法

「法とは何か」について、「社会あるところ法あり」という言葉を鍵として考えてみます。行動選択の基準としての法は、ふたり以上の人々の関係において問題となるのであり、まさにそれが社会です。したがって、教科書によっては、碁や将棋をして遊ぶ関係も社会だと説明しています。この意味で、休講のときに麻雀屋へ行く4人は、ひとつの目的社会を作っているのです。つまり、1時間半の暇な時間を楽しく過ごすという共通の目的を持って4人が集まり、その目的が終了すれば解体する、非常に短時間ではあるが同一の目的に向う人間集団が、そこにできているのです。

それでは、ふたりで碁盤や将棋盤をはさんで黒石と白石を打ったり駒を動かしたりしている社会における法とは、どのような内容のものでしょうか。法は人間の行動選択の基準ですから、行動選択の基準としてふたりに何が与えられているかを、考えて下さい。そこでの法は囲碁や将棋のルールであるという解答は、間違いです。囲碁も将棋も順番に一手ずつ打つ、呼吸点を全部囲まれた

らとられる、飛車は縦横に真直ぐ進めるが歩はひとつずつ前にしか進めないなどは、ゲームのルールではあるものの、人間行動のルールではありません。

　それでは、ゲームをしている小さな社会の中に、一体どのような人間の行動選択の基準があるのでしょうか。他人と遊ぶときにまず第一に守らなければならないことは、「負けても怒らない」ことであり、これは非常に大事な人間行動です。負けそうになると碁盤をひっくり返して「分からなくなったから初めから」と言う人がいます。麻雀に負けると渋い顔をして、皆が楽しくなくなるような態度をとってしまう人もいます。したがって、皆で楽しく遊ぶ目的で人間社会を作ったときには、その構成員は負けても怒ってはいけません。しかし、これは当為の法則であり必然の法則ではありません。中にはふくれっつらをしたり怒ったりする人もいます。その時にどうするのか、どうなるのかは、後述します。

　人間が集まり、平和な気持ちの良い社会を作るために、暗黙のうちにその構成員に期待されている行動が色々あります。したがって、例えば麻雀の規則を書き出すとしたら、色々な内容がそれに含まれる筈です。しかしそれらは麻雀法第〇条などと規定されてはいませんし、麻雀屋へ行く前に契約書を書いて、「第1条　負けても怒らないこと。もしもこれに反したるときには違約金を〇円支払う」とか決めてから、麻雀屋へ行く人はいないのです。つまり、麻雀を楽しむときに各人が選択すべき行動の基準は、文字になっていないのです。国

22　第1章　法とは何か

民に対する行動の基準として、国会が制定し文章の形で示すものだけが法なのではなく、私達の日常的な社会生活を動かしていくために、至るところに法が存在しています。社会秩序を維持していくために、文字になっていない法すなわち不文法が、人間の行動選択の基準として、非常に重要な役割を果たしているのです。この種の不文法に違反しても、刑務所に入れるとか違約金を支払わせるとかということにはならないので、裁判所で問題となる法律とは若干機能が異なります。しかし、実際の社会を考察するには、例えば麻雀をする仲間の法も存在することを、理解しておく必要があります。

　日本の社会について「本音と建前の分裂」という問題が良くとり上げられますが、このような不文法は本音の部分に関わるのです。例えば労使関係もひとつの人間関係ですから、労働法上の建前だけによってではなく、「そんな固いことを言うな。まぁまぁ」と肩をたたいたり、「今夜一杯飲もう」と誘うなどの形で、多様な問題が実際に処理されることもあります。これは必ずしも、労使関係に限定された処理方法ではありません。良い悪いという評価は別にして、こういう法も存在していることを理解しておかないと、日本における法とは何かを正しく認識できないのです。

　学校や会社などは、囲碁や将棋を楽しむ社会よりも大きく、時間的継続性がある、目的社会です。社会の構成員が多数になりかつ多様化すると、共通の目的に対する理解も多様化しますから、不文法と成文法との接点を考察する好材料です。

　学校は、学ぶという共通目的を持つ人々の集まりです。そして、学ぶという目的が全員共通に本当に理解されていれば、その中で人々が行動すべき基準や了解が守られている筈です。しかし、例えば教室に「静粛」と書いてある学校では、「授業中に教室で私語をしない」という当然の行動選択の基準が、不文法のままではもう守られていないのです。つまり、目的社会の目的を理解せず逸脱行動をする構成員が多いときに、仕方がないので不文法を成文化して「静粛」という表示をするのです。

　表示だけで私語がやまない場合には、「静粛にしないと退学処分に処す」と

いう規則を制定します。しかし、まさか授業中の私語位で退学処分にできないので、実際には処分しません。すると学生は、表示や規則は単なる文字にすぎないとすぐに慣れて、また私語を続けることになります。そこで、学生を本当に退学させて見せしめにするのが、いわゆる恐怖政治なのです。広場に人々を集めてギロチンによる死刑執行を見せるなど、人類の歴史に沢山ある残虐な刑罰は、総て見せしめのためのものであり、その社会の崩壊のひとつの現われなのです。

　法学は、人間の行動選択の基準に関わる学問ですから、行動がなされる場であるそれぞれの人間集団の意味と性格を、把握していなければなりません。学校や会社などが、一定の目的のために一時的・人為的に構成された目的社会（ゲゼルシャフト）であるのに対し、家族という共同体社会（ゲマインシャフト）は、人間存在をかけた全人格的な結合という性格を持っているので、その内部の行動選択の基準は、普通は不文法です。例えば、家族間の家事分担をきちんと契約書にして交換している家族がほとんどないことに見られるように、家族間の人間関係は、成文化になじみにくい「愛情」で処理されています。ただし、家憲・家訓や先祖の遺言という形で、家族を超えた「家」の所属員の行動基準が、成文化されていることもあります。

　ところで、現在の国家法体系の中には家族法という法分野があり、親族関係や相続関係を法律で決めています。したがって、家族という愛情共同体の中での人間行動のあり方と、家族間のことを法律で決めていることとの関係が問題になります。詳しくは後述しますが、この問題は、家族という団体について、および、家族関係の中で人間が選ぶべき行動の基準について、社会全体がどう考えるかに関わるのです。

　農村社会や都市社会は、目的社会ではなく地理的・地域的な社会であり、行動選択の基準が各人の目的により異なるので、構成員間の意見の差異が明確に出てきやすい社会です。すなわち、現在の社会は分業社会ですから、ある一定の地域の中に色々な職業の人が暮していて、互いに助け合いながらひとつの社会として共同の営みをしています。ところが、各人の利害関係は必ずしも一致

24　第1章　法とは何か

しないので、ある行動選択の基準を決めようとすると「自分には不都合だ」とか「自分としてはこちらの方が良い」とか、いろいろと異なった意見が出て一律の結論を出しにくく、これらの意見を調整する必要を生じるのです。その際に、暴力の強い者の言い分が通るのではなく、皆で話合い、より多くの人々に支持される行動のあり方を皆で確認していくこと、つまり、平和的に意見の相違を調整しつつ、自分達の行動基準を作っていくことが必要です。したがって、地縁社会では不文法が成文法に、だんだん変わっていかざるをえないのです。

　例えば、国家のように、もっと大きな地縁社会では、いわゆる権力が人々の行動基準を法律の形で決定し、権力が人々の行動をコントロールします。さらに全地球的な国家や個人の集まりが、国際社会です。そして、現在、反戦平和運動などが盛んであると同時に、世界中で大なり小なり戦争が行われているのが現実です。したがって、国際社会の中で国家や個人に対し、「どのような行動選択をすべきであるかを、常識で考えなさい」と言って済ませる訳にはいきません。そこで条約を作り、核兵器削減、毒ガス使用禁止、非戦闘員への加害禁止など、戦争に関する行動基準を取り決めたりします。しかし、これは当為の法則でありそれを破る国家や個人があるので、国際社会では、そのような事態への対応の仕方を決め文章化していく必要があるのです。このように、国家や国際社会では、法がかなり明確に言語化され、権力による命令という性質を帯びて、人々に対して行動選択の基準を示すのです。

　結局、「社会あるところ法あり」と言うものの、行動選択の基準の表現形式や内容が、社会の型に応じて非常に多様化しているのです。

第2節　行　為　規　範

1．もんなんだ主義（社会化）

　「法とは何か」という問題を、今度は人間の側から、すなわち、人間は一体何を行動選択の基準にしているのかという観点から、考えてみます。日本では明治以来、もっと自我に目覚め、自分の主体的な決断により、行動を選ばなけ

ればいけないと言われてきています。主体性や自我が強調される背景には、人間の自由に対するある評価があります。そこでここでは、人間の自由性を念頭に置きつつ、社会秩序を考えてみます。

　人間の行動選択は、自律的なコントロールと他律的なコントロールとの所産です。すなわち、自分の行動が他人によってコントロールされる側面を、否定はできません。例えば、欲望や利害打算による行動選択は、他人がどう対応するだろうかなど、他人の目を気にしながら行うのであり、他人との交渉を前提としつつ、自分の意思で決めているのです。

　自由ということをつきつめて考えると、「私達は本当に自由なのか」という問題にぶつかります。そして、とりわけ法を考える場合には、人間の自由性の限界が、かなり重要な意味を持つのです。何故なら、人間の自由とか主体的決断とか言っても、人間は何でも自分で考え真剣に悩んだ上で、行動を決定しているのではないからです。例えば、昼食の前に、現在自分は空腹か、栄養状態はどうか、今日は昼食をとる必要があるか、カロリーはどの位必要かなどを、真剣に悩み主体的に決断をしてから昼食をとる人は、ほとんどいないのです。また私達は、何故1日3食なのかを真剣に悩まないままに、1日3回食べています。ひどい人は、寝坊して10時半頃朝食をとり大学へ駆けつけて、お昼にはまた食べています。つまり、お腹は減っていないのに、「12時になったら食べるもんなんだ」ということで食べているのです。これを「もんなんだ主義」と呼びます。

　私達が毎日行っている行動選択のかなりの部分は、こういう「もんなんだ主義」による選択です。これは一種の思考節約であり、自分の行動にいちいち悩んでいたら、生きていられません。麻雀に誘われたとき、講義に出るかさぼるかを、最初のうちこそ真剣に悩むものの、そのうちに癖がつきます。講義への出席癖がついた人は「出席するもんなんだ」と教室へ来る、さぼり癖がついた人は「さぼるもんなんだ」と、何ら悩みもせずに麻雀屋へ行くのです。

　私達の社会化（ソシアリゼーション）の過程は、この「もんなんだ」を色々と身に付けていく過程です。人間社会に産み込まれてまだ物心もつかないうち

は、例えば、お腹がすくと眼の前の食べ物にすぐ手を出します。するとお母さんにすぐ手をピシャリと打たれて、「これはお兄さんの物」とか、「お客様の物」とか言われることを、何度か繰り返しているうちに、いつの間にか自分の物・他人の物という概念や、他人の物にやたら手を出してはいけないもんなんだということを覚え込み、このようにしてだんだん成長します。そこで、平均的な良き市民は、そもそも他人の物を盗ろうとすら思わなくなってしまっており、「盗ろうか、やめようか、やっぱり盗らない」という選択を、普通は行いません。しかも、刑法235条を読んだことのある人は、法学部の学生や卒業生を除いて、ほとんどいないと思います。ですから、「刑法199条により殺人犯は死刑または無期もしくは5年以上の拘禁刑になるので、私は殺人をしない」という人がもしもいたら、それはよほど変わった人です。普通の人は生命の尊重をいつしか身に付け、人を殴るとか傷つけるとか、まして殺すとかは考えもしないのです。つまり、日本の社会に殺人事件があまり起きないのは、刑法のお蔭であるよりも、私達日本人が人殺しをしたいとも思わないように、社会化されているからなのです。

　平和な社会秩序の維持にとり、社会化過程の果たしている役割は非常に大きいのです。したがって、人間行動のあるべき基準のかなりの部分は、人間が社会の中へ生み込まれて以来、「こういうもんなんだよ」という形でほとんど無批判に身に付けたものです。主体性や自我を強調することは、「無批判に身に付けたものを再点検せよ」という呼びかけでもあり、概して正当です。また、過去から引き継いでいる文化遺産のうち、悪い遺産を切り捨てる勇気と努力は必要です。しかし、無批判に身に付けたものだからという理由だけでむやみに否定することは、法の見地からは正しくありません。ある種の約束事が社会の中にあり、皆がそれに従って行動していることが、平和な社会秩序の維持のために極めて重要な役割を果たしており、日常生活のかなりの部分が「社会化」により維持されているのです。

２．遊んであげない（サンクション）

　昔は、弱い者を集団で、しかも大怪我をする程まで殴るという行動選択を、しようとすら思わないように、人間が育てられていました。ところが近年は、中学生による集団リンチ・集団いじめなどが、日常的に起きています。すなわち、都市型社会では、人間としての最低限度の行動選択基準をその構成員に伝えられなくなっているか、または、社会化の機会が充分でなかった構成員を生じてしまっており、自己の欲望や衝動だけで行動選択をする人が多くなっているのです。

　法は当為の法則ですから、法の示す行動選択の基準を、皆が守るとは限りません。そこで、秩序維持にとり望ましくない行動をする人を必然的に生じてしまい、そのような行動をやめさせる必要が生じます。「社会化」の過程においては、個人の成長途上において社会が暗黙のうちに働きかけ、その人の行動を規律します。成長の後であっても、社会的に望ましくない行動をした場合に、その行動をやめるようにと、社会は個人に積極的に働きかけるのです。

　他律の方法は、社会の側からその構成員である個人に向けて、「こういう行動をして欲しい」・「こういう行為をすべきである」という注文ないし行動の基準を、成文法や不文法として述べる形をとります。社会の側からの要求であり当為の法則であるこの注文内容を、社会規範と呼びます。社会規範の中で特に個人の行動に向けられている部分を、行為規範と呼びます。なお、これらの注文内容は社会の目的や形態と望ましい秩序との関係から導かれるので、それぞれの社会に応じて異なるのです。

　行為規範は当為の法則ですから、個人に対して働きかけても、皆が必ずそれに従うとは限りません。そして、従わない人を放置しておく訳にはいきませんので、当為の法則にはサンクションという概念が必要となります。サンクションという言葉は、制裁と訳されるのが普通です。しかしこの言葉は、罰という意味ばかりではなくごほうびという意味をも含んでおり、いわゆる飴と鞭を両方合わせた言葉なので、日本語に訳すには無理があります。

　落し物を拾ったときの行動基準を考察してみます。落し物を拾った人が警察

28　第1章　法とは何か

に届けていれば、困っている落し主に戻りやすく、大変都合が良いので、「落し物を拾ったら警察へ届けなさい」という行動基準が設定されています。しかし、期待された行動をとらず、自分のポケットに入れる人もいます。こういう行動は社会的に望ましくないので、その人を「ダメだよ」と叱らなければなりません。そのために刑法254条に遺失物等横領という犯罪と刑罰を定めてあり、落し物をネコババした場合には、もしもそれが発覚すれば、刑法上のサンクションを受けます。なお、この場合には、サンクションという言葉を、刑罰とか制裁とか訳しても構いません。

　さて、正直に警察へ届けて、落し主が現れると、届けた人は5〜20％の報労金をもらえます。また、公告をしてから3カ月たっても落し主が現われないと、その落し物は届けた人のものになります（遺失物法28条、民法240条）。これは、期待された通りに行動した者に、ごほうびをあげるというサンクションです。この落し物の例から分かるように、構成員に対する行動期待である行為規範の裏側には、その行動期待が守られたときおよび守られなかったときに、社会秩序を維持するために行われる働きかけとして、何らかのサンクションの裏付けが常にあるのです。

　さまざまな働きかけの中で最も大事なのは、「遊んであげない」というサンクションです。4人で麻雀を楽しんだ帰途、負けた奴がふてくされて歩いていると、他の3人は楽しくありません。そこで、次の機会には前回ふてくされた奴を避け、別の4人目を捜して楽しみます。社会的動物である人間は、仲間外れになるというサンクションを大変恐れているので、遊んでもらえないと、自分の行動選択が間違っていたらしいと気付き、謝り、また仲間に入れてもらうと共に、以降の行動を変えます。したがって、刑務所に入れられることだけがサンクションなのではなく、社会内には極めて多様なサンクションがあり、それらが総合的に働きかけて、個人の行動選択に作用しているのです。

3．行為規範の多様性
　最大で最後のサンクションは、刑法上の刑罰である死刑です。しかし、通常

は法律を持ち出さなくとも、社会の中に存在する多様なサンクションで充分であり、それが支えになって行為規範ができあがっているし、行為規範も法律だけではないのです。例えば、流行も、今年はミニスカートだとかロングスカートだとかいう情報が人々の行動選択の基準となっていますから、行為規範です。行為規範には、この他に慣習や道徳などが、そして最後に法律があります。したがって、前述のように日本に殺人事件が少ないのは刑法 199 条があるからだけではないのです。なお、これらの行為規範については後述します。

　各種の行為規範の内容は、必ずしも同一ではありません。その典型例は、慣習や習俗の一部と考えられる「集団内部のしきたり」です。例えば、やくざの集団では、国家の法律に反すると法律によるサンクションを受け、社会慣習に従わないと社会慣習によるサンクションを受け、やくざの掟に従わないとやくざ仲間のサンクションを受けます。これらのうち一番きついのはやくざ仲間のサンクションですから、やくざはやくざの掟に従うのです。

　学生にとり大変身近な例は、講義に出席するかサークル活動に参加するかという行動選択です。サークルによっては先輩が、「出席をとらない講義には出なくてよい。ノートを借りれば何とかなるから、サークル活動へこい」と命令したりします。サークル活動をサボルと除名されたりいじめられたりするのに対し、講義をサボルことへの直接的サンクションは、学年末試験や成績発表のときまでありません。本当は、後で青くなっても手遅れであり、卒業できない学生が沢山いるのですが、これに気付かぬ学生は、サークル活動の方に行動選択をしがちなのです。

４．法　文　化

　社会の中でどのような秩序をどのように維持するかは、社会の型との関係で決まります。また社会の中で期待される役割行動も、社会のあり方と関連しています。「法文化」という言葉は、法ないし法現象をこのようなものと見るという主張を込めて、用いられるのです。

　これに対して、「法とは正義である」とか、「法とは神の命令である」などと

いう考え方があり、この考え方に立った法学の教科書や講義は冒頭で、「客観的・絶対的正義とは」を論じたり、「モーゼの十戒」などを挙げて、これこそ人類の歴史における普遍的な正義であると、説明したりしていました。しかし、現在では、何が人間のあるべき行動かも、歴史的・文化的に決まってくるのであり、法も文化の一部であるという考え方が、非常に強くなってきています。

　文化には、日本列島という地域の風土条件や日本人の民族性が関連します。黄色人種である日本人は、東アジアにあるこの島に住みつき、日本語という言語を話し、義理や人情という独特な行動基準を持ち、そして、俳句などの芸術はもちろんのこと、下駄・草履・和服等々、日常生活についても特色ある文化を持っています。さらに、宗教や自然に対する見方等々をも総合して、日本文化ができており、法もその文化の一部分なのです。すなわち、日本の社会の中に存在している色々な法は、非常に文化的なものです。何故なら、社会化の過程は、単に文化を身に付けていく過程だからです。しかも、行動選択の基準が文化的なものであることに加えて、その行動基準が社会の中で現実に守られるための道具であるサンクションも、文化的なものなのです。

　日本には、「長い物には巻かれろ」とか「泣く子と地頭には勝てぬ」等々の法格言があります。また、離婚訴訟で夫が「裁判所に訴えるのはけしからん」と息まくなど、日本人の中には裁判嫌いがかなり根強いし、法律なんて人間らしくないという気持ちがあります。「法とは何か」を考察するには、この種の法文化的な現象をおさえておくことも必要です。

5．社会規範と裁判規範

　「法とは何か」についての定義のひとつに、「法は社会統制（ソーシャル・コントロール）の道具である」というものがあり、この観点からは、法すなわち行動選択の基準は、社会規範と裁判規範とに分けられます。法が社会の構成員に直接働きかけてその行動をコントロールするときに、これを法の第1次統制機能と呼びます。また、このように法が社会構成員の行為規範であるとき、その法を社会規範と呼ぶのです。逆に、法が権力的立場にいる人々の行動をコン

トロールするときに、これを法の第2次統制機能と呼び、その法を裁判規範と呼ぶのです。

　例えば刑法199条の殺人罪の規定は、社会の構成員に対し「人を殺すな」という行動基準を与え、「死刑または無期もしくは5年以上の拘禁刑」というサンクションを予告しており、このような観点から見たときに、この規定は社会規範なのです。それと同時に刑法199条は、「殺人を犯した人がいたときは、死刑または無期もしくは5年以上の拘禁刑に処しなさい」という、裁判官に対する命令すなわち裁判規範でもあります。刑法11条により、死刑は絞首して執行することになっているので、たとえ残虐極まりない殺人を何十件も犯した被告人に対しても、裁判官が悲憤慷慨して、火あぶりの刑や八つ裂きの刑に処すことは許されません。逆に、大変同情すべき事情があり、同じ情況の下では自分も殺人をしたかも知れないと裁判官が考えても、法律上の減軽および酌量減軽が許されるだけで、刑期を5年の4分の1より短くすることは許されません。つまり、裁判官はまったく自由に判断をして良いのではなく、裁判官の行動も法律によってコントロールされているのです。

　私達の社会に平和な秩序を維持するためには、法が社会規範として働き、第1次統制機能を果たすだけでは足りません。警察官・検察官・裁判官・その他の国家公務員や地方公務員など、法を運用する権力的立場にいる人々の行動が、人権を侵害したり社会秩序を濫したりする可能性もあります。したがって、法が第2次統制機能を果たし、権力的立場にいる人々の行動をもコントロールしなければ、平和な社会秩序を維持できないのです。そこで、人権擁護のためのとりでである裁判官にコントロール役を確実に果たしてもらうべく、法を裁判官に対する行為規範すなわち裁判規範と呼ぶのです。

　規範を、その内容により、命令規範または制裁規範と呼ぶことがあります。例えば刑法199条は、「人を殺すな」と人々に命令しているので、命令規範です。それと同時に、もしもその命令に反したら死刑または拘禁刑にするというサンクションの内容を定めているので、制裁規範でもあるのです。法律の中には、命令のみを定め、命令に反したときのサンクションを定めていないものがかな

32　第1章　法とは何か

りあり、このような法律を訓示規定と呼びます。例えば、売春防止法3条は売春の相手方となることを禁止していますが、相手方についての罰則は規定していません。訓示規定は、命令に従うことが望ましいとはしているものの、命令に反してもサンクションはないのですから、いわば精神訓話のようなものであり、あまり法律らしくない法律なのです。

第3節　慣習・道徳・法

1. 慣　　習

　さまざまな行為規範の中で、それぞれ成立の背景などは違うものの、慣習と道徳と法が、かなり重要な意味を持っています。まず、慣習から検討しましょう。

　人間は、何千年もの社会生活の歴史を通じて、血で血を洗う戦いを経験してきたと同時に、平和的な秩序の維持に向けても、色々な努力をしてきました。特に、小さな社会や目的社会であればある程、せめてその中では平和的な秩序を維持できるように、いろいろな行為規範が生まれてきたのであり、そのひとつが慣習なのです。慣習は社会の中で生成されるものであり、社会的な現実に従う側面がかなりあるので、表現が不適当かも知れませんが、慣習における価値判断は、道徳における善悪という価値判断と異なり、何が妥当か、または、何が適当かというものです。つまり、良い悪いという価値の評価ではなく、皆がやっているようにやるのが一番適当だという考え方が、行為規範としての慣習の基礎になっているのです。

　私達の日常的な行動の基準として、慣習が果たしている役割はかなり大きいものの、法律の世界で慣習が直接問題になるのは、かなり特殊な場面です。しかし、六法全書には慣習という文言が何カ所かあり、例えば民法92条は、「法令中の公の秩序に関しない規定と異なる慣習がある場合において、法律行為の当事者がその慣習による意思を有しているものと認められるときは、その慣習に従う」と規定しています。詳細は法源論で後述しますが、この規定は、社会

の中に自然発生的に生まれた人間行動の基準の中で、大勢の人達が適当な行為だと考えているものを、法律制度としても行動の基準として認めるという内容です。借地人や借家人が支払わされる権利金はその一例であり、権利金を支払わなければならないという規定はもちろん、権利金という文言すら法律にはないのに、権利金を当然のように支払わされているのです。

権利金のように、社会の中の慣習が法として認められて行く例も無い訳ではありません。しかし、日本の社会における行為規範としての慣習は、遊んであげないというサンクションのレベルで働いていることが多いのです。例えば、道で知人に出会ったときにおじぎをするのは、友好的な人間関係を維持するために行う慣習のひとつです。そして、たとえおじぎをしなくとも、刑罰が発動することはなく、以降おつき合いをしない位で済まされているのです。

2. 西欧の道徳と日本の道徳

法学の教科書は、法と道徳との関係を必ず論じています。しかし、西欧の教科書では、ヨーロッパがキリスト教社会であることから、そこで行われている法と一神教であるキリスト教道徳との関係が論じられているにもかかわらず、その内容をそのまま受け売りしている法学の教科書が、日本では圧倒的に多いのです。日本における法と道徳との関係は、ヨーロッパ社会におけるそれと同じなのでしょうか。

ヨーロッパの道徳の最大の特色は、一神教であるキリスト教を前提としていることであり、自分の行動は、神との関係で選択するのです。したがって、自我の自覚ないし主体性の名において、神を否定すると、自分の行動の基準がなくなり虚無主義になってしまうのです。これに対し、日本には唯一絶対神という考え方はなく、いわばギリシャと同じ多神教の世界です。したがって、自分の行動を選択するときに、絶対的な正しい基準はありません。または少なくとも、絶対者を基準に行動を選ぶという文化はありません。日本人の中では、自然の中に溶け込むとか調和するとかいう考え方が強く、また、「我々」という意識が強いのです。「みんなで渡れば怖くない」というのは正に日本的な発想

34　第1章　法とは何か

であり、もしもヨーロッパで同じことを言ったら、「唯一絶対神との関係で自分の行動を選択し責任をとるのでない君は何者か！」ということになります。要するに、ヨーロッパの文化では神との関係で人間行動のあり方を考えるのに対して、日本の文化では、同じ道徳という言葉を用いても、全く違う内容を考えて来たのではないかと思われるのです。

　ルース・ベネディクトの『菊と刀』は、ヨーロッパの文化を罪の文化、日本の文化を恥の文化と、対比しています。日本の文化の中では、唯一絶対神の名において行動を批判されたり、サンクションを与えられたりということはありません。恥の文化は、誰も見ていないところでは何をしても良いという文化ですらあります。例えば、小学校の先生は児童から神様のように慕われており、学校の近くでは悪いことをできないので、小学校の先生の親睦旅行は一番荒れるという、笑い話があります。「旅の恥はかき捨て」ということわざもあるように、日本の社会は、他人が見ていようと見ていまいと自分はこう行動するという、毅然たる人間が集まった罪の文化の社会ではなく、他人の目に常日頃さらされている人程、他人の目がなくなるとはめをはずす社会なのです。

恥の文化の国である日本で使われている道徳という言葉の意味と、罪の文化であるヨーロッパで使われている道徳という言葉の意味は、異なります。日本では、例えば、交通道徳と言います。しかし、歩道のない道路の右を歩くか左を歩くかなどは、宗教や良心と関わる行動選択ではありません。つまり、日本では、「みんながこうだからこうしましょう」という内容をも、道徳という言葉に含めているのです。繰り返しになりますが、ヨーロッパの法を理解するためには、ヨーロッパの学者が法と道徳との関係について論じたものの翻訳を読むことも必要です。しかし、日本の法を検討する場合には、それを鵜呑みにしてはいけません。

日本社会では、自分の良心や行動原理など、依って立つ基盤をきちんと自分の中に持って行動を選択し、選択結果に責任を持つという面が欠けており、この意味では、「日本には慣習はあるが道徳はない」と言っても良いかも知れません。例えば、少額の賄賂を受け取ったことが見つかり新聞に載った場合に、自分の行動に責任をとるべく直ちに辞表を出すのではなく、責任をとるべきか否かお伺いしますという進退伺いを上司に出すのが、日本流のやり方です。これは、自分が責任をとるかどうかを他人に決めてもらうという文化、皆がどう思うかという文化の現われであり、日本社会には、このような例がいたるところにあるのです。

3. 法 と 道 徳

社会の人々が、法律を守ることが大切だと了解していないと、すなわち、遵法精神がないと、社会秩序を維持できません。ところが日本人には、キセル乗車でも、カンニングでも、スピード違反でも、皆がやっているのに自分だけ見つかったのは運が悪い、不公平だ、何故私だけが罰せられなければならないのかなどという意識があり、遵法精神を欠いているのでないかと思われるふしがあります。

家族法の分野では、「法は家庭に入らず」という言葉が古くからあり、それは、家庭の中の問題は、法律ではなく道徳や愛情により、規律されるべきだからだ

と、説明されています。それでは、夫と妻が互いに助け合うのは愛情があるからであり、法律上扶養義務があるからではないとすれば、法律は不要な筈なのに、何故法律があるのでしょうか。それは、法律は、愛情で問題が片付かなくなったときのための、いわば最後の手段だからなのです。

　この点を誤解する人が多いので、もうひとつ例を挙げます。父親が亡くなり遺産を分けなければならないからと、質問に来る学生がいます。そこで、民法900条によれば、妻が半分、残りを子供達が分けると教えますと、彼は家へ帰り、皆を説得して、「先生に教えて頂いた通りに分けました。良かった」と報告に来るのです。これは大間違いであり、家庭の中のことは愛情で処理すれば良く、民法900条は守らなくて良いのです。愛情があって自分達で円満に処理するのでしたら、遺産を全部母親にあげようと、全部子供にあげようと、そんなことは構わないのです。ところが世の中では、「全部自分に寄こせ」と遺産の取り合いをする場合があり、事件が裁判所へ持ち込まれたときに、裁判所では民法900条の基準で分けますと、規定しているだけなのです。

　法律の中には、これらの例のように愛情や道徳にまかされている部分が非常に多く、この意味で、法と道徳には内部的連関があります。先程ヨーロッパの道徳と日本の道徳は違うと述べたこととの関連で言えば、正に日本的な道徳・人間行動のあるべき基準を決めているものが、日本的な夫婦・親子の愛情のあり方などとして、存在します。そして、法律によってではなく、そのような基準に従って処理されるのなら、それでも良いのです。

　1995年に刑法典を口語化した際にようやく削除された刑法200条は、尊属殺人を一般の殺人よりも重く処罰する規定でした。この条文の背後には親孝行の道徳がありました。この条文については、法の下の平等原則違反、死刑または無期懲役のみという尊属殺人の刑罰が重すぎるなどの問題点もあったものの、本来道徳にまかされるべき事柄を法律で特に規律すべきか否かが、問題点の中心でした。1973年4月4日に最高裁判所の違憲判決があった（刑集27巻3号265頁）にもかかわらず、国会がこの規定を削除せずに20年以上も放置した理由は何だったのでしょうか。なお、刑法205条2項の尊属傷害致死、218条2

項の尊属保護責任者遺棄、220条2項の尊属逮捕監禁の規定も、尊属殺人の規定と一緒に削除されました。

最高裁判所の判決に法的な判断以外のものが入り込んでいる例として、ここでは、夫が情婦を作り夫婦仲が冷たくなったので、婚姻関係を継続し難いと、夫の方から離婚訴訟を起こした事案を、挙げておきます。民法770条1項5号は離婚原因として、「婚姻を継続し難い重大な事由があるとき」を挙げていますから、法律の文言上は本件の離婚は認められる筈です。しかし、最高裁判所は、夫が申し立てた本件離婚を認めませんでした（1952年2月19日　民集6巻2号110頁）。その判決文の中に、「法はかくの如き不徳義、勝手気ままを許すものではない」、「道徳を守り不徳義を許さないこと」、「もしかかる請求が是認されるならば、被上告人は全く俗にいう踏んだり蹴ったりである」などの表現があります。つまり、これは裁判官が、法律の理屈によってではなく、道徳的判断により判決をした例です。なお、この点の判例は1987年以降変更され、有責配偶者からの離婚請求が容認されています。ただし、夫婦の別居状態は相当の長期間にわたることが必要とされ、その後最高裁は8年余では容認されないとしていました。しかし、今日では約8年のケースに離婚を認めた最高裁の判断や、約6年で容認した高等裁判所の事案もみられるようになってきています。[*]

裁判官は法的判断のみをすれば良く、道徳的判断をすべき立場にはありません。道徳的に明白に悪と評価される行為をする人とは、社会は遊んであげないでしょうから、そのようなサンクションにまかせておけば良く、法的には条文通りに離婚を認めるべきであると思います。とは言え、法と道徳は峻別しにくいので、両者の違いを幾つか指摘しておきます。

道徳は人間行動の根本的なことを決めるのに対して、法には、道徳と無関係な技術的領域があります。つまり、道徳と法には共通領域が多いものの、部分的には、技術性という点で切り離されています。また、サンクションの構造も

---

[*]　なお、単に別居期間の長さだけで判断されるものではなく、未成熟の子がいないことや離婚を認めることが信義に反しない場合など、期間以外の要素もあわせて考慮されることがある。

38　第1章　法とは何か

当然違います。

　法の双面性、道徳の片面性と言われます。つまり、法律は、人と人との関係を権利義務の関係、向い合った関係として捉えるのに対し、ヨーロッパの道徳は、人を唯一絶対神との関係で捉えるので、片面的だと言われるのです。例えば買い物をするとき、買った品物の引渡しを請求する権利や、欠陥品の交換を請求する権利などがあるかわり、こちらには代金を支払う義務があります。このように、法的な人間関係の大部分は、権利義務の関係であり、双面的です。これに対し道徳の場合は、例えば、敵をも愛する義務を負っている相手方は神であり、神に対してかわりに何かをせよと要求できないのは当然です。ヨーロッパでは、このように法と道徳とを区別します。ところが日本では、「俺がこれだけのことをしてやったのに、あいつはさっぱり分かっていない」などと、道徳の世界でも言うことがあります。したがって、双面性と片面性という説明が、日本の法と道徳との関係の説明として、妥当か否かという疑問が残ります。

　人をどのように義務付けるかについて、道徳は人の内面に関わり、法は人の外面に関わるという区別はほぼ正しいものの、法が人の内面や心の中のことを全く問題にしない訳ではありません。すなわち、他人から物を借りている場合に、法も道徳も借りた物を返せと命じます。しかし、その規範の定め方が異なり、法律は単に「返せ」と命じるのに対し、道徳は「感謝して返せ」と一言多いのです。しかし、ある行為を善意でした場合と悪意でした場合とを分けて規定する条文も、沢山あります。代表的なものは民法162条2項であり、「十年間、所有の意思をもって、平穏に、かつ、公然と他人の物を占有した者は、その占有の開始の時に、善意であり、」と規定して、時効取得の条件に、「善意」を入れています。したがって、道徳は内面性・法律は外面性という区別は、一般論として指摘されているにすぎません。なお、「善意」・「悪意」は技術性の少なくない法律用語ですから、その意味内容が日常用語とは必ずしも一致していないことに注意してください。

　法律が扱うのは普通の人間・平均人であるのに対し、道徳が扱うのは非常に崇高な人間です。右の頰を打たれたら左の頰を差し出せという行為規範をもし

も皆が守るならば、社会は非常に平和になるでしょうから、皆がそういう行動をとることが望ましいのです。しかし、誰もがそういう行動をとれる訳ではありません。そこで法は、平均人ならやれる程度のことしか要求しません。しかし、それをできなかったら、死刑とか懲役とか、かなり厳しいサンクションまで与えます。これに対し道徳は、非常に高貴な理想を掲げるかわりに、それを守らなくても、信仰の立場からの苦しみや良心の痛みという責任追及はあるものの、物理的強制はないのです。

　平均人の理論を法と道徳との関係の中で最初に採り上げたのは、3人の水夫がボートで漂流したときに、ふたりが相談してひとりを殺し、その肉を食べて命をつないで生還して第一級殺人罪に問われた、イギリスのミニオネット号事件における弁護人達の、以下に述べるような弁論であると言われています。

　他人のために自分の命を捨てるのは、崇高な人間の理想です。しかし、残念ながら人間という動物は、自分が死ぬか生きるかという情況の下では、他人を殺して食べて生きながらえることもあり得るのです。法的責任は、平均的な人間が同じ状況に置かれたときに、それ以外の行動をとることを合理的に期待できて初めて追及できるのであり、もしも平均人に合理的に期待できないのに刑罰を科すとすれば、法の基本的前提に反するのです。

　この事件は、結局は有罪とされました（1884 年）。しかし、この有罪判決について、殺人は道徳的にも法的にも許されない行為であるものの、少なくともこの事件の場合には、法的には無罪とすべきだったのではないかと、批判されています。

　その後ドイツで、この平均人の理論ないし期待可能性の理論に基づいて無罪を言い渡した、暴れ馬事件の判決が出ました（1897 年）。これは、ある馬車会社の駁者が経営者に対して、この馬は手綱を尻尾で絡め取る癖があり危険だから交換するよう、要求し続けたにもかかわらず、経営者は要求を受け入れません。そこで仕方なくその馬を使って街の中を走っていたところ、心配していた通りある日暴走して、大勢の人を怪我させてしまった事案です。

第4節　権利と義務

1．法学の中心的概念

　法学は、人間が集まり社会生活をしている、その現象を、とりわけその秩序を対象に、研究する学問です。そして、法学が、社会の中における人々の色々な関係を分析するときに使う、重要かつ中心的な道具概念が、権利・義務という概念なのです。法学は無粋にも、恋愛中の男女の情況についてすら、「このふたりの間にはどのような権利・義務があるか」という捉え方をします。つまり、法学は、社会の中に起こるあらゆる社会現象、すなわち、事実・人間の行為・不作為などを、権利と義務という関係で分析するのです。

　例えば、女性が子供を出産するのはひとつの事実です。そして、動物学ではもちろん、親子の愛情などを研究する心理学や生理学でも、そのふたりの間には親子関係が成り立つと考えます。しかし、法学は、そうは考えません。この子を養う扶養義務は誰が負うのかなどを、まず考えるのです。民法779条は、「嫡出でない子は、その父又は母がこれを認知することができる」と規定しています。すなわち、この条文によると、結婚をして子供が生まれた場合は別として、結婚しないで子供が生まれた場合には、父子関係や母子関係は、法律上当然には成立せず、認知をして初めて親子関係が生じます。したがって、生み捨てられた子供が、お守り袋を頼りにまぶたの母を捜し当てても、まだ認知が済んでいないので、民法上は親子ではありません。ただし、この条文は判例で変更されており、母子関係については、認知がなくても法律上親子であるとされています。つまり、子供が生まれても、法律上は、親子でないと評価する場合もあります。また、親子だと評価する場合には、ふたりの間にどのような権利・義務があるのかを問題にするのです。

　法学研究についてのひとつの見方からすれば、どのような条件が備わったら権利・義務関係が発生・変更・消滅するかを、研究するのが法学です。伯父さんが「大学合格おめでとう。お祝いに100万円あげる」と言ったのにまだくれ

ない場合に、100万円寄こせと要求する権利が、道徳的にではなく法的に、発生しているでしょうか。民法550条によると、口約束だけで書面にしておかなかった贈与は取消せるので、口約束だけでも法的な権利は成立しますが、万が一裁判所に訴えた場合には、伯父さんの気が変わったかどうかが、重要な条件になります。次に、有効な権利が発生すると、その権利を、売買や譲渡という形で、他人に移転することができます。また約束通りに伯父さんが履行として100万円渡すと、その権利は消滅するのです。

　民法という分野では、権利が成立し、移転し、消滅するプロセスを研究するのに対し、刑法という分野では、権利・義務という概念をほとんど用いていません。しかし、どういう条件が備われば犯罪が成立するか、どういう条件の下にどういう刑罰を科すのかを研究するのですから、やはり一種の権利・義務を扱っていると言えます。

　法学においてこのように中心的な役割を果たす権利・義務という概念の説明を、どの法学の教科書もしています。しかし、大部分の教科書は、法と道徳の関係について述べたと同じ意味で、ヨーロッパの法学における権利概念を、そのまま説明しています。例えば、独語のRechtという言葉には、権利・法・正しい・右という4つの意味があるので、法と権利と正しいことは共通であるという説明が、大体どの教科書にも書いてあります。しかし、既に述べた通り、はたして日本の場合にもそう言えるのかという、疑問が残ります。いずれにせよ、人と人との間の生活関係から生じる色々な法律関係を、権利・義務の関係として分析しているのが、建前の世界における、現在の日本の法学です。

2．権利という言葉の使われ方

　私達は、色々な事柄について権利という言葉を日常的に使っています。特に近年は、自分達の主張に権利という言葉を付加して、例えば入浜権・環境権などと呼び、新しい「権利を作る」運動も見られるので、権利という言葉のこのような使い方についての、吟味が必要になります。

　例えば、環境権という言葉は既に一般に使われていて、この言葉の内容を、

42 第1章 法とは何か

「清らかな空気を吸う権利」、「おいしい水を飲む権利」、「日光にあたる権利＝
日照権」等々と言い換えています。すなわち、生活上の欲求や政治的な意見を、
「権利」という言葉を使って主張しているのです。そして、「すべて人間は、生
まれながらにして基本的人権を有している」という天賦人権説も、歴史的には、
基本的人権を保障する社会体制を作ろうという主張だったのであり、この主張
がなされていたときに基本的人権は、法学的な意味では未だ権利ではなかった
のです。

　私は、権利を作るという考え方を、決して否定しているのではありません。
自分の権利は、常に自分で守り続けなければならず、権利があるからといって
眠っていると、いつの間にか時効で消滅してしまいます。また、ある種の利益
を社会が不当に侵害している場合には、それを権利として認めさせるよう、戦
うことが必要です。しかし、それが権利として認められる前に、権利が存在す
るのではありません。例えば、奴隷制社会において、たとえ奴隷が基本的人権
という言葉を使って何かを主張しても、それは政治的主張であって、その要求
を裁判上認めてもらえるのではないのです。

　権利という言葉は、ふたつの意味で使われています。第1は、法ないし法律
によって認められた権利です。すなわち、裁判所へ訴えると裁判所がその権利
を認めてくれ、必要ならば執行官が実力を行使して、強制的に相手に義務を履
行させてくれるような権利です。第2は政治的な主張です。政治的主張は運動
ですから、人々にアピールしやすい、魅力的な言葉・あいまいな言葉を使うこ
とがあります。ところがそれを法律制度上の権利として構成しようとすると、
権利・義務関係をきちんと整理することが難しいのです。したがって、例えば
入浜権など、日本では、未だ権利として認められていないものを権利として認
めさせようという、政治的主張として権利という言葉を使う場合には、法学的
な権利概念を理解した上で、使わなければならないのです。

＊　入浜権は、法律上は権利として規定されていないが、条例によって認められている場合もある。

権利という言葉を使う場合には、誰が、誰に対して、どういうことを要求するのか等々、その権利の性質などを明らかにした上で、使わなければなりません。既に法律上認められている「親権」という権利を例に、最小限度最初の3点を、考えてみます。民法818条1項によれば、未成年の子は、原則として、その父母の親権に服します。また、親権という文字からも、親は子供に対してあることを要求する権利を有し、子供は当然それに従う義務を負うと、考えられます。そして、居所指定権（民法821条）、懲戒権（民法822条）、職業許可権（民法823条）については、親が権利者・子供が義務者であるとして説明がつきます。

　しかし、権利・義務は相互関係なので、親権は、子供が権利者で親が義務者でもあります。例えば民法820条は、「親権を行う者は、子の監護及び教育をする権利を有し、義務を負う」と規定しています。つまり、子供も親に対し、しっかりした監護・教育をしてくれと要求する権利を有し、親にはそれをする義務があるのです。

　親権という言葉を法学的に正確に使うと、親が子供に、子供が親にという関係の他に、もうひとつの関係があります。すなわち、権利者は親ですが、義務者は子供ではなく、世間一般の人総てという親権です。世間一般の人総てを義務者とする権利は、他にも沢山あり、これらを対世的権利と総称しています。親権においては、親は他人に対し、「自分の子供に対する教育内容は親が決定するから、他人は余計な干渉をするな」という権利を有し、世間一般の人は、「お宅の教育は間違っている」と言うなど、余計なおせっかいをしてはならない義務を負っているのです。子供を育ててみると分かりますが、これは大変重要な権利です。

親権の現在　令和4年の民法改正により、懲戒権規定は廃止され、親権は「子の人格を尊重
　　　　　　すること」とともに、「体罰その他の子の心身の健全な発達に有害な影響を及ぼ
　　　　　　す言動をしてはならない」としている（民法821条）。なお、旧懲戒権を定めた
　　　　　　822条は居所指定権に改められた。

44　第1章　法とは何か

　私達は「権利」という言葉を、日常多用しています。その中で、政治的主張として使われている概念は、ときにはあいまいなままです。もしも法的吟味をきちんと経て用いれば、すなわち、誰が誰に対してどういうことを要求しているのか、その権利の性質はなどまで分析してから用いれば、裁判所がそれを権利と認めた判決をしやすいし、強制執行も可能なのです。

　頭の体操として、「学ぶ権利」を考えてみます。かつて大学闘争はなやかなりし頃、ストライキ中の学生達が「学生には学ぶ権利がある。教授団はそれを認めろ」と主張していました。学ぶ権利の権利者が学生であることは、分かります。しかし、誰を義務者と考えているのか、その義務者に対して何を要求しているのかが不明確なままですから、これは単なる政治的主張にすぎません。平和と秩序の叡知を学んでいる法学部の学生は、未だ政治的主張である「学ぶ権利」を法的主張にまで高めるために、その主張内容を整理することが、最低限必要です。できれば、義務を履行しなかったときのサンクションについても、考えてみることが必要です。

　「学ぶ権利」という言葉で主張される内容は多様です。例えば、いかに経済的に貧しくとも学ぶことを保障できるような体制を作るべきだ、具体的には、全日本の学ぶ意思のある学生に奨学金を支給すべきだと主張するのでしたら、一私立大学を義務者にしたり、教授団に要求したりするのは、筋違いです。義務者は国であるべきで、国に対して要求するために教授団の協力を求めるのであれば、筋は一応通ります。

　また、教育内容について文部科学省は余計な口出しをするなという主張だとしたら、義務者は国です。ただし、要求の具体的内容によっては、大学設置基準を文部科学省が定めることの是非までが含まれ、かなり難しい問題になります。

　一私立大学を義務者にした「学ぶ権利」もあり得ます。例えば、ある科目をとりたいが、担当教員の顔は見たくないので、学生の選択権を認めよという主張です。もしも大学が経済的に豊かであれば、競争講座を作れば良いのです。しかし、試験の甘い方へ流れるのが学生の常ですから、私はそのような権利を

学生に認めたくはありません。

　政治的スローガンはいつでも、「学ぶ権利」など、人々を惹きつけるカッコイイ言葉を使います。しかし、権利という言葉を法的に使う訓練を積みつつある諸君は、今後、政治的スローガンのような使い方を、やたらにしてはいけません。誤解を生じないように繰り返しておきますと、私は「権利を作る」という運動を否定しているのではありません。むしろ裁判所に受け入れられやすいよう上手く権利を作り出すために、権利の主体・客体・内容・性質などを整理することの必要性を、強調しているのです。

　権利を作るという運動が目指しているものは、2種類に分かれます。その第1は、明治維新以降の近代化・西欧化の中で切り捨てられてしまった、江戸時代の、あるいは、日本の伝統的な文化の中にあった、権利の復活です。他のひとつは、環境権・入浜権など、現代社会の歪みの中から出て来た、特殊な問題です。

　日本の民法には、例えば温泉に関する権利の規定がありません。もちろん日本には昔から温泉が出ていたので、共同風呂や共同の洗い場などを作って人々がお湯を使っており、お湯の管理を伝統的な日本社会の方式で行っていました。ところが、明治になって日本が近代国家の仲間入りをしようとしたところ、ヨーロッパ型の法律を持たなければ文明国とは言えず、遊んであげないと言われてしまいます。しかし、伝統的な日本社会の方式はヨーロッパ型の法律と簡単には適合しません。そこで日本は仕方なく、伝統的なものをかなり切り捨てつつ、日本の法律を作りました。したがって、日本の民法には温泉権の規定がなく、温泉権を認めろという要求は、日本の法律のそもそもの出発点から足りない権利を作れという要求なのです。なお、この問題は、慣習法というテーマで後述します。

　現代社会は、私達が生きるための切実な要求である新鮮な空気を吸うことや日光にあたることさえ困難な社会になりつつあるので、飛行機の騒音を止めろ等々多様な公害訴訟が起こされています。そこで、それらを一体どういう権利として位置付けるかが、問題なのです。天賦人権論式の論法で、法学的吟味を

しないままに、権利をやたらに主張しても、有効ではありません。例えば入浜権でしたら、誰が、どこの浜辺に、どういう入り方をすることを、誰に対して認めろと要求するのかを、明確にしなければなりません。浜辺にも土地所有者がいますから、そこへやたらに入るのは、他人の土地に無断で入ることです。そこで、海岸に土地所有権を認めることの是非などを、ひとつひとつきちんと検討した上で、権利という言葉を使わなければならないのです。

3. 権利の分類

　権利はその内容により、公権・私権・社会権の３つに分類されています。そしてこの分類は、公法・私法・社会法という分類に対応しています。「公権」とは、国家と個人の間で成り立つ権利です。公権の中で、個人が権利者であり国家が義務者であるものを、個人的公権と呼びます。代表的なものは参政権であり、私達が政治に参加する手段である１票の価値を平等に保障する義務が国家にあるので、国家は不平等を是正せよという憲法訴訟が、近年頻繁に起きています。その他、自由権的基本権として論じられる、信教の自由、表現の自由などの諸権利は、総て個人的公権です。

　どの権利が個人的公権かを知識として覚えることよりも、ある権利が個人的公権であることの実質的な意味を理解することの方が大切です。例えば、信教の自由の保障を個人的公権であると考えると、権利者は国民、義務者は国家になります。したがって、私達は国家に対して、どのような宗教を信じようと差別をするなと、要求できます。しかし、ある企業が例えばキリスト教徒しか採用しないという制度を採っていたとしても、私達がその企業に対して信教の自由を守れと要求し、その企業が私達に対して直接に義務を負う関係は、ありません。私達は国家に対しては、「信教の自由を守らない人や企業に対し、国家は適切な処置をとれ」と、要求できます。しかし、直接その企業に対しては、要求できないことになるのです。

　公権の中で、国家が権利者であり国民を義務者とするものを、国家的公権と呼びます。その代表的なものは、税金を取る権利や刑罰権です。個人的公権で

あれ、国家的公権であれ、ある権利が公権だと言われた場合に、個人と国家との間の権利・義務だと直ちにピンと来ることが大切です。そして、どちらが権利者でどちらが義務者か、権利者は義務者に対してどういうことを要求するのかというポイントを、きちんとおさえることが大切です。

　日本法は個人主義原理に立ち、総ての個人の自由な活動を認め、私有財産制を採っています。したがって、個人が社会生活の中で持つ権利である「私権」は、幅が広くならざるをえません。私権は、その内容により、人格そのものに対する権利、財産に関する権利、家族関係から導き出される権利の3種に分かれます。

　現代社会において総ての人は、権利義務の主体である人格として尊重されるのであり、この人格から派生する権利を人格権と言います。しかし、人格権を明文で定めた規定はありません。民法709条によると、不法行為に基づく損害賠償責任の発生には、「故意または過失のあったこと」、「他人の権利または法律上保護される利益を侵害したこと」、「これによって損害が生じたこと（因果関係）」という3つの要件があります。この「他人の権利または法律上保護される利益」は、2004年に改正されるまでは、単に「他人の権利」とだけ規定されていました。「権利」の侵害がなければ損害賠償責任は発生しないという表現になっていたのです。そして、民法709条をめぐる判例法の中で「権利とは何か」についての判断がだんだん積み重ねられて来ています。人格権は、この条文の解釈や判例の積み重ねの中から発展してきた権利なのです。

　制定当初の民法709条の権利侵害という要件は、その後、判例法により、具体的権利ばかりでなく法的に保護される利益全般の侵害をカバーするものと解されるようになります。この判例法の発展を条文に採り込んだのが、上の2004年の改正部分なのです。そして、細やかな法律論を抜きにしてごく大雑把に言えば、自分の生命を維持する生命権や、自分の身体を健康な身体として維持する身体権は、人格権の当然の内容であり、その侵害に対して損害賠償を支払えと請求できると考えられています。

　人格権に関連して、大正3年（1914年）の「雲右衛門事件」判決を紹介します。

48　第1章　法とは何か

桃中軒雲右衛門という、当時有名な浪花節語りの語っている浪花節を、無断で
レコードに吹き込んで売り出して、大儲けをした会社がありました。そこで、
怒った雲右衛門氏側が会社に対し、損害賠償請求をしたのがこの事件です。当
時の民法709条によれば、他人の「権利」を侵害した場合しか損害賠償を請求
できませんから、浪花節の無断録音が雲右衛門氏のいかなる権利を侵害したこ
とになるかが裁判上の問題になり、裁判所は、権利の侵害とは言えないので不
法行為とはならないという判決を出しました。雲右衛門氏の浪花節には、大勢
の人が入場料を払って聴きに来る程の価値がありました。しかし、大正3年当
時には、その節回しや声は、まだ権利とは認められなかったのです。なお、現
在この分野では、著作権法による法的保護が拡大してきています。

　人格権が問題となる例として、モデル小説の主人公にされた人が、人格権の
一部であるプライバシーの権利を侵害されたと主張して、慰謝料を請求するこ
とがあります。また、氏名権も人格権の一部であると主張する学者がいます。
さらに、どういう場合に肖像権が人格権の一部として保護されるのかも問題に
なります。例えば、就職用に撮った写真を、写真屋が勝手に引き伸ばして店先
に飾っているとき、それをうれしがる人ばかりなら問題は起きません。しかし、
自分の顔をあんなところに飾られては困ると考える人は、写真屋に対し、どの
ような主張をできるでしょうか。飾ってある写真の所有者ではないので、写真
をよこせ、燃やしてしまえ、廃棄しろなどと主張するのは困難です。まず、「し
まってくれ」と請求し、無断で飾ったことによる精神的苦痛の慰謝料を請求す
るのは可能かも知れません。しかし、写真屋が菓子折を持って謝りにでも来る
と、「まぁまぁ」で済んでしまうことが多いでしょう。したがって、肖像権侵
害であるから1日につき何千円の精神的慰謝料を払えと、裁判所に訴える人も
なく、判例もありません。ただし、厳密に考えると、そういう権利の内容の確
定はかなり難問です。

　財産権を、物に関する権利と人に関する権利とに分けて、物権と債権と呼び
ます。また、権利をその性質により、絶対権と相対権に分けます。親権につい
て、世界中の人に向かって主張できると説明しましたが、そういう性質を持っ

た権利を「絶対権」と言います。これに対して、特定の人に向ってしか主張できない権利を「相対権」と言います。物権とは、物に関連して発生する色々な権利の総称であり、所有権・占有権・地上権・地役権など物を支配し利用する権利や、質権・抵当権など物を担保にとる権利のことです。物権は絶対権ですから、本屋で本を買ったとき、「この本は私の所有物だ」という主張は、その本屋に対してだけでなく、世界中の誰に対してもできるのです。債権とは、契約により発生する権利や、自動車事故など不法行為に基づいて発生する損害賠償請求権などです。例えば、自動車事故であれば被害者が加害者に対してなど、特定の人が特定の人に対して主張できる権利であり、世界中の人に向って主張できる権利ではないので、相対権なのです。

　絶対権・相対権という考え方や、物権・債権という言葉について、地上権と賃借権を例として、簡単に説明しておきます。民法 265 条は、他人の土地を利用する権利である地上権を、絶対権である物権と定めています。他人の土地の上に家を建てたいときには、土地の所有者に対し「地上権を設定してほしい」と申し込み、相手がそれを承諾したら、登記をします。ところが、他人の土地を借りて家を建てている人の中に、非常に強い権利である地上権を設定してもらっている人はまずおらず、ほとんどの人が、民法 601 条の規定する賃借権によっています。賃貸借契約に基づく賃借権は相対権である債権ですから、地上権に比べて弱い権利でしかありません。

　土地所有者が地代を上げようとしても賃借人が応じようとしない場合、土地所有者は賃借人を追い出そうとします。しかし、ふたりの間には「この土地を 30 年間貸しましょう」という契約書があるので、うまくいきません。そこで土地所有者は、その土地をひとまず他人に売り、新しい土地所有者が賃借人に対し、「現在の所有者である私は、あなたに貸すとは約束していないのだから、出て行ってくれ。文句があるなら、前の土地所有者に言え」と立ち退きを要求します。賃借人は家を壊して引越す以外に方法がありません。これは、大地震が起きて家が壊れたのと同じなので、地震売買と呼ばれました。

　明治時代にこういう事態が頻繁に起きたので、明治 42 年（1909 年）に「建物

50   第1章　法とは何か

保護ニ関スル法律」が制定され、その1条で、「建物ノ所有ヲ目的トスル地上権又ハ土地ノ賃借権ニ因リ地上権者又ハ土地ノ賃借人カ其ノ土地ノ上ニ登記シタル建物ヲ有スルトキハ地上権又ハ土地ノ賃借権ハ其ノ登記ナキモ之ヲ以テ第三者ニ対抗スルコトヲ得」と規定されました。これによって、相対権であり契約の相手方に対してしか主張できなかった、賃借権という債権が、物権的な効力のある絶対権に高められ、世界中の人に向って主張できる権利になったのです。なお、この法律は、大正 10 年（1921 年）に制定された借地法・借家法と共に、1991 年に制定された借地借家法に統合されて廃止されました。

　知的財産権も財産権の一種であり、その内容により著作権と工業所有権[*]に分かれます。工業所有権はさらに特許権・実用新案権・意匠権・商標権などに分かれます。知的財産権の権利としての性質は物権に近く、世界中の人に対抗できます。そして、法律制度上、例えばある権利が特許権として認められるか否か、どのようにしたら特許権が認められるか、その権利の内容・性質は等々、法的にきちんと決まっています。なお、知的財産の創造や保護、活用を推進することは、今日ますます重要になってきており、2002 年には「知的財産基本法」が制定され、2005 年には知的財産に関する裁判の充実化・迅速化を図るための専門の裁判所である「知的財産高等裁判所」が設置されるなど、知的財産権に関する法制度が整えられつつあります。

　私権に属する権利としては、家族関係に関連して認められる権利があり、身分権とも言われます。それには、夫婦・親子のような関係から生じる扶養請求権などのほか、相続や遺言に関係して生じる各種の権利が含まれます。

　市民法と社会法という概念は重要ですので、法の体系の箇所で後述します。ここでは、社会法上認められる権利を社会権と呼ぶということだけを、指摘しておきます。社会権の中には、労働者の団結権・争議権などが含まれます。

　権利をその性質から分類する場合、譲渡性の有無すなわち「一身専属権」か否かも大切です。例えば、入学試験に合格して所定の手続をした者は、大学に

＊　工業所有権は、最近では産業財産権とも呼ばれている。

入学する権利を有し、大学側は受け入れる義務を負います。この在学契約上の権利は、その性質に照し、他人に売ったり贈与したりはできません。このように譲渡性がなくその人にのみ属する権利を、一身専属権と呼ぶのです。

　今の例では一身専属的な権利であるか否かが明白でしたが、その分析が必要な場合もあります。大学教授が講義をするのは、雇用契約上の義務です。この義務を、「今日は疲れたから」と、子供にかわってもらうことは許されません。したがって、講義をすることは、一身専属的な義務のようです。しかし、子供だからダメなので、法学部の他のスタッフなら許されるのかも知れません。また、「来月の給料として30万円もらえるから、これを利息天引で25万円で売買する」契約をした場合、譲受人が給料を受け取ろうとしても、払ってもらえません。労働者の賃金請求権は、労働者に直接支払うという労働基準法の規定によって、制限されているのです。「定年退職までに住宅ローンを支払い終らないときは退職金を銀行に譲ります」という内容の契約書が有効か否かも、似たような問題です。

　夫婦間には扶養請求権・扶養義務があると言われます。しかし、この権利の性格も検討を要します。例えば、それぞれが何億という財産を持っていて、自分の食べる分は自分で賄える芸能人同士が夫婦の場合、ふたりの間には扶養請求権はありません。何故なら、自分の配偶者に扶養を請求する権利である扶養請求権は、自分の財産では生活できないか、自分で働いて得た収入では自分の生活を賄いきれないときに、初めて具体化するからです。しかも、合意によって月額・期日・支払方法などを具体的に決めてからでないと、権利の内容が確定しません。要するに、扶養請求権には、抽象的な段階、現実に必要性が出てきた段階、具体的な金額などまで決まった段階があるのです。

　絶対権と相対権、一身専属権か否か、抽象的権利と具体的権利など、権利の性質は多様です。したがって、ひとつひとつその性質を見極めながら、権利概念を押さえていく必要があるのです。

4．日本の歴史における権利

　以上で権利の建前の部分の考察を終り、本音的な部分の考察に移ります。法と道徳との関係で、ヨーロッパ型のキリスト教道徳における罪の概念と、日本型道徳における恥の概念とが対比されています。そこで権利についても、ヨーロッパ型の権利概念と日本型の権利概念との異同を、考えてみましょう。

　一口にヨーロッパないし西欧と言っても、英米法系と呼ばれているイギリスやアメリカにおける法律の考え方と、大陸法系と呼ばれているドイツやフランスにおける法律の考え方とにはかなりの違いがあり、権利・義務の考え方も違います。一言で言えば、大陸法系は、権利概念が割合正面に出てくる「Right型」であるのに対し、英米法系では、どちらかと言えば救済が正面に出てくる「Remedy型」です。例えば、無実なのに刑務所に入れられている場合に「自分には基本的人権があり、自由を要求する権利がある」と言えるだけで誰も助けてくれなければ、「権利」は実際的な意味を持ちません。むしろ、本当に助けてもらえるか、どういう手続で助けてもらえるかが、重要だとも言えます。つまり、Remedyの方を重く見れば、「権利がある」ことをあまり強調する必要はなくなるとすら言えます。したがって、Remedy型は、権利の有無の問題もさることながら、具体的な救済に重きを置く考え方なのです。なお、日本では、救済という側面をももちろん考えるものの、ドイツ・フランスにならって権利型の構造を、明治以降受け入れてきております。

　権利というものは、個人と個人との間において、誰が権利者であり誰が義務者であるかを考えるものですから、権利主体の自我・個性を基盤として成り立つものです。ところが日本社会の中では、「私」・「自我」・「個」よりは、「我々」という意識が強かったのではないかと思われます。旧約聖書にあるような、草一本生えない荒れ野の文化もあれば、お金を出しても水が手に入らない砂漠の文化もあります。これに対して日本は、温帯地方の照葉樹林帯にあり、農業文化圏にあります。日本人は、豊かな水と適当な気温・農作物・山の幸・海の幸に恵まれた所に住み着いて、人間関係を作って来たのであり、その文化の基本的特徴は定住性です。

牧畜民族は草を求めて常に移動します。これに対し農耕型民族では、村を形成し、皆が田圃を作っています。農耕には共同作業の部分が多いですし、もしも台風が来ると村中のお米が全部駄目になりますから、農耕型社会はいわば運命共同体です。そこでは人間関係を「我々」と捉え、「自我」を強く出すことが社会的に嫌われる「我々意識の強い」法文化が形成されて来たのです。

ヨーロッパ型の建前論に従っている法律書には、「権利は戦い取るもの」と書かれています。しかし、日本には、「和をもって貴しとなす」つまり、「皆で仲良くしましょう」という聖徳太子以来の文化的な行為規範があるのです。楠木正成という後醍醐天皇当時の人物は、旗指物に「非・理・法・権・天」と掲げていました。これは駄目な順番に書いてありますから、当時は最高の価値は「天」だったのです。一番悪い「非」の次は「理」です。理屈があって理論的に正しいことは、駄目よりはましです。しかし、法律があれば、法律の方が上であり、理屈に合わない法律でも理屈よりは上だというのですから、かなり法律の地位が高い。この法律より「権」つまり権力の方が高いという関係は、注目に値します。

人間が社会生活をするようになると、社会の中に権力者が登場して、秩序を維持するために権力を行使し、これに対して社会は、権力者の行動そのものをコントロールしようとします。ところが権力者には圧倒的な暴力があるので、力によって人々を支配してしまいます。「天」は「権」より上にありますから、権力者に天罰が下ることはあるかもしれません。しかし、それまでは暴力を持った権力者のいいなりであり、「法」は「権」に対抗できないという考え方が、楠木正成の旗印の中に現れているのです。

現代の日本の法律は、建前として、人々の関係を権利義務の関係として捉えています。ところが、「非理法権天」という旗印が使われてきた日本社会では、封建的な権力支配が行われてきており、権力を法によってコントロールするということはなかったのです。権力支配の関係にある権力者と被支配者との間では、「恩」と「恩返し」の関係が成り立ちます。これは権利義務の関係ではありません。しかし、現代人である諸君の中にも「人の恩を忘れるのは人でなし

だよ。ちゃんと恩返しをしなさい」という教育を、御両親から受けた方が多い
と思います。したがって、その是非は別として、現在の日本にも「恩」「恩返
し」という関係が、日本的文化として存在しているのです。

「恩返し」が、義務であることは明らかです。ところが、「恩」の方は、権利
ではありません。例えば、水戸黄門が諸国漫遊の途中、ある村で親孝行な子供
に「これは感心だ。これからも親孝行をするように」と言って、褒美に銀一粒
を渡します。さて、問題はその話を伝え聞いた隣り村の人が、「私も親孝行な
ので銀一粒下さい」と言ったらどうなるかです。黄門様の御機嫌が良ければく
れるかも知れません。しかし、御機嫌が悪ければ、「この無礼者め」とお手打
ちにされておしまいです。つまり、良い事をしたら褒美をもらえ、悪い事をし
たら叱られるという権利義務の体系ではなく、たとえ良い事をしても、あとは
相手の御機嫌次第なのです。

「非理法権天」型の上下関係においては、お上が気紛れで恩を下さることは
ある。しかし、その恩を国民の側から権利として要求することはできない。そ
れにもかかわらず国民の側は、お上に忠義を尽くさなければならない。したが
ってこれを、義務中心社会と呼ぶことができます。日本にはこのような関係を
述べることわざが、「泣く子と地頭には勝てぬ」とか「長い物には巻かれろ」
など沢山あります。日本における人間関係は、決してこれだけで分析し尽くせ
るものではありませんが、このような人間関係のパターンが、日本社会のひと
つの特徴であることは確かです。ヨーロッパにおける王と騎士とは、契約によ
る権利義務の関係で結ばれていたのに対し、日本では上下関係が恩と分とで結
ばれていました。「分」とは「分際」のこと、つまり、武将は武将らしく、百
姓は百姓らしく、そのあり方に従えということであり、皆がその分に従って行
動していれば良く、権利などと言ってはいけなかったのです。

日本社会における横の関係、つまり、同じような地位にある者同士の関係は、
義理人情という人間関係で結ばれています。日本における契約には、このよう
な人間関係の特色が反映しています。ある地方の映画館が、お正月に寅さんを
上映しようと、1週間100万円でフィルムを借りたとします。ところが元旦か

ら大雪で、三が日の間誰も客が来ないという事態が起こります。すると映画館は映画会社に電話をかけて、「雪が降って、客がひとりも入っていません。ここはひとつ泣いて下さい」と言います。つまり、「安くしてくれ」と頼むのです。映画会社は、「困りましたな。しかし、色々と事情もあることだから、泣きましょう。そのかわりこの次には色を付けて下さいよ」と、答えます。つまり、「第2週は、あまり客の入る映画ではないので、他の映画館には80万円で貸す。しかし、そちらの客はお正月に金を使わなかったのだから、宣伝さえすれば沢山客が来るだろう。だから、そちらでは90〜100万円は払って下さいよ」という意味です。そこで映画館は「ありがとうございました」と、電話を切るのです。「この映画の借賃　100万円也　正に間違いなくお支払い致します」という契約書が12月にはでき上っているのに、こういう処置がとられるというのです。

　このような契約書には、「もしも何か特別な事が起きたら、誠心誠意話し合って解決しましょう」と、書いてあります。この誠心誠意協議条項は、日本の契約書によく見られます。極端な場合には、労働組合と会社との団体交渉により、労働時間や給料額をガッチリ決めてある労働協約にすら、「もし労使間で紛争が起きたら、誠心誠意話し合いましょう」と、書いてあるものがあります。そして、誠心誠意話し合う段階で、「お前、こう約束したじゃないか」などと言うのは、血も涙もない奴の言う事であり、堅い事を言うのは腹ができていない証拠・まだ子供である証拠であると、馬鹿にされるのです。

　明治時代以降、「泣く子と地頭には勝てぬ」といわれた地頭は、警察や憲兵にかわりました。つまり、封建体制における権力支配は、明治以降の法体制の中で、天皇制国家という形で続いたのです。したがって、国家に対して国民が権利を主張するという法意識は、明治時代・大正時代を通じても、育って来ませんでした。もちろん、米騒動などがなかった訳ではありませんが、そこにあったのは権利の主張であるよりは、お上のお情けを求めること、恩を期待することだったのです。

　このような意識は、現在でも続いています。例えば水俣や四日市の公害被害

者達は、最初から裁判所に訴えたのではなく、まず会社を訪れ「何とかして頂けないでしょうか」という嘆願・陳情から始めたのです。そこでは、地方の有力者などが出て来て、「まぁまぁ悪いようにはしないから俺にまかせておけ」と、権利・義務による紛争解決ではなく、なぁなぁという解決がとられようとします。ところがそれではうまく解決できないことがだんだん分かって来て初めて、直接的な権利主張が生まれて来たのです。

　自由と責任あるいは権利と義務とがセットになって社会が動いて行くのが、法の建前です。ところが、日本社会の歴史的な伝統・流れからしますと、建前としての権利・義務に対応するような法文化が、未だ充分に成熟していません。少なくとも明治維新までは、義務中心型でしかなかったのです。さらに現代の日本社会は、非常に難しい状況にあります。一方では義務中心型・忍従締め型の人に対し、「もっと権利を大事にして欲しい」、「自分達の権利主張を正しく行って、あるべき権利構造を社会の中に実現しよう」と、言わなければなりません。他方、権利中心型で自分の責任や義務を理解していない人に対しては、「あなたがそういう権利を主張する以上、同時にこういう義務があること、法を守ることの重大性をもっと分かって欲しい」と、言う必要があるのです。

5．権利の濫用
　権利主張については、どこまでが正しい権利主張でありどこからが正しくない権利主張であるかの区分が問題になり、濫用にわたる権利主張をしてはならない旨が、現在は民法1条3項の「権利の濫用は、これを許さない」という条文により、定められています。

　フランス革命により形成され、1804年の民法にまとめられた、市民社会の基本原則は、「総ての個人は自由・平等な権利義務の主体である」という考え方でした。そしてこの考え方は私有財産制とセットになっており、土地の所有者が自分の土地をどのように使おうと勝手である、権利は絶対的なものであると、考えられていました。ところがフランスでは早くも1855年に、権利の濫用が問題となる判例が現れました。隣接した土地の所有者A・Bはとても仲が

悪く、南側に土地のあるＡが境界の内側ににせの煙突を建ててＢの家の窓に陽
があたらなくしました。そこでＢはＡを被告にして、その煙突をどけろという
裁判を起こします。Ａは、自分の金で自分の土地の中に煙突を作ったのだから、
所有権の絶対性を保障する民法の下での正当な権利行使であり、煙突を壊す必
要はないと主張しました。この紛争に対して裁判所は第１に、外観上は確かに
権利行使のように見えるものの、その権利行使が自分には何の利益にもならな
い、第２に、これはもっぱら他人を苦しめる目的でなされた行為であると認定
し、このような場合には正当な権利行使とは言えず、権利の濫用であると判決
したのです。

　明治29年（1896年）に民法が制定されたときには現在の１条３項はなく、こ
れは昭和22年（1947年）に追加された条文です。しかし、それより前に日本の
裁判所も権利濫用を判例上認めており、一番有名なのは昭和10年（1935年）の
大審院判決である「宇奈月温泉事件」です。宇奈月温泉を経営している黒部鉄
道株式会社が、お湯の湧く場所から温泉場まで通しているお湯の管が他人の土
地を一部分通過しています。これは金儲けできそうだと考えた人が、この土地
の所有権を手に入れて「管をどかせ。さもなければ、土地を高い値段で買い取
れ」と要求しました。他人の土地に勝手に工作物を作っているのですから、土
地の所有者が「それをどけろ」と要求するのは当り前です。しかし、管の通っ
ている部分の土地は傾斜地であり管をどけても何の使い物にもなりません。管
をどけるためには当時の金で１万2000円かかり、しかも工事の完成まで270
日間お湯がとまってしまい、その間宇奈月温泉を営業できません。大審院は本
件を権利の濫用であると判決しました。前述したフランスの判例と同様に、本
件にはもっぱら他人を苦しめる目的があり、管をどけることが所有者にとり何
の利益にもならないので、諸君も本件が権利の濫用にあたることに疑問を持た
ないでしょう。

　ところが「権利の濫用」という問題は現代社会に非常に大きなつながりを持
っており、そう簡単に判断がつかないこともあります。２〜３判例を挙げまし
ょう。最初は大正８年（1919年）の「信玄公旗掛松事件」です。この名前を付

けられた由緒ある松の木があったのですが、この地域に鉄道（今の中央線）が通じて、この松の木のすぐそばに機関車の入換え用の引込線が敷かれました。そばで機関車がもうもうと煙を出すので、とうとうその松は枯れてしまい、今は石碑が建っています。さて、松の木の所有者が、今で言えばJRを被告に、損害賠償を求めました。しかし、JRには松を枯らしたり他人を苦しめたりする目的があったのではなく、社会全体の利益になるようにと、鉄道を敷き引込線を作ったのです。結果として松の木が枯れてしまったにすぎません。このような場合に、権利の正当な行使だから、由緒ある松の木が枯れても我慢しなければならないのでしょうか、それとも損害賠償を請求できるのでしょうか。ちなみに、大審院は本件について、損害賠償の支払いを命じた控訴院判決を支持して、上告を棄却しました。

　この判決は、いわば現代の公害裁判のはしりです。汽車の煙によって近隣の人々が損害を受けます。しかし、汽車が走らなかったら、長野県や山梨県と東京との間の旅客や貨物の輸送ができません。本件での問題は、社会全体の利益と近隣の利益をどのように調整するかです。したがって、その後問題は、似た

ような形でどんどん広がってきています。

　別の判例を挙げましょう。山の麓に住んでいた人が、庭に湧き出す泉で造った池を中心とした美しい庭園を売りものに料亭を開いて、大変流行っていました。ところがその料亭から少し下の土地を別の人が買い、井戸を掘って池を作り養魚場を始めます。その頃から上の料亭では水が出なくなり、井戸の掘り合いをしますが、上の方が負けるのは当然で、料亭はすっかりさびれてしまいました。そこで料亭が養魚場を被告に、損害賠償を請求する裁判を起こします。養魚場は、自分の金で土地を買い、家を建て、庭を掘ったら湧き出した水で養魚場を始めたのですから、料亭の水を奪って苦しめる目的まではありません。昭和13年（1938年）に大審院は、地下水を利用して料亭を営んでいることを知りながら、多数の井戸を掘り地下水の利用を独占し、他人の地下水利用権を侵害したのは権利の濫用であると判決しました。この判決により料亭の権利は守られます。しかし、必要十分な地下水を利用できなくなった養魚場も、経営が成り立たず大損害を被ることになります。現代の私達が抱えている問題は、一方のみが悪い単純な権利の濫用の問題ではないのです。

　日照権問題を考えてみましょう。Aが土地を買って家を建てました。平屋ですが、郊外なので、朝から夕方まで1日中、陽があたります。ところがBが隣りの土地を買い家を建てると、Aの家に陽があたりにくくなる状況が出てきます。この場合に、今まであたっていた陽がほんのちょっとあたらなくなるから家を建ててはいけないと主張したら、つまり、今まであった権利を絶対守れという議論をしたら、無茶です。しかし、隣りに家が建ったために1日中全然陽があたらなくなった場合にも我慢しろと言うのでは、あまりにもAが可哀相です。

　私はここで、相隣関係や日照権の細かな議論を行うつもりはありません。土地の所有者は自分の土地を利用する権利があると一般に言われており、これはその通り正しいのです。ところが、現代社会では、両方が正当な主張をしている場合でも、どうしてもお互いの利害が衝突してしまうので、その利害の調整をしなければならないという問題が起こっているのです。要するに現代では、「権

利行使とは何か」が問われており、この問題を考える場合には、「権利とは何か」という問題と「日本社会の中における権利義務」という問題を、総合的に捉えなければならないのです。

第5節　法　と　実　力

1．インフォーマル・サンクション

　サンクションについては、第2節で概説しました。人間社会における秩序ないし仕組みを考えてみますと、法律だけが社会を動かしているのではなく、多様な社会規範が存在しており、それらが社会を動かしています。また社会は、社会に秩序を維持するために、社会規範に従わない人、期待された行動をとらない人に働きかけて、秩序ある行動をとるようにその人を仕向けています。これがサンクションですが、社会が共同体的なあるいはムラ的な組織であればある程、インフォーマルなサンクションが非常に強く働いています。社会の中に私達が産み込まれて以来、色々な「社会化」のプロセスをたどって、こういう行為をしてはいけないもんなんだという風に、教え込まれて来ています。すなわち、各種のサンクション、特にインフォーマルなサンクションに支えられながら、私達の行動選択のパターンが伝達されているのです。また、たまたま期待された行動から逸脱する人があっても、刑罰である拘禁刑など法的なサンクションが直ちに働くのではなく、社会の中に沢山あるインフォーマルなサンクションによって、規律がなされているのです。

　人にある一定の期待された行動をとらせたいときに働きかける力があり、相手方がそれに従う関係のことを、政治学では「権力」と呼びます。他方、例えば父親や母親がある事をしなさいと命じ、5〜6歳の子供が言われた通りの行動をとるような場合には、権威という方が適切かも知れません。その権威に対する服従には、「お父さんは言う事を聞かないと殴るので、怖いから従う」という場合や、「お母さんの言う事を聞かないと小遣いをもらえないから従う」という場合もあります。さて、このような暴力や経済的誘惑により相手を自分

の命令に従わせるという関係が、国家政治の場面に出て来るとすると、それはあまり望ましい社会ではありません。そこで、社会のリーダーの言うことに皆が従うときに、どういう従い方をするのが一番平和な社会なのか、という問題を生じます。これは結局、社会の中にどういう風に権威が成立しているか、人々はどういう権威に服従しているかの分析です。

　もしも、有徳の人が常に政治の責任を担っていると、人々はその人を信頼して、その人の言う通りに行動選択をしますから、その社会ではもうサンクションが不必要になります。本居宣長はこのような関係を理想と考え、それを「信従」と呼んでいます。日本社会には、和をもって尊しとなすという考え方が伝統的にあり、実力や暴力で支配をし服従をさせることは望ましくないと考えられて来ました。したがって、ヨーロッパのように異民族が陸続きの地域に住んでいて、始終戦争があった社会における政治の力学と、支配・被支配の構造が大分違っているのです。

　ある有名な女子大学の学生心得には英文で、大学の名誉を傷つけたり、カンニングをしたりした人は "socially censured" であると書いてありました。つまり、こういう行為をした人は社会的にあざけり笑われるであろうと規定しており、退学とか停学とかいう規定の仕方をしていなかったのです。したがってこの学生心得は学生達に、人々にあざけり笑われることが嫌ならこういう行為をしないようにという、行動選択への働きかけをしています。これは、現在の大学では稀な例かも知れません。しかし、地方へ行くと、名望家や旧家の人々には、このような行動選択が見られます。すなわち、伝統的な社会では、他人に非難されたり社会的にあざけり笑われて家名を傷つけるというサンクションを恐れて、自分の行動を自分でコントロールしている人が多いのです。なお、インフォーマル・サンクションを課されるような期待される行動基準は、必ずしも明文化されておらず暗黙の了解であることが多いので、例えば都会から農村へ引越した人達が、近所づきあいなどで色々とひんしゅくをかったりすることがあります。

　現在の日本社会において、このようなインフォーマル・サンクションが失わ

62　第1章　法とは何か

れてきていることは、社会秩序を維持するためにはもちろん、社会を考察する上でも、非常に重要な問題です。昔でしたら「非人情な奴だ」・「人でなし」・「恩知らず」などというレッテルを貼られたとたんに、回復し難い程社会的信用を失いました。しかし、今の人々はそれらをあまり気にしなくなっており、何と言われてもピンとこないようです。図式的に言えば、日本の社会が徐々に村型から都市型に変化しているので、伝統的な法文化の中に存在した色々なインフォーマル・サンクションによっては、日本社会が動かなくなっているのです。その結果、法という行為規範によってサンクションを加える必要性が、だんだん高くなってきていると言えましょう。

2．法的サンクション

　法が期待している行動基準は、社会秩序を作り維持するために必要最低限のもののみであり、道徳のように崇高な理想を掲げてそれを実行しなさいなどとは言いません。それ故、「法はなまぬるい」という批判を、道徳的な考え方の人から受けることがあります。しかし、その批判は見当違いです。法は、崇高な理想は道徳の問題として道徳にまかせて、社会秩序の維持に最小限度必要なことだけを命じているかわりに、物理的な力を使ってでも必ずそれを守らせるのであり、これが法の特徴です。

　誰がその物理的な力を使うのでしょうか。法は、最小限度の行動基準を立てて、実力を使ってでも人の行動を一定の方向に向けようとします。しかし同時に、個人が自分の実力を使うことを禁止しています。例えば、泥棒が他人の物を盗んだ場合、その物は本来の持主に返さなければなりません。しかし、被害者が自分の実力で取り返したときに法は、本来の持主に物が返ったのでめでたしめでたしとは、考えません。法は「自力救済の禁止」を基本的な原則として掲げ、市民が自分の実力を用いて紛争を解決し権利を実現することを禁じています。何故なら、もしも皆が自分の言い分を通すために自分の実力を使うことを許すと、暴力社会になってしまうからです。上野動物園のサル山では、年に1回の大ゲンカで一番強かったサルの命令が、翌年の大ゲンカのときまで、そ

の社会を秩序付けるそうです。確かにこれもひとつの秩序ですが、暴力秩序です。個人的暴力行為である村八分やいじめは、法が禁止している自力救済の一種なのです。

　秩序維持のために必要な暴力行使の任務ないし資格を、組織された権力、すなわち国家に集中・限定し、個人による実力の行使を禁止することの理論的説明としては、ルソーの社会契約説があります。なお、権力が暴力を行使する条件ないし限界については、警察官職務執行法・国家公務員法その他色々な法律に定められています。ただし、個人の実力行使がまったく認められない訳ではありません。刑法 36 条の正当防衛や民法 720 条の正当防衛・緊急避難などがその例です。

　法は、平均的な人間にできないこと、社会の現実からあまりに隔ったことをせよとは、要求すべきではありません。それが道徳との差異です。現実に行われている社会規範や慣習と異なる内容を法が命じた例として、かつてのトルコの婚姻制度を挙げましょう。イスラム教の一夫多妻制を認めていたトルコは、明治時代に日本が行ったのと同様に、近代ヨーロッパの法制度であるスイス民法典を継受して、一夫一婦制になったのです。これは法律ですから、もちろん強制力をもっていました。しかし、トルコでは非嫡出子、いわゆる私生児が大量に生じたのです。トルコの人々は、イスラム教の伝統の中で生活していました。そして、法律が今日変わりましたと言われても、人々の実際の生活はそうすぐに変わるものではありません。法律は、1 人目の妻だけが法律の認める妻であり、2 人目、3 人目、4 人目は妻とは認めないと言いますが、人々はそんなことにはおかまいなしにアラーの神の教え通りの生活を続けたのです。その結果、2 番目、3 番目、4 番目の妻から生まれた子供は、法律の眼からは皆非嫡出子となったのです。結局その法律は社会の現実に負けました。トルコは、私生児嫡出化のための法律を制定して、それまでの 10 年間に生まれた私生児に、以降嫡出子と同じ権利を認めることとせざるをえなくなったのです。

　日本の例として代表的なものは内縁です。日本の民法 739 条は、婚姻の成立について届け出を要求しています。したがって、いかに立派な方が仲人になり、

64　第1章　法とは何か

いかに盛大な披露宴をしようと、それは民法の認める婚姻ではありません。ところが日本では、仲人がいて、結納をとり交して、三三九度の盃をして、「高砂や～」とか唄って、それで晴れて夫婦になったと認められるという方式で、永年やってきました。それが明治31年（1898年）に突然法律ができて、戸籍法の定めるところにより届け出なければ夫婦と認めないとされたのです。しかし、人々はもちろん従来通りのやり方で婚姻をし、それが社会的に認められていたのです。

　裁判所は、明治31年に民法（第4編・第5編）ができてから大正4年（1915年）まで、単に男女が一緒に暮しているだけの内縁関係を法律で保護する必要はないと、判示していました。しかし、そんなことを言っても、日本中に内縁の妻があふれており、しかも世間の人は、伝統的な結婚式を挙げたこの人達を、夫婦として扱っています。こういう事態を法が無視し続ける訳にはいかないので、結局大正4年に、内縁関係の不当破棄を、婚姻予約不履行として保護するという、大審院の判例が出たのです。法の立場からは、誰と誰が夫婦かを明確にしておきたいのです。しかし、かくあるべきだという内容の法律を制定しただけでは、社会は動かないのです。

　この民法739条が人々に十分理解されて、大勢の人が届け出をするようになれば、内縁関係の保護などと言わなくても済むようになるかも知れません。しかし、現在でも届け出をせずに新婚旅行に出掛けてしまったり、なかなか届け出をしない人が多いので、内縁判例による法的保護が、未だに必要なのです。したがって民法739条はまだまだ社会の中に完全に根付いているとは言えません。このように、法律はときには無力なことがあります。法により正義を実現しようと考えることは大いに結構です。しかし、社会的現実を無視して観念的・抽象的な理想を法が掲げた場合には、法は現実に対して負けてしまいます。とは言え、やはり法は理想を持っているのですから、社会的現実にある程度接近しつつも、その理想に向って一歩一歩進んで行くことが大切です。

　しかし、法が社会を動かすということもあるのです。代表的な例は、戦後の日本国憲法制定と民法改正による両性の平等です。戦前の日本法は、ほぼ完全

に男子中心でした。例えば、夫が姦通しても妻からは離婚請求ができないのに対し、妻が姦通した場合には夫から離婚請求ができました。夫の姦通は刑法上の犯罪にならないのに、妻の姦通は刑法上処罰されました。家督相続においても、原則として男が家の跡継ぎとして相続することになっていました。その他にも社会生活全般において、女性は不利に扱われていました。

　このような社会の中に突然、両性の平等を保障する憲法ができ、家族法の改正があっても、社会の現実が一日で変わる筈がないのです。したがって、法が理想として掲げたように社会が変わるには、新しい社会化のプロセスが確立して、その教育を受けた人々が社会を担い、過去の人々がほとんど死んでしまうまでかかるとも考えられました。ところが、両性の平等の浸透速度は、未だ不十分ではあるものの、予想以上に速いようです。それは、戦後教育の力で両性の平等という理念が徹底し、それによって社会の方の意識変化が相当なスピードで進んだからでしょう。したがって、法は社会の現実に接近しなければならないものの、社会の現実に敗北してしまうだけではなく、社会の現実を変える力を持っているのです。

3．法的サンクションの内容

　以上で、法と実力についての一般論を終わり、法はどういう実力行使をするのか、つまり、法的なサンクションの内容に移ります。法的なサンクションは、その用いている法技術の相違により、行政的制裁・刑事的制裁・民事的制裁の3つに分かれます。しかし、一般にはこれらを混同する議論が多いようです。例えば、妻子を見捨てたふしだらな夫について、「そんな男は刑務所に入れてしまえ」という発想をする人々がいます。しかし、刑務所に入れるのは刑事的制裁であり、泥棒や殺人に対する制裁です。そこでまず、3つの制裁が全部関わる例を用いて、全体を眺めることとします。例えば、酔払い運転や制限速度を30km以上超えるスピード違反を繰り返しており、ついに人身事故を起こした人がいたとします。まず行政的制裁は運転免許の停止や取消しです。タクシーや長距離トラックの運転手など、運転免許を持っていることが生活の基盤に

なっている人々にとり、これはかなり厳しい制裁です。行政的制裁については、自動車の運転については公安委員会、食堂の衛生については保健所等々、多くの行政機関に役割や権限が与えられています。刑事的制裁は死刑・拘禁刑・罰金などの刑罰です。刑罰は、人類の歴史の中で最も古い法的サンクションです。酔払い運転やスピード違反だけでも道路交通法違反として刑事的制裁を受けますが、さらに人身事故を起こしますと、過失運転致死傷罪(「自動車の運転により人を死傷させる行為等の処罰に関する法律」5条) などとしても刑事的制裁を受けます。さらに、民事的制裁があります。自動車事故の被害者は、加害者に対し、損害賠償の支払いを請求します。もしも損害賠償額の折り合いがつかないと、被害者が裁判所に訴えて、例えば2千万円支払えという判決が出ます。そして、加害者が自発的に支払わない場合には、財産の差押え・競売という形で、支払いを強制するのです。

4．行政的制裁

　行政的制裁は、3種の中では歴史的に一番新しいサンクションです。夜警国

家思想の下では、個人の自由な活動を保障することが国家の役割であり、国家がやたらに個人の行動に干渉することは望ましくないと考えられていました。したがって、行政機関には、サンクションを行使して社会秩序を積極的に維持する役割は与えられませんでした。その後、人々の幸福な生活を保障するために、国家自身が積極的に役割を果たすべきだという福祉国家思想に変わりますと、そこでは、近所の人や社会に対して迷惑をかける個人の行動に働きかけることについて、行政機関にも積極的な役割が期待されるようになりました。運転免許を与えたり取消したりするのも、そのひとつの現われです。また、中毒事故の原因となる食品を提供した業者に対し、保健所から営業停止などが命じられるのは、行政的制裁の典型的事例です。その他、現在では、労働関係について労働基準監督署が果たしている役割等々、色々な分野について行政的制裁が非常に多く用いられています。

5．刑事的制裁

　刑事的制裁と民事的制裁とは、歴史的には必ずしも明確に分化しておらず、両者の分化は近代法形成以降のことです。例えば江戸時代の仇討免許状は、民事的制裁と刑事的制裁が混同されていた典型例です。もしも両者が分化していれば、正当な理由もなく人を殺した人がいた場合に、お殿様は警察官を派遣して、その犯罪者を逮捕し処罰した筈ですし、被害者つまり遺族は、千両箱をひとつ寄こせなど、損害賠償を請求した筈です。ところが、江戸時代の武士の世界では、遺族がお殿様に仇討の許可を願い出、お殿様は仇討免許状を与えました。これは、殺人許可状であり、「この人はこういう理由で、誰それを仇としてねらっているのだから、見つけてその人を殺しても犯罪ではない」というお墨付きです。復讐は個人対個人の関係ですから、現代なら民事的制裁である損害賠償請求をするかわりに、加害者を殺して復讐感情を満足させるのです。それと同時に仇討は、お殿様が「お前が殺せ」と命じて行わせるのですから、遺族はその事件のみについて任命された警察官という役割、すなわち、社会全体の名において、反社会的な行動をした人の責任を追及する役割も半分担ってい

68　第1章　法とは何か

ます。運良く仇討に成功しますと、断絶されていたお家が復興となり、これが、多額の損害賠償をえたのと同じ機能を持ったのです。

　このように刑事的制裁と民事的制裁とは混同されやすいので、自動車事故の例で、まとめておきましょう。自動車事故の加害者が被害者に支払う損害賠償は、個人対個人の関係で支払うのですから、民事的制裁です。これに対し、刑罰は、自由刑であれ、財産刑であれ、個人対社会の関係で科されるので、刑事的制裁です。このようにこの両者の性質は異なっているのですが、刑事事件の裁判官は、民事的制裁である損害賠償が十分に支払われて示談が成立していると、量刑を軽くしているという調査結果があります。

　社会秩序の維持のために刑事的制裁が担うべき役割は何か、刑罰の本質は何か等々について、沢山の議論があります。細かな内容は刑法の講義で扱われますが、ここでも幾つか問題点を挙げておきましょう。刑法改正問題にも関連して現在議論されている論点のひとつに、どういう行為を犯罪とすべきかがあります。世の中には、人の迷惑になるのでなるべく慎んだ方が良い行為が沢山あります。しかし、それらを全部犯罪として処罰するのが良いかどうかは、別問題です。

　例えば、満員電車の中でハイヒールに足を踏まれて痛い思いをした場合に、「劇場へお車で出掛けるときに履く靴を、満員電車に履いて来るな。思慮浅き者よ」と、軽蔑の眼でにらみつける位のインフォーマル・サンクションで済ませるべきか、「ハイヒールを履いて満員電車に乗る罪」を創設して罰金刑を科すべきかと考えれば、現在のところ前者にとどめるべきでしょう。しかし、平気で他人に迷惑をかける人が増えてきて、その行為をどうしてもやめさせなければならなくなったときには、インフォーマル・サンクションだけでは不十分かも知れません。そうなれば、将来に向けて、何か新しいサンクションを考えなければならなくなると思います。

　またポルノ出版のような、被害者なき犯罪を刑法から外せという論議があります。これは、どのような行為を処罰すべきかという形で、社会秩序維持のために刑罰の持つ機能が問い直されているのです。現行刑法の制定は明治40年

（1907年）であり、その後の社会状況の変化に合わないので、既に戦前から、改正の動きが続いています。それにもかかわらず未だに口語化したのみで内容を改正できない理由のひとつは、刑罰の本質について、刑罰をどう使うかについて、および、何を犯罪とするかについて、意見の一致がないことです。

例えば、公開の広場でギロチンを用いて刑を執行したりするのは、刑罰の目的を一般の人に対する威嚇や見せしめと考えるからであり、人類の歴史の中では、刑事的制裁をこのような威嚇目的で用いた例が大変多いのです。現在では人権保障の観点から、刑罰のこのような執行方法は否定されています。しかし、改正刑法草案に見られる重罰化傾向の背後には、威嚇目標がひそんでいるように思われます。

犯罪者の道徳意識・倫理感情に訴えることを刑罰の目的とする考え方もあります。すなわち、犯行前にあったであろう良心の呼びかけにさからって犯行をしたのだから、重く処罰されても因果応報だと考えるのです。すなわち、応報刑論は人間を、良心に従い自分で自分をコントロールできる者、という理想型で捉えます。ところが、残虐非道な犯罪を行った者を精神鑑定しますと、精神病であることがままあります。すると、犯行のときに良心の呼びかけがあった筈であり、自由意思により行動を選択した筈であるとは言えません。また、イタリアのロンブ・ローゾという医者は、生来性犯罪人説を唱えました。これは、極端に言えば、人間という動物の中には、生まれながらに犯罪者の素質を持つ者が一定の割合で含まれている、という考え方です。したがって、この考え方によれば、犯罪を予防するには、生来性犯罪者を最初から隔離してしまうしか方法がないことになります。これに対し、犯罪はその犯罪者の置かれた環境の産物であり、誰でも同じ環境に置かれれば同じ犯罪を行ったであろう、とする考え方もあります。そして、自由意思による行動の選択を否定する考え方においては、刑罰という言葉はあてはまらないし、行為者に対する非難もありえな

＊　改正刑法草案については、1974年に法制審議会で決定されたのちに大きな議論を招くことになったが、現在ではほとんど言及されなくなっている。

いのです。

いずれにせよ、刑罰の本質についての見解の対立は、人間観や価値観の問題ですから、それに決着をつけることは容易ではありません。したがって刑法改正は、そう簡単には行えないであろうと思います。

6．民事的制裁

民事事件は個人対個人の関係で起こる法律問題ですから、この争いの解決は、原則として個人間の交渉に委ねられ、円満な話し合いで解決すればそれで終りです。しかし、これで解決しないと、調停その他色々な手続があり、最終的には裁判所で決着をつけてもらうことになります。その過程において、どんなに自分が正しいと確信していても、直接自分で物理的力を使うことは許されません。

裁判の段階においても、国家権力による物理的力の行使が直接なされることはほとんどありません。しかし例えば「何月何日に被告は裁判所へ出頭せよ」という裁判所の命令に被告が従わないと、法が不出頭を色々と不利益に扱い、最終的には被告不出頭のままに「被告は原告に金幾らを支払え」という判決が出されます。したがって、大きな意味で背後に実力を持ちながら、裁判手続が進められていくのです。

被告が判決に自発的に従えば、紛争は解決します。しかし、もしも被告が従わないと、次の段階では強制が表に出てきます。これが民事執行法に規定されている強制執行です。この強制執行の方法は、判決で命じられたことの性質によって異なります。まず、「与える債務」については、裁判所が実力を行使して、判決内容を実現します。これを「直接強制」と言います。例えば「特定のダイヤモンドの首飾りを渡せ」という判決なら、執行官が債務者の家へ行ってそれらを捜し出してきて債権者に直接渡すのです。また「1000万円支払え」という判決なら、普通は1000万円も家に置いてありませんから、それに値する不動産や動産を執行官が差し押さえ、競売により換価して、債権者に渡します。そのときにもしも債務者が抵抗をすれば、その抵抗は警察力を使ってでも排除

されます。

　あることをすることが内容である「なす債務」については、直接強制はできません。そこで裁判所は債務者の費用で第三者にその債務を行わせます。これを「代替執行」と言います。例えば、家を建てる契約をしたのに一向に建ててくれないときに債権者は、裁判所に訴え「家を建てなさい」という判決をもらい、執行官が他の業者に前の業者との契約通りの家を建てさせ、費用を前の業者から取り立てます。つまり、「なす債務」が「与える債務」に変わるのです。

　「なす債務」の中には、他の人にかわってやらせることができず、したがって「代替執行」のできない債務もあります。例えば、ある画家に絵を描いてもらう約束をしたのに、なかなか描いてくれない場合などです。画家を刑務所に入れて、描き終ったら出所させるという方法も、ありうるかも知れません。しかし、現行法は「もし描かなかったら金幾らを支払え」という経済的制裁を間接的な圧力として、絵を描く義務を画家に履行させる方法を採っており、これを「間接強制」と呼びます。要するに、基本的な強制執行方法は、直接強制・代替執行・間接強制の3種です。

　さらに、法律行為を目的とする債務について、判決で債務者の意思表示にかえる方法があります。例えば売買契約の予約のみがなされ、その後の意思表示がなされない場合などに、裁判所が「いらないと言ったことにする」とか、「いると言ったことにする」とか、判決する方法です。また、名誉毀損などがあったときに、新聞や雑誌に謝罪文を掲載してその費用を取り立てるのも、強制執行の一方法です。

　背後に実力を持ちながら、法が人々に行動を強制することに非常に深く関わっているのが、「無効」および「取消し」です。「無効」とは、「法的助力の拒否」です。すなわち、法は、その期待する行為がなされた場合、それを有効と認め、法的な効果を与えます。しかし、法の期待した行為をしないか、または、法の禁じている行為をすると、法は助力を与えないのであり、これを「無効」と呼ぶのです。

72　第1章　法とは何か

　例えば民法95条は、意思表示は、法律行為の要素に錯誤があったときは、無効とする、と規定しています。したがって、雌のサラブレッドだと思って競走馬を買ったら雄のサラブレッドだった場合に、その契約が無効となるか否かは、雌か雄かが法律行為の要素であるか否かの解釈により決まるのです。

　「取消し」の場合には、取消されるまでは有効として扱いますが、取消されたときは効力が認められないことになります。例えば、民法96条は「詐欺又は強迫による意思表示は、取り消すことができる」と規定しています。錯誤によるものより詐欺や脅迫によるものの方が、意思表示の瑕疵の程度がひどくないので「無効」より弱い「取消し」と扱われています。しかし、この条文の背後には、人をだましたり脅迫したりしてはいけないという行為規範があります。したがって、この行為規範違反の程度等によっては、詐欺罪や脅迫罪と扱われて、刑事的制裁を加えられることもあります。

無効と取消し　令和2年の民法改正により、「意思表示は、法律行為の要素に錯誤があったときは、無効とする」としていた95条の規定は、「意思表示は、…その錯誤が法律行為の目的及び取引上の社会通念に照らして重要なものであるときは、取り消すことができる」となった。そのため無効と取消しを比較する例としては意味を失っている。ただし、本文中の無効と取消しの効力の説明自体はここで記されたとおりである。

第6節　法　と　言　語

1．社会統制の媒介手段

　法律学の重要な任務のひとつは、言語で表現された法規を解釈することです。例えば、他人の庭に咲いている花を一輪折り取ったら泥棒になるか否かは、刑法235条の中の「財物」や「窃取」という言葉に、どのような意味を与えるかによります。これを法解釈といいます。そこで、法解釈の前提として、法と言語との関係を考えてみましょう。

法について、これまで「平和的な社会秩序を維持する手段である」と説明してきました。しかし、言語の地位の重要性に着目するときには、法を「社会統制の言語的手段である」と説明するのが普通です。すなわち法は、ある行動をしなさいという規範命令を言語的手段により示し、その命令に従わない人に対しサンクションを加えて、社会秩序を維持するのです。

具体的に考えてみましょう。日本語の分からない人が成田空港へ降りたとき、そこに日本語でどんなことが書いてあっても、それはその人にとり単なる模様にすぎません。ですから、「走るな」と書いてあってもその場所を走るかも知れませんし、「禁煙」と書いてあってもタバコを吸うかも知れません。さらに、「火気厳禁」と書いてあっても平気でタバコに火をつけて、大爆発が起こるかも知れません。ですから、言語を解しないことによる事故などが起こりそうな場所には、色々な種類の文字を書いておくのが普通です。例えば、ロスアンジェルスの空港には5カ国語が並んでおり、そのどれかひとつが分かれば、何をしてはいけないかだけは最小限度伝わるようにしています。このように言語は、人々にある行動をとらせるときに、非常に重要な媒介手段であり、言葉の通じない人にとって、法は全く無意味なのです。

言語は、「社会化」に関連しても、重要な役割を果たしています。私達は、社会の中に産み込まれ成長する過程で、人間行動のあり方の基準ないし是非善悪をいつの間にか教え込まれ、良心が形成されてきます。その際に、心理的手段や物理的手段を媒介として学んできた面もあるものの、言葉を媒介として私達の行動が矯正されてきた面がかなり大きかったのであり、言葉は、人間が学習をするための道具なのです。そして、乳幼児期以来、どのような言語体系の中でどのように教え込まれてきたかが、その人の感じ方や行動等々に、決定的影響を与えているのです。

サヴィニーというドイツの学者は、歴史法学派の祖と呼ばれています。それまでの法学では、自然法が万能でした。すなわち、人間行動のあり方の基準は、神の命令である自然法として既に存在しているので、法学がなすべきことは、神の命令を正しく知り人々に伝えることであると、長い間説かれてきていたの

74　第1章　法とは何か

です。これに対してサヴィニーは、人間が社会を作ったのであり、社会の中での人間行動の基準も人間が歴史的に作り上げてきたのであるから、法は歴史的産物だと主張しました。つまり、サヴィニーは、経験科学的な法の捉え方をしていたのです。サヴィニーの弟子にグリムという人がいます。グリムは、法が人類の歴史の中で形成されてきたものならば、言語も人類の歴史と文化の中で形成されてきたに違いないと考え、各民族の文化・伝統がどのように異なった言語を作り出したかという方向へ、研究を発展させました。したがって、グリムは単に童話を集めてグリム童話集を書いただけの人ではなく、法が言語を媒介にして歴史的に発展してきたことを、サヴィニーとはやや異なる手法で、研究した人なのです。

　どの民族にも行為規範が生まれ、その中に、近親相姦などこれだけは絶対にしてはならないというタブーも生まれます。しかも、そのタブーを指す表現を直接に用いず遠回しの言い方をすべきこととなり、そのことが同時に、その行為をしてはならないことを意味するようになります。すなわち、「そんな言葉を使うもんじゃないよ」という母親や祖母の教えの背後には、その言葉によって示されている行動をしてはならないという行為規範が含まれている場合が圧倒的に多いのです。このように法の歴史と言語の歴史とは、相互に強く関連しつつ発達します。特に、社会統制をする・社会秩序を作るという角度から整理しますと、言語は、まず自分の周囲にあるものを認識する手段であり、次に行動に対する価値判断の手段です。そしてさらに、行為選択の基準としても使われ、最終的には、倫理そのものあるいは道徳のあり方にまで、言語が干渉しているのです。

2．言語と社会

　言語には社会や文化が反映しています。例えば、日本人は昔から魚を食べてきたので、日本語には魚の名前が非常に多い。しかも、「わかし」「いなだ」「ぶり」などと、同じ魚なのに成長に応じて順に名前を変えるものもあります。これに対しヨーロッパでは、肉食文化を反映して、例えば牛一頭をバラバラに分

解し、ロース、ヒレなど別々の名前を付けています。また、英語で兄弟を示す単語が brother であるのに対し、日本語では兄という単語と弟という単語に分かれています。これは兄弟を、英語ではひとつのグループとして捉えており、日本語では自分より年上・年下と分けて捉えているという、認識の仕方に由来する差異です。すなわち、日本の社会では、年功序列ないし長幼の序が根強いので、他人に接する時にはまず、自分より上か下かという基準で見ます。そして、この認識の仕方が、言語に反映しているのです。要するに言語は、その社会における人間関係や、その社会で期待されている行動基準と、無関係に成り立っているのではないのです。もちろん、魚の名前が沢山あることと、日本人の行為規範とは直接結びついてはおらず、むしろ、日本人の食生活・食文化に、より強く関連しています。とはいえ言語は、人間行動と関わる文化との関連で生まれ育ってきたのですから、色々な意味で私達の行為規範に、直接・間接に関わっている筈です。

3．言語の多義性

　社会統制の規範である法は言語を媒介としているので、言語の意味する範囲が不明確であり、場合によっては非常に多義的であることが、社会統制上問題となります。どの国語辞典を引いても、言葉には沢山の意味があります。例えば「演習」という言葉の意味は、学生と自衛隊員とで違います。また、「教室でタバコを吸うな」と命じたときに私は、紙巻タバコだけでなく葉巻も吸うなと命じたつもりです。しかし、命じられた学生は、紙巻タバコはいけないけれど葉巻は吸っても良いと思った等々、誤解も起こります。このように、同一の言葉が使われても、そこに意味の多様性があります。それ故、法の内容が必ずしも的確に伝わらず、法が社会規範としての役割を果たしえないことも起こるのです。そこで、言葉の多様性・不明確さ・内容のあいまいさをどのように乗り越えるかが、法による社会統制のために重要になります。なお「権利濫用」「正当な理由」「正当防衛」等々、何がそれにあたるのかについて、人によって考え方が違う文言を法が用いている場合には、この問題が特に重要になります。

　この点に関連して、「たぬき・むじな事件」という大正14年（1925年）の判例があります。ある猟師が、その地方で十文字むじなと呼ばれている動物を穴に追い込み、数日後に犬に咬み殺させました。他方、狩猟法は、たぬきの狩猟期間を定めており、その猟師が穴に追い込んだ時は狩猟期間内であったものの、捕獲した時は既に狩猟禁止期間に数日入り込んでいます。なお、話を簡単にするためにここでは、その動物を犬に咬み殺させたことを捕獲と考えます。

　この地方で十文字むじなと呼ばれているのは、実は動物学上はたぬきですから、その猟師は狩猟法違反で起訴され、大審院まで争われました。大審院は、たぬきと十文字むじなとが同一物であることは、動物学上の知識があって初めて知りうることであるとして、被告人を無罪としました。別に、「もま・むささび事件」というのもあり、こちらは有罪になっています。

　この2件の判例をめぐり、色々な解説がなされていますが、私はこう考えています。日本では古来、たぬきは2本足で立ち、腹の出た動物であって、人を化かすと信じられています。ですから、4つ足で歩くたぬきを動物園で見ても、子供達はもちろん、大人達も、「本当にこれがたぬきなの」と、化かされているような怪訝な顔付きをしています。つまり、猟師にしてみれば、十文字むじなは始終見ていても、捕獲を禁止されている「たぬき」など見たことがありません。ところが、もま・むささびは、特定の地方における単なる名称の違いであり、しかも、手足を広げて空を飛ぶ動物であるという形状は一致しています。すると、十文字むじなをたぬきと思わなかったことと、もまをむささびと思わ

なかったこととを、同一に扱うわけにはいかず、少なくとも前者は無罪とせざるをえなかったのだと思います。そして、前者が無罪・後者が有罪とされたこととの関係で、法律で用いられている言葉について、人が誤解をしても許される範囲はどこまでか、また、それは何故かが、問題となるのです。要するに、法と言語との関係は、六法全書の中の文字のそれぞれに特定の意味が既に与えられており、その文字をそのまま社会秩序維持の道具として使えるというような、単純なものではないのです。

第7節　法と論理

1．近代合理主義と論理

　法は言語を媒介として社会統制をし、最終的には物理的な力を使って、人々にある行為を強制しています。しかし、何故法に従うべきかにつき十分な理由付けをしないままに、理不尽で一方的な命令をするならば、暴力による抵抗と鎮圧という関係が市民との間に生じてしまいます。そして、たとえ一時的には市民の側が鎮圧されたとしても、力が正義であるとして、いつかは力を蓄えてその権力を暴力で転覆させることをねらうようになってしまいます。このような事態を生じさせないためには、ただ単にあの人は立派な方だから信頼するというような、権威・服従関係による統制だけでは不足です。近代社会は、裸の暴力ではなく、言語による統制手段である法を育んできたのですから、言語の組み合せである論理が、説得の手段として、平和な社会秩序を維持するために極めて重要なのです。

　ヨーロッパ中世の人々の認識は、キリスト教の権威や伝統によって基礎付けられていました。近世・近代に移ると、デカルトから始まる近代合理主義の思想が生まれ、数学や自然科学も発達してきます。その結果、人々の認識は徐々に、科学的な分析を基にしたものへ変わります。すなわち、ある現象を客観的に観察した結果を論理的に整理すると法則が導かれることが、理解されてきました。そして、特に社会科学の分野では、例えばベンサムは法の目的を最大多

数の最大幸福と述べ、ルソーは人間が自分の自由の一部を切り売りして結んだ社会契約により国家の基礎ができたと述べるなど、個人主義・経験主義と合理的な思考・推理を基礎として、私達の人間存在を、あるいは社会秩序が維持されている理由を、説明しようとする考え方が形成・確立されてきたのです。その後、19世紀の中葉から後半にかけて生まれた進化論の影響が、19世紀の末頃法学にも及んできます。社会や法も進化の法則に従って発展するという考え方と、マルクス主義的な唯物論が結びつくと、法はある必然的な進化の法則に従って発展していく筈だという議論も生まれます。例えば婚姻形態の歴史は、乱婚、群婚、掠奪婚、一夫多妻制、一夫一婦制へと進むと、主張されたこともあります。このような機械的な唯物論・進化論は、20世紀に入るともちろん否定されました。しかし、大切なことは、法は正義を、神から与えられたものと捉えるのではなく、経験的観察と論理によって説明しようとする試みが、近代における考え方に共通していたことなのです。

2．概念法学と自由法論

　ナポレオンが、学者達に作らせたフランスの民法典は、1804年に制定されて1807年に施行された、世界最初の近代的な法典です。約2000条の大法典であるナポレオン民法典ができたときに、ナポレオンは、「裁判官よ、これで安心しろ」と言ったとされております。すなわち、この大法典の中には、この世の中で起こるあらゆる出来事について裁判官のよるべき解決基準が書かれているので、今後は裁判官は安心して証拠に基づく事実認定をしさえすれば済むと考えられたのです。

　これは、19世紀に入って盛んになったドイツの法律学において、法の解釈の仕方、社会の中での法の役割などについて生まれ集大成された、概念法学という考え方のひとつの現れです。この考え方によれば、あらゆる場合についての解決の仕方は予め総て法律に書かれており、しかも、法律のひとつの言葉には必ずひとつの正しい意味があり、そして、ひとつしかないその正しい意味を解釈によりはっきりさせておくことが、法律学の役割だとされます。したがっ

て、概念法学の考え方を採ると、コンピュータでも裁判を行えます。例えば、交通事故の被害者は何歳である、運転手は酒を飲んでいた等々の事実をポンと与えれば、コンピュータがそれに法律を適用して、損害賠償を幾ら支払えという判決がガチャガチャンと出てくることになりま

す。同じことをモンテスキューは「裁判官は法を語る口である」と述べました。もしも裁判官がデタラメに裁判すると大変危険です。そこで、まず国会で法律を制定し、さらに法律学により「この言葉の意味はこうだ」ときちんと決めてしまって、裁判官の恣意を一切介入できなくしてしまっておくというのが、概念法学の理想だったのです。なお、権利とは何かがきちんと決まっている以上、たとえ財産的価値があっても声は権利ではないとされた、前述（48頁）の桃中軒雲右衛門事件は、概念法学的な解釈のひとつの現れです。

　法律はその当時の社会を考慮して制定されますので、制定当初は概念法学でも対応できます。しかし、社会はその後どんどん変化するので、概念法学では間に合わなくなってきます。例えばフランスの裁判官は、馬車くらいしか走っていなかった1804年にできたフランス民法の条文を、自動車事故や飛行機事故が起きる現在でも、未だに使わざるをえません。したがって、変化しない条文の文字を社会の変化に対応させるには、条文の文字の拘束力をゆるめて、社会に合わせざるをえなくなり、自由法論・自由法運動が、19世紀の末から20世紀の20年代まで、ヨーロッパで唱えられました。自由法論においては、概念法学の考え方とは正反対に、法律は完全無欠ではなく隙間（欠缺）があると考えられます。ナポレオンは自分の作らせたナポレオン民法典は完全無欠だと考えました。しかし、人間の知能では、先の先までそのまま絶対通用する完全無欠な法律を作ることはできないのです。法律が完全無欠でないことが分かる

80 第1章 法とは何か

と、法律が社会状況の変化に従ってどんどん変わるのでないと、法律が社会統制の道具としての役割を果たせなくなると自覚されます。そして、この自覚から生まれた自由法運動は、適用すべき法がないときにどうしたら良いかという新しい問題や、法律が現代社会に合わないときどのように解釈したら良いのかという問題を、提起したのです。

差押え禁止物という概念を例に挙げます。借金を返済しない人を相手に起こされた訴訟で、裁判所が「金幾らを支払え」と判決します。それでも返済しないと、執行官が出掛けて差押えをし競売をして借金を取り立て、債権者に返し、このようにして、法は実力で約束を守らせます。その場合に、債権者を守るのは法律の大切な役割です。そして同時に法律は、債務者の基本的人権の保障にも配慮しなければなりません。強制執行という名目であっても、例えば着ている着物を剝ぐことまでしては、基本的人権の侵害です。そこで法律には、これこれの物を差押えてはいけないという、差押え禁止物の規定があります。例えば、民事執行法 131 条は、最近改正されるまでは、差押え禁止動産として「債務者等の生活に必要な二月間の食料及び燃料」と規定していました。私達の家庭では普通二ヵ月分もの食料や燃料を置いてありませんから、考えてみると奇妙な規定です。実はこれは、日本社会に農家がまだ圧倒的に多く、来年のとり入れまでのお米や冬用の薪を保管していた、明治の初期に作られた条文の残骸だったのです（2003 年に、その「二月間」を「一月間」に変更するとともに、次に置かれた「標準的な世帯の一月間の必要生計費を勘案して政令で定める額の金銭」については、「一月間」を「二月間」に変更する改正が行われました。）。

しかし、現在のサラリーマンが差押えられて一番困るのは、月給です。したがって、差押え禁止物としては、食料や燃料より月給を掲げることの方がむしろ大切です。現在の民事執行法の 152 条は、現代社会に適合するよう月給の差押えに関する条文を設け、月給の 4 分の 3 だけは残しておくよう規定しています。

もし、給料の差押禁止という条文がなかったら、どうしたらよいのでしょう。このような事態への対処方法として、法律が規定していない、すなわち、法の

欠缺があるのだから、裁判官が自分の判断で決めざるをえないという考え方がありえます。また、法の解釈で何とかこの問題を処理しようという考え方もありえます。後者を少し説明しましょう。概念法学が、食料や燃料はこういう意味であると決めていたのに対し、より実質的な解釈をすれば、この事態に対処できます。すなわち、給料はお金です。お金は食べられないので食料ではないし、燃料でもない。しかし、お金である給料は、それを使って食料や燃料を購入するものである。したがって、食料という言葉の意味には給料を含むという、解釈をすることになります。このような解釈は、およそ日本語の約束事と離れてしまいます。しかし、世の中の変化に応じた法改正が行われない以上、そういう解釈をしなければ、具体的事件の妥当な解決ができないのです。

　わが国では、明治時代に制定された主要法典が、憲法と刑事訴訟法を除いて、抜本的改正をされておらず、どれもが時代に合わなくなって来ています。自由法論が解釈者の自由な法解釈が許されるとする理由は、このような現状に対処するには解釈をなるべく融通無碍にして、実質的に妥当な解決を可能にしなければならないと、考えているからなのです。もちろん、デタラメな解釈では困ります。しかし、そのように解釈する必要性と目的とを、充分論理的に説明できるならば、何も概念法学のように one word, one meaning という形で法律の言葉の意味を決めなくても良い筈です。

　自由法論のひとつの特徴は、社会の現実の変化に応じて、複数の意味を持つ言葉の範囲内で、法も動くことを許すことです。自由法論のもうひとつの特徴は、法の欠缺を認め、裁判官による法創造を許すことです。しかし、適用すべき条文がない場合に裁判所が自ら法を作って良いかは、一応別問題です。これは、裁判拒否の禁止と関連しています。すなわち、近代法の下では、自力救済は禁止されていますから、紛争が起きたら裁判所へ訴えて解決してもらわざるをえません。もしも、紛争が裁判所で解決されないと、市民同士は、暴力的な決着をつけざるをえなくなる危険性があります。したがって、自力救済の禁止は裁判拒否の禁止と表裏一体なのです。このようにして裁判拒否が許されないにもかかわらず、その紛争を解決する基準となる法律がない場合には、裁判官

82　第1章　法とは何か

が自分で基準を作って解決するしか方法がないことになります。

　高校生的知識から言えば、国会の立法権、内閣の行政権、裁判所の司法権、この三者の相互の独立を維持することが三権分立の原理です。そこでもし、裁判官による法創造を許すと、裁判所が立法権侵害を犯すことになってしまいます。しかし、一般的事象を対象とした国会による立法と、具体的事件を解決するための裁判所による立法とは異なります。裁判所による立法は、司法法や判例法と呼ばれています。法の欠缺が存在する以上、具体的事件の判決として裁判所が法を作らざるをえないのです。三権分立との関係は、もしも国会による立法がなされればそれが、裁判所による立法に優先するとして、調整するしかありません。

3．法の解釈と価値判断

　法の解釈とは、言語を媒介にしてできている法律の、意味を明らかにしていく作業です。そして、自由法論が明らかにしたように、ひとつの言葉には複数の意味がありえます。したがって、六法全書に載っているどの言葉にも、唯一絶対の正しい意味などありえないという前提で、法の解釈をしなければならないのです。そこで、「その多義的な意味の中からあるひとつの解釈を採る理由は何か」という問題が解けないと、法解釈学は学問として成り立たないことになります。

　例えば、以前の図書館は書物を前提として、本の貸出し規則を定めていました。ところが、視聴覚教育が強調され始めて、レコードやテープ、CDやDVDなども貸出すようになると、規則が現実と合わなくなってきます。規則や法律を作るときには、将来どんなものが出てくるかは不明なので、例えば本という言葉を大体こういう広がりないし枠組みの中で考えましょうという程度の了解しかできません。そこで、新しい社会状況に適応できるような意味を規則や法律の言葉に与え続けていかねばならないのであり、これが法解釈の役割なのです。

　多様な意味のありうる言葉について、その状況に応じた意味を与えようとす

る場合に、ある人は「こういう意味だ」と述べ、別の人は「こういう意味だ」と述べて対立することが少なくありません。これは、状況の把握の仕方、把握した状況の評価、ものの考え方等々において、解釈者の価値判断に左右されることが不可避だからです。この価値判断の当否を、果たして法解釈学自体が決められるものかどうか、私には良く分かりません。ただ私は、法学が対象としている分野についてもいわゆる行動諸科学との共同研究が進展することによって、価値判断の働く場面を明確化し極小化することまでは可能ではなかろうかと考えています。

　価値判断の当否の問題の延長線上に、具体的利害の調整という問題があります。戦後のある時期までの労働法学界においては、学者が色分けされていて、労働組合主催の労働法勉強会に講師として呼ばれる労働組合向きの労働法学者と、経団連主催の労働法研究会に呼ばれる経団連向きの労働法学者とが、分かれていました。しかし、労働法が2種類あるのではありませんから、法律の解釈や運用の際に、労働者側に有利な解釈と資本側・経営者側に有利な解釈とがあり、どちらの解釈を採るかによって分かれていたのです。とはいえ労働法の解釈においては、価値観や政治観の表明という性格のみでなく、具体的な利害の調整という性格も現れてきます。例えば、労働者が長期間ストライキをしていて一銭の収入もない会社が、月給を支払える訳がありません。したがって、たとえ労働者のスト権の尊重を主張する学者でも、どこかで妥協せざるをえません。これに対し、憲法9条の「戦力」の解釈では、「私は核兵器まで、あなたは竹槍まで。では中間をとってミサイルで手を打ちましょう」とはならず、価値観ないし政治観が正面からぶつかり合っています。

　民法の分野では、借地法・借家法（1991年から借地借家法）を中心に、利害調整論や利益衡量論が生まれました。借地人や借家人は大体貧乏で、土地や家屋を貸していただかざるをえません。これに対し、土地や家屋を沢山持っている金持ちは、一方的な条件でそれらを貸し、借り手は他にも沢山いますから、気に入らなければ現在の借り手を追い出そうとします。そういう状況の下で富める者と貧しい者との間の利害関係の対立を解決し、借り手を保護するために

制定されたのが、大正 10 年（1921 年）の借地法・借家法です。したがって、その解釈は、なるべく借地人・借家人に有利に行われました。しかし、このような経済状況は、かなり変わってきましたし、貸し手の側にも色々な言い分があります。ですから、貸し手と借り手の具体的な利害を調整し、両者の言い分をどこかで調和させようとするのが、現在の民法解釈のある意味での主流です。つまり、社会生活は互いの支え合いなので、自分にだけ常に得な役回りが回ってくるようにはできません。そこで、「この場合にはあなたが我慢しなさい。こういう場合にはあなたが法的に保護される。だから全体として不公平ではありません」と考えるのです。また、利益衡量論を要約すれば、複数の意味を持つ言葉の中から、どういう意味をその言葉に与えておけば一番妥当な利害の調整ができるか、という発想で法解釈を行う考え方です。したがって、法律に「正しい解釈」というものはありえません。その時点の社会状況の中で、この条文にこういう意味を与えると一番妥当な解決をえられるということでしかなく、社会状況が変われば、解釈もまた変わっていくのです。

　言葉の唯一絶対の正しい意味を探すのが法律学だという意味での概念法学を主張する人は、現在では少なくなりました。それ故、例えば憲法 9 条の解釈について、A教授は「戦力とは原爆のことである」と述べ、B教授は「ミサイルのことである」と述べ、さらにC教授は「竹槍も戦力である」と述べている場合に、これらを一生懸命に覚えるだけでは法学の勉強ではありません。法学においては、異なる意見があること自体が問題なのではなく、何故人の意見が異なるのか、その背後にあるものは何かが問題なのです。法解釈を行うときに学者は必ず、その条文が関わっている利害状況を考えます。そして、その利害状況をどのように具体的に調整すべきか、という判断を裏側に持ちつつ、この言葉には当面こういう意味を与えておくのが一番都合が良いという論理を述べるのです。

　学者の間に意見の対立のある部分が、とかく試験に出ます。このような問題が出題された場合に、A・B・C説と数多く覚えているのが良い答案なのではありません。たとえひとつやふたつ忘れていても、何故そういう議論の対立が

あるのかという背後の事情をきちんと理解できていて、A説はここに力点を置いてこういう考え方をしている、B説はこの点について違う考え方をしているからこういう説明をしている等々、背後の事情の理解の現われている答案が、優秀な答案なのです。法学には覚えるべきことが沢山あるので、暗記をすることが法学の勉強のように、一見思われるかも知れません。しかし、学説の対立を生んでいる背後の事情などの理解に努めなければ、真の暗記はできませんし、このような理解があれば、あえて暗記をするまでもなく、必要なことがらを自ずと覚えてしまうものなのです。

4. 解釈理念と解釈技術

　法解釈の基準を解釈理念と呼びます。解釈理念は、究極的には解釈者の主観であるものの、解釈の差を主観の問題だと突き放すだけでは、物理的力による解決にもつながりかねません。紛争を平和的に解決するためには、法の解釈は、論理によって他人を説得しうるものでなければなりません。すなわち、何故この言葉にこういう意味を与えなければならないのかという理屈を、しっかり立てることが必要なのです。理屈の立て方に、立法者意思説と法律意思説とがあります。戦後制定された法律の中には、その法律を制定した目的や解釈理念を規定しているものもあり、このように示されている解釈基準を法律意思と呼びます。もっとも、これは同時に立法者意思でもあるので、立法者意思と法律意思とが一致します。つまり、法律に書いてあるので法律自身が考えているとも言えるし、法律に書いてある以上、これが立法者の意思だろうという推測もできるのです。立法目的や解釈基準を規定していない法律についても、立法者意思を調べることができます。何故なら、国会における審議の経過について必ず議事録が残っているので、立法趣旨の説明、国会議員達の議論、大臣の答弁などを通じて、何故こういう法律が制定されたか、最初の提案以降ひとつひとつの条文が、国会審議を経てどう変えられたか等々まで、分かるのです。

　法律を解釈する際には立法者の意思に忠実でなければならないと考えるのが立法者意思説であり、その法律が現代社会において持つ意味を重視して解釈す

るのが法律意思説だと言われています。法解釈においては、その法律の立法経過など過去の歴史的な状況を考慮することが無意味な訳ではありません。しかし、その後の新しい状況に適合する意味を与えることが法解釈の目的や役割であることに照らすと、立法当時の立法者の意思をいつまでも基準にすることが正しい法解釈のあり方とは言えません。したがって、立法者意思説の妥当する場面はかなり限定されることになります。

　歴史的な沿革を媒介にした論理で人を説得する解釈方法を、歴史的解釈と呼びます。具体的な例を挙げましょう。民法798条は「未成年者を養子とするには、家庭裁判所の許可を得なければならない」と、極めて簡単に規定しています。そこで、未成年者を養子にしたいと申し出られたとき、家庭裁判所の裁判官はこの条文を解釈して、どういう条件が揃っていれば認め、どういう場合には認めないのかなど、養子縁組の許可基準を探し出さなければなりません。なお、立法者意思説に立ち国会の議事録を調べたとしても、立法当時こう言われていたということまでしか分かりません。

　そこで、歴史的解釈では、「そもそも養子制度の歴史的発展過程は」と、かなり大上段な話から始めます。養子制度は最初、家のための養子制度として出発しました。例えば、江戸時代の武士が子供のいないままで死にますと、お家断絶となります。そこで、跡取りを作るために、養子制度が作られたのです。その後、養子制度は第2段階に入ります。自分の実子がいない親は、老後どんな病気をして不自由をするかも知れません。しかも、どんなに財産があってもお墓の中までは持って行けません。そこで、自分の財産を譲るから老後の面倒を見てもらいたいという、親のための養子制度に変わります。第3段階は、子供のための養子制度です。例えば、養子制度のなかったイギリスでは、1926年に社会福祉制度の一環として、養子法を制定しました。すなわち、みなし児になった不幸な子供のためには、施設で育てるより、家庭的な愛情のある生活環境で育てることが望ましいと考え、養子制度を使うようになったのです。

　さて、日本の養子法には、色々な歴史的遺物が混在しています。例えば民法793条は、「尊属又は年長者は、これを養子とすることができない」と規定し

ています。この規定によれば養子制度は、家のため、親のためであって、少なくとも子供のためではありません。何故なら、この規定は、家制度に混乱を生じる養子縁組、老後の面倒をみてもらえないであろう養子縁組のみを、禁じているからです。もしも、子供のための養子制度なら、幼児期に暖かい家庭に引き取られ育てられることこそが重要であり、成人後に養子になることなど無意味です。これに対し、家のため・親のための養子制度であれば、まだ海のものとも山のものともつかないみなし児の1歳児よりも、大学の成績も優秀で一流企業に就職も決まっている人を養子にすることが望ましいのです。

　そこで、現代社会における養子制度の課題は、家制度の維持や親のエゴイズムの保護ではなく、不幸な小さな子供に暖かい家庭を与えることであり、養子制度はそのように発展してきたのだ、と考える歴史的解釈からは、民法798条の解釈として、この子供はしっかりしていて将来親の面倒を良く見るかどうかを調べるのではなく、本当に子供をかわいがる親かどうか、子供を引き取って充分な世話をするだけの財産・能力があるかどうか、その親に引き取られるのが本当にその子供の幸せになるかどうかなどを、調べることとなるのです。

　現在の養子縁組審判事件において養子縁組を許可する場合には、裁判所は必ず、「事実関係を調査したところ、未成年者の福祉に合致するものと認め、本件養子縁組を許可する」という決定を出します。つまり裁判所は民法798条について、未成年者の福祉に合致するか否かが家庭裁判所の許可基準だと解釈しているのです。民法798条の「許可」という文言に、この文言からは直接導き出せないこのような意味を持たせる解釈を裁判所にさせているのは、単なるデタラメな価値判断ではなく、養子制度の歴史的発展を踏まえた価値判断です。そしてそれ故に、このような法解釈や家庭裁判所の許可基準が、説得力を持っているのです。

　法解釈を行う際には、「何のために、どのような方向へ向けて、言葉の意味を探るのか」が大切であり、これも非常に重要な法解釈の理念です。例えば、ある女性が入浴中に、その脱いだ着物を遠くへ持って行ってしまって、逮捕・監禁罪で起訴された人がいるとします。刑法220条は、「不法に人を逮捕し、

88　第1章　法とは何か

又は監禁した者は、三月以上七年以下の拘禁刑に処する」と規定しています。国語辞典的な意味では、「逮捕」とは警察官が被疑者に手錠をかけること、「監禁」とは部屋に押し込めて鍵をかけることでしょうか。そこで被告人は、その女性を縛ったこともないし、風呂場に鍵をかけて閉じ込めたこともないので無罪だと主張しますが、通説・判例に立てば、有罪とされる可能性が十分にあります。この行為が何故「逮捕・監禁」にあたるかについて考えてみましょう。逮捕・監禁罪の目的は「人の自由な行動を保障する」ことであり、この目的を実現するために刑法は、「逮捕」「監禁」という言葉を用いている。したがって、縛ること、鍵をかけて閉じ込めることだけではなく、自由を束縛する行為が逮捕・監禁であり、被告人の行為は逮捕・監禁罪に該当する。つまり、ここでは、法の目的に照して、逮捕・監禁という言葉の解釈を行うことになります。したがって、もしもある人が、時速100キロで走っている自動車の座席に女性を乗せて、その女性が「帰りたい」と言っても帰さないとしたら、たとえ手足を縛っていなくても逮捕・監禁罪になります。何故なら、このように解釈しなければ、逮捕・監禁罪という刑罰を定めている目的が達せられないからです。

　これが法解釈というものです。したがって、国語辞典的に条文を読んで解釈をするのではなく、その法律の目的に照してその言葉の意味を考えなければならないのです。別の例を挙げましょう。高価な食器に小便をして、刑法261条の器物損壊罪で起訴された男がいます。被告人は、洗えばまた使えるのだから損壊していないと主張しましたが、有罪とされました。器物損壊罪は、国語辞典的な形のある物の破壊のみを禁じているのではありません。その食器は、もう猫の餌入れ位にしかなりません。ですから裁判所は、器物損壊罪の目的を物の利用価値の保護でもあると考えて、本件行為が「損壊」にあたると解釈したのです。しかし、もしもその説明に納得しない人が多ければ、この解釈は通用しません。したがって、国語辞典で使われている言葉の意味と異なる解釈が通用するためには、一般的な使用法と大きく離れすぎないこと、その目的を皆が納得していることが必要なのです。なお、皆がその目的を納得しているが故に、国語辞典と大きく離れた解釈が通用している場合を、擬制（フィクション）と

呼ぶことがあります。

　目的解釈の例の最後に不当行為の例を挙げておきます。民法709条は、「故意・過失」「権利または法律上保護される利益の侵害」「因果関係」を証明しなければ損害賠償を請求できないと、規定しています。また、民法717条は、「土地の工作物の設置又は保存に瑕疵があることによって他人に損害を生じたときは、その工作物の占有者は、被害者に対してその損害を賠償する責任を負う」と規定しており、故意・過失という文字はありません。しかし、民法717条は「土地の工作物」と明記していますから、国語辞典的には塀・石灯篭・建物などがこれにあたることになります。さて、不法行為制度は、被害者の保護に力点があった筈の制度です。しかし、民法709条を適用しますと、故意・過失の証明が必要であり、公害事件や医療過誤事件ではもちろん、交通事故でも、なかなか相手の過失を証明できません。そこで、過失の証明は難しいけれども、被害者を何とか救済したいという場合に、故意・過失という言葉のない民法717条をなるべく活用しようということになります。

　一番使いやすいのは、道路についてです。かつて、飛騨川沿いの国道の絶壁が台風で崩れ、観光バスが何台もつぶれて、大勢の方が亡くなったことがあります。民法709条を用いては、国の過失を証明するのが困難です。しかし、自動車が通行していたときに道路が崩れたのですから、道路に瑕疵があったことは間違いありません。そこで、道路も土地の工作物であると解釈され、被害者が救済されたことがあります。

　たとえ被害者保護という目的のためであれ、目的論的解釈にも限界があります。ある有名な民法学者は、かつて飛行機が墜落した事案について、飛行機は土地の工作物だという解釈を述べたことがあります。このように解釈したい気持ちは理解できます。原因解明は、運輸省が設置する原因調査委員会においてもかなり困難なのですから、まして被害者の力で、会社の過失により飛行機が墜落したと証明するのは、ほぼ不可能です。もしも、民法717条を使えれば、会社の過失を証明することは不要であり、被害者が救済されます。ところが、誰もその解釈に賛成しませんでした。その理由は、飛行機まで土地の工作物で

90　第1章　法とは何か

あるとするのは目的論的解釈の限界を超えると、皆が考えたからだと思います。

　解釈技術の問題に移ります。法解釈においては、目的ないし理念による説明と同時に、言語についての論理的な説明も大切です。そして、論理的説得のために用いられる解釈手段・解釈技術として、文理解釈・論理解釈・類推解釈・拡張解釈・縮小解釈・反対解釈等々があります。例えば、入浴中の女性の衣類を遠くへ運んでしまう行為が逮捕・監禁にあたるとするのは、拡張解釈です。しかし、この行為を逮捕・監禁にあたるとみるのは、目的的に考えてそう解釈しなければならないからであり、拡張解釈はそのための手段として選択されたにすぎないのであって、拡張解釈その他の解釈技術自体に意味がある訳ではありません。

　文理解釈とは、法律が用いている言葉の意味を、社会の中で日常的に使われている言葉の意味と同じだとする、いわば国語辞典的な解釈です。法律が用いている言葉の意味は変わらざるをえないものの、日常的に使われている言葉との食い違いは小さい方が望ましいので、法解釈においては文理解釈を行うのが原則です。

　複数の法典や条文は全体として関連しているので、ある条文中の言葉にある意味を与えると、他の条文や法典との間で辻褄が合わなくなることがあります。そこで、法解釈においては、他の諸規定との辻褄を合わせ、論理の全体的な整合性を保ちつつ解釈を行うことが必要であり、これを論理解釈と呼びます。

　ある条文中の言葉が直接表わしていない周辺的事項についても同じ扱いを広げようとするときに用いられるのが、類推解釈と拡張解釈です。類推解釈はその言葉と同種または同性質の事項にまで広げるのに対し、拡張解釈はあくまでもその言葉の意味を広げます。したがって、一般論として言えば、類推解釈による方が拡張解釈によるよりも、広い範囲に同じ扱いが及びます。そこで、刑法の解釈においては、罪刑法定主義の一環として、拡張解釈は許されるが、類推解釈は許されないと言われています。

　ある条文中の言葉の意味を、日常的な使い方よりも狭めるのが縮小解釈であり、その言葉が示しているもの以外について逆の扱いをするのが反対解釈です。

なお、例示列挙・限定列挙という表現を使うことがありますが、これは類推解釈・反対解釈に対応します。

例えば「車馬通行止」という立札がある場合に、牛も通行させないのが類推解釈であり、牛は通行させるのが反対解釈です。また、自転車や三輪車も通行させないのが拡張解釈であり、自転車や三輪車は通行させるのが縮小解釈です。要するに、どの解釈技術を用いるかは、その法律を解釈する目的や理念により決まるのであって、究極的には価値観の相違が反映することになります。しかし、「車馬通行止」の場合に乳母車を通行させるか否かについてなら、円満な常識のある人の間であれば、縮小解釈をすることでほぼ合意をえられることでしょう。

第8節　法の目的・理念

1．具体的妥当性——正義

どのような制度にも必ずその制度を通じて実現しようとしている目的があります。したがって、個々の条文の、民法・刑法などの法典の、あるいは法体系全体としての目的を考えることにより、妥当な解決を行うことができることは既に話しました。そこで次に、法秩序全体について、すなわち、法はいかなる目的に奉仕すべく人間社会に存在するのかという問題について、論じることとします。

人類の歴史を振り返ると法は、自由・平等・友愛など、沢山の美しいスローガンを掲げてきました。それ故法が、この種の崇高な理念の実現を広い意味で目指していることは間違いありません。しかし、崇高な理念のレベルでではなく法の存在目的というレベルで法の理念を捉えると、それは、具体的妥当性の追求と法的安定性の確保です。なお、具体的妥当性という言葉を「正義の実現」と、法的安定性という言葉を「秩序」と言い換えても、さほど大きな食い違いはありません。したがって、人間社会の中に正義を実現し秩序を維持することが法の存在目的であると、言われてきています。ところが、「法律家は、

正義よりも秩序の方を大事にしている」という手厳しい批判が、法律家でない方からあります。また、法律家の中にも、正義の内容が不明確であるという声があります。そこで、正義についてまず考えることとしましょう。

　アリストテレスは、平等を正義の一内容と考えました。そして、どういう状態であれば平等が実現されたことになるのかについて、配分的正義と平均的正義とがあると説明しました。平均的正義とは、総ての人を等しく扱うことです。戦争中や戦後の物資が不足していた時期に行ったお米の配給を例にとると、相撲取りにも5〜6歳の幼児にも同じ量を配給するのが平均的正義だということになります。また、男女の賃金・労働時間・その他の労働条件を総て同じにすべきだという主張は、平均的正義の主張です。配分的正義とは、等しからざるものを等しからざるものとして取り扱うことです。すなわち、例えば、相撲取りには普通の人の2倍はお米を配給する、男女の労働条件に差をつけ賃金にも格差をつけるのが配分的正義だということになります。ただし、アリストテレスは、平均的正義と配分的正義とのどちらか一方だけで、平等を説明したのではありません。等しいものには平均的正義があてはまるべきであり、等しくないものには配分的正義があてはまるべきだと、説明したのです。

　アリストテレスの説明を「なるほど」と納得しても、身の回りの具体的なことがらにあてはめようとすると大変です。平均的正義を貫きますと、本来違う

筈のものまで同じに扱ってしまって、悪平等になります。逆に配分的正義が一歩運用を誤ると、本当は同じものをいかにも違うものであるかのごとく異なった扱いをすることになり、不平等に扱われる人が必ず出るのです。平等論は、悪平等と不平等との間を揺れ動いています。したがって、

法が実現しようとしている正義の内容を抽象的に、例えば「平等の実現」であるとまでは言えても、実現すべき正義の具体的な内容を示すことはできないでいるのです。

　近代における自然科学の発達と共に生まれた、合理的・理性的に総てを説明しようとする、デカルトを中心とする考え方も正義を論じて、例えば人間性をより良く実現し、総ての人の幸福に連なるような法律制度こそが、正義の実現であると述べています。このように抽象的なレベルでは、誰一人この正義論に反対できません。しかしやがて、懐疑主義的な立場から、本当にそう言えるのかと、疑問が提起されるようになります。これに対して、正義を理性的・合理的な立場から説く人達による反論においては結局、「私はこう思う」という以上の根拠が出されなかったのです。

　現代においても、デカルト以来の近代的合理主義の精神が、正義論の主流にあります。しかし、現代社会においては、例えば現代医学の発達との関係で、植物人間の扱い、尊厳死や安楽死の是非、脳死による死の判定、臓器移植の扱い、男女産み分けの是非等々、ひとつひとつの課題について、法がどう答えるかが問われています。そして、これらのいずれについても、相当の理屈や根拠を挙げつつ意見が対立しており、これが正しいと一義的には決められません。しかも、現代社会においてはこの種の課題が、それこそ数限りなく存在するのです。要するに、合理的な考え方により正義を追究した学者は多いにもかかわらず、万人を説得するだけの成果は未だ上がっていないようです。問われている課題をどれかひとつでも掘り下げて見れば自ずと明らかになるように、法学には、「これが正しい」という絶対的な判断基準はありません。六法全書に条文があるからこちらが正しいと決まるような、単純な学問分野ではないのです。社会の中に沢山の価値が存在しており、そのいずれもが相当の理屈ないしもっともらしさを有している中で、すなわち、決定的にどれでなければならないと言えない中で、ある決断をしていくのが、法的な価値選択なのです。

　正義論の第3は、ドイツのラードブルフを代表とする懐疑主義におけるものであり、何が正義かは主張者の主観にすぎず相対的であると、その主張を要約

94 第1章 法とは何か

できます。例えば、個人を生かすことが大事か、社会全体を生かすことが大事
かを、考えてみます。国家があって初めて人々の生活が成り立つとして国家を
中心に考えるべきか、個人の尊重こそが一番強く追求されるべき理念なのかに
は、個という価値と全体という価値との矛盾対立があります。この点について
ラードブルフは、大略次のように述べます。「個の価値は十分ある。しかし、
それが総てではない。個人主義が如何に大事であっても、全体というものの価
値はゼロではなく、それ相応の価値がある。したがって、どちらが正しいかが
決まる筈はない」。

　ラードブルフは、ナチスドイツ時代の哲学者です。それ故、ヒットラーの政
策が正しいと述べないと虐待される難しい状況の中で価値相対主義を、すなわ
ち、多元的な価値の総体が法学における正義であり、唯一の絶対的な正義はな
く、相対的な正義しか考えられないと主張したのです。しかし、相対的正義と
言うだけでは、個人にある程度我慢してもらって全体の利益を優先する場合、
個人の価値を絶対視する場合等々について、具体的説明はできません。また、
大方の合意を得ようとすると、自由・平等・友愛が正義であるなど、抽象的・
一般的な正義論に辿りついてしまいます。しかも、極端な言い方をすれば、抽
象的・一般的な正義論は、あらゆる秩序を正当化する道具です。ヒットラーで
あれ、秦の始皇帝であれ、人類の歴史の中である時代を支配した人は誰でも、
人々にアピールするような抽象的な正義を口にしたのです。また、平等とか自
由とかいう抽象的な言葉は、いかなる事態をも説明できる道具です。すなわち、
例えば日本人は「日本は大変自由だ。あの国にはまったく自由がない」と評価
するのに対し、その国の国民は「日本には自由がない。社会主義国家建設に努
力しているわが国の方にこそ、真の自由がある」と評価します。つまり、独裁
政権も自由を保障していると説明できるのですから、抽象的に自由とか平等と
か言っても、ある特定の社会秩序の基礎付けにはならないのです。

　法については、歴史的な産物だという見方と、歴史や社会状況を超えた普遍
的・絶対的な法があるという見方（自然法論・自然法思想）とが、対立してい
ます。この観点から極くおおまかに、法の歴史を概観してみます。ギリシャ時

代には、人間性を基礎に置いて、あるべき人間社会ないし絶対的正義があるという考え方（ギリシャ的自然法）が、採られていました。ところが、徐々に懐疑主義が出て、いわゆる相対主義的な考え方になります。中世に入ると、キリスト教を基礎にして、キリストが定めた人間行動のあるべき基準が絶対的であるという自然法的な考え方が有力になります。そして、中世末期になると、懐疑主義的な状況が生まれ、ルネッサンスでまた非常に自然法的になります。その後、理性を中心に据える啓蒙時代があり、19世紀の末頃になると、また自然法が復活します。これら自然法の時代には絶対的正義があるという前提の下に、「正義とは何か」の議論が盛んになり、「私はこれが正義だと思う」という著書が沢山出て、そのうちにまた何が正義かが不分明になります。そして、ナチスドイツの時代にラードブルフが出て、「普遍的に認められる絶対的正義はなく、所詮、相対的なものだ」と主張します。ところが、第2次世界大戦が終ってみると、ユダヤ人の大量虐殺などが明らかになります。そのような状況の下においては、正義は相対的なものであるという議論は通らず、絶対に許されない行為もある筈だということになります。これが、自然法論の最後の復活です。そして、現在はまた、懐疑主義の時代に入ってきているのです。このように概観してみますと、人類は歴史的に、絶対的正義を模索し続け、それを天の道とか自然法という名で呼んできたことが判明します。しかも、これ程長年にわたって人類が研究を続けているにもかかわらず、未だに決定的な形でそれに姿を与えることができていないのです。この意味で絶対的正義は、歴史の産物であり、幻想にすぎないのかも知れません。他方、極めて多様な価値観が現代社会の中に存在していることは、確実です。

　現在の相対主義的正義論は、色々な価値判断基準があることを認めています。それ故、法あるいは正義を考える場合には、他の考え方に対しても寛容でなければなりません。つまり、他の人は自分と違う価値観を持っており、それにも一応の理由があるのですから、妥協ないし利害調整を行うことが必要なのです。そこで、法律家に要請されることは、社会が尊重しなければならない価値基準が多元的である以上、法律家は、常に複数の価値判断基準を持っていなければ

ならないということです。すなわち、例えば何か相談を持ちかけられたときに、「いや、こういう考え方もある」と示し、相手がそれに乗ってきたら、さらに別の考え方を示すなどということができて、しかも自分の頭の中ではそれらが矛盾なくコントロールされているのが、この意味でのあるべき法律家像なのです。

　相対主義的正義論は、「民主主義とは何か」という問題にもつながります。もしも絶対的な価値が存在すると考えるなら、正義は多数決で変わるものではない筈なので、多数決は無意味であり、民主主義は不要となる筈です。すなわち、法の目的が正義の実現であり、しかも正義に具体的な内容があるのなら、正義は多数決原理に直結しない筈なのです。ノルウェーのイプセンは『民衆の敵』という戯曲を書くなど、社会正義についてかなり積極的な言論活動をした人です。ところが晩年の『野鴨』の中で登場人物に「人類の歴史において、正義は常に少数者の中にあった。大衆は間違っていた」と言わせています。人類の歴史においては、少数の目覚めた者は時代の先を読んでいた、しかし、大部分の者はその問題に気付かず、多数決原理の名の下に誤った選択をしたという例が多々あります。したがって、多数が正義であるという方程式は、当然には成り立ちません。しかし、多数の決めたことを正義として扱おうと考えれば、多数決原理は意味を持ちます。ただし、多数決原理には、寛容の原理が伴います。すなわち、現在は少数である意見の方がいずれ多数になるかも知れず、そのときには、正義が交替するのです。正義の交替を認める意味での寛容、つまり、「俺が勝ったのだからこれが永遠に正義だ」とは言わないという了解があれば、価値は完全に相対化します。そしてラードブルフ的な価値相対主義の中からしか出てこないこの考え方を採れば、民主主義・多数決を、正義論の観点からも説明できるだろうと思います。

　抽象的に正義とは何かを論じその細部まで決めることは至難の業であり、まだ誰も成功していません。しかし、個々の事件毎にであれば、「この事件はこう解決しなければおかしい」という、評価はできます。そして、裁判所の役割は、個々の具体的な事件について、社会の人々が「なるほど、妥当な解決がな

された」と思ってくれるような、判決をすることなのです。法が正義一般の実現を目的としているか否かについては、意見の一致がありません。しかし、法が具体的妥当性の追求を目的としており、しかも、その実現が相当程度可能であることは確かです。なお、前述（83頁）した利益衡量論は、単に法解釈の基準であるだけではなく、具体的な事件について、最も多くの人を説得できる解決、人々の信頼を裏切らない適切な解決を、目標にした理論なのです。

２．法的安定性――秩序

　法の機能は、社会の中に秩序を維持することです。しかし、社会秩序は、多様なサンクションを伴いつつ、色々な社会規範が機能することにより、維持されているのであって、法だけが社会秩序を維持しているのではありません。したがって、法という行為規範の内容と、他の行為規範の内容とは、例えば法と道徳とが普通は一致しているなど、原則的には一致しています。しかし、法と道徳とはやはり、社会規範としての機能が違いますから、若干食い違う側面があります。

　昔から、「悪法は法か」という議論があります。悪法とは、正義ないし道徳に反する内容の法律です。すなわち、法の理念が正義である以上、正義や道徳に明確に反する内容の法律があるとしたら、それはそもそも法でないのではないかという議論です。就職試験でもしもこの問題が出題されたときに、「悪法は法ではない」と書くと落とされ、「悪法も法である」と書くと合格すると言われています。何故なら、正義に反する法は守らなくて良いと考えるのは、社会秩序を無視する危険思想の持ち主だと思われているからです。すなわち、どんなに悪い内容の法律であっても、皆がそれを守れば一応の秩序を保つことができます。その法律が悪法であると考える者は、同じ意見の者を議員に選出して、国会でその法律を改正するなど、秩序を保ちつつ自分の主張を実現すべきなのであって、その法律を無視したり、暴力に訴えたりしてはいけないと考えられているのです。

　正義と秩序の問題は、「ソクラテスの毒杯」としても論じられています。ソ

98   第1章　法とは何か

クラテスの存在を邪魔に思う権力がソクラテスを逮捕し、「お前は死刑だ」と宣告し、毒入りの杯を飲ませようとしています。弟子達は、「先生の方が正しいのだから、その命令に従う必要はない。手引きをするので脱獄し、正しい教えを人々に広めて下さい」と懇願しました。ところがソクラテスは、「もしも私が法を破って脱獄したら、私の話すことに人々が従ってくれなくなるだろう」と言って、その毒杯を飲み干して死んだのです。もしも、法が正義の実現だけを目的としているならば、ソクラテスに死刑を言い渡すような、正義に反する法は法でないし、法を無視して脱獄し死刑を免れても良いことになります。しかし法は、正義と同時に秩序を重んじています。「悪法は無法に勝る」のであり、たとえ悪法であっても、無法状態よりはましなのです。

　いかなる観点から検討してもまったく欠陥や疑問点のない解決方法を採っている法律は、まずありません。しかし法律という基準がなかったら、結局腕力で紛争を解決するしかないのです。たとえ欠陥や疑問点があるとしても、著しく不合理でない限り、人々がその法律に従い、ある程度であれ社会秩序を維持できているのです。要するに、秩序維持という観点からは、悪法は無法に勝り、結果的に、悪法も法であることになるのです。このような社会秩序の維持に向けられた法の目的について、法的安定性の確保という言い方をします。

　法的安定性の維持・確保のために法律が備えているべき要件を、整理しておきます。まず第1の要件は、明確性です。社会秩序を維持する目的で、法律が人々に行動基準を示しているのですから、その命令の内容は明確でなければならず、「良識にしたがって行動しましょう」など、あいまいな示し方では、社会秩序の維持は困難です。このような説明に対しては、「法律の定めている基準は、それほど理屈に合ったものではない」という批判があります。例えば、日本では成年年齢を満18歳と定めています。そして、この成年・未成年制度の目的は、思慮・判断能力のない人を守ることです。しかし、15歳や16歳でも優れた判断能力を持っている人がいる反面、30歳や40歳になっても駄目な人もいます。したがって、満18歳で一律に年齢を区切り、18歳以上の者には思慮・判断能力があり、17歳以下の者にはそれがないと、機械的に割り切る

制度よりも、思慮・判断能力のある人を成年、それがない人を未成年とする制度の方が、制度目的にかなうし、具体的妥当性もあります。したがって、この批判はもっともです。しかし、もしもこのように個別的に扱うと、社会秩序が混乱することになります。

　現在の社会においては、商品交換により市民の経済生活が成り立っています。商店で品物を購入したところ、見知らぬ人が翌日来訪し「あれは私の物だから返してくれ」と要求するような事態が、もしも日常的に起きるとしたら、私達は安心して物の売買すなわち商品交換をできません。ところが、例えば委託販売といって、所有権を委託者に残したまま商店にその物を並べてあり、商店には所有権がないという販売形態もあります。しかし、私達はそれを見分けられません。そこで民法192条は、「取引行為によって、平穏に、かつ、公然と動産の占有を始めた者は、善意であり、かつ、過失がないときは、即時にその動産について行使する権利を取得する」と、規定しています。商店で普通に品物を購入したときには、平穏・公然・善意・無過失という4要件を備えていますから、たとえ売主が所有者でなく、後からその品物の本当の所有者が現れても、買主が所有権を取得するのです。この制度は、商品交換経済秩序の中で市民が安心して商品交換をできるために、必要不可欠な制度なのです。

　成年・未成年の話に戻りますと、日々無数に行われている商品交換の際に、その人の思慮・判断能力の有無をいちいち検討してはいられません。そこで法律は、明確性の要請と商品交換秩序維持の要請とに応じて、細かな差異を無視して客観的な年齢で線を引く一律な扱いをして、商品交換経済秩序を維持しているのです。なお、法的安全性を重視し、法に明確性と画一性を要求すると、場合によっては具体的妥当性が失われることがあります。そのような場合には、具体的妥当性を確保する制度を別に工夫すれば良いし、工夫しなければならないのです。

　第2の要件は、不変更性です。たとえ法律の内容を改良・改善すべき合理的な理由がある場合でも、直ちに法律を改正すると、法の目的である秩序がかえって乱れてしまうことがあります。例えば、道路交通法の目的は道路交通の安

全を守ることであり、現在は車は左側を人は右側を通行しています。心理学その他の学問分野の専門家の研究成果により、車は右側を人は左側を通行する方が、交通事故の発生率が0.1％減少すると判明したと、仮定します。法は正義の実現を目指しているのですから、交通事故を減少させるためのより良い通行方法が見つかった以上、法改正をすべきです。しかし、法改正により街中に大混乱が起きることは必至です。現在の日本の社会は、「車は左側を走るもんなんだ」ということで動いています。したがって、たとえ交通事故の発生率が多少減少するとしても、直ちに別の制度に変えることが良い訳ではありません。朝令暮改という言葉があります。朝出した命令を夕方には変更することであり、法改正が頻繁に行われるさまを指します。一見、正義を守るために立法者が、一生懸命に働いているかのごとく見えます。しかし、実はこれにより社会の秩序が大いに乱れるので、朝令暮改は悪いことなのです。

　法を改正する場合には、社会に混乱を生じないよう、移行措置・経過規定が必要です。例えば、あまりにも高額の退職金を支払っていた地方自治体がそれを減額する場合でも、本日条例を改正し、直ちに明日から退職金を半分にすることは適当ではありません。何故なら、自分の退職金が幾らになるかを見込んで生活設計をし、ローンを組んだりしていた生活、安定した秩序に期待をしていた生活を、直ちに根底から覆すことになるからです。他方、妥当とは言えない制度は改めなければなりません。そこで、その改め方にも秩序が必要となり、何年位の幅とサイクルで減額すれば、その地方自治体の職員の期待を大きく裏切って秩序を乱すことなく制度を改正できるだろうかを、工夫することになります。

　要件の第3は、実効性です。法律が社会の中で人々に遵守されるためには、人々の法意識ないし社会意識と合致していることが大切です。昭和55年（1980年）の相続法改正により民法900条の規定している相続分が、それまでの配偶者3分の1、子供3分の2から、配偶者2分の1、子供2分の1に、変わりました。この法改正の際には、配偶者の相続分増加と関連して、非嫡出子の相続分を嫡出子の2分の1としている同条4号を改正すべきかも検討されましたが、

この規定はそのときは改正されませんでした。長男だけが家督相続をした戦前の相続制度と異なり、憲法の個人主義原理に基づく現在の相続制度は「各自の相続分は、相等しいものとする」（900条4号）と規定して、兄弟姉妹を平等に扱うようになりました。ただし、正式な妻でない女性から生まれて認知された子供である非嫡出子の扱いは、嫡出子の2分の1と不平等なままにおかれたのです。その父の子である点では、結婚して生まれた子であろうと結婚しないで生まれた子であろうと同じです。法制審議会では、個人主義原理を厳格に貫いて嫡出子と非嫡出子とを平等に扱うべきかを議論すると同時に、世論調査も行いました。その調査結果では、非嫡出子を嫡出子と区別してその相続分を2分の1にしているのは妥当であるという回答が、8割近くもありました。

　具体的場面を考えると、この回答は分からないでもありません。妻と子供達の看病のかいなく父が亡くなり、皆が泣きながら葬式の準備をしているところへ、それまで会ったこともない女性が子供を抱いて訪ねて来て、「実はこの子の父親は、この亡くなった方です。ついては、遺産を分けて下さい」と要求します。涙にくれていた遺族は一転して、何千万円かを持ち去ろうとするこの敵に対して身構えます。これは、個人主義原理や総ての子供の平等その他の抽象的・一般的理念だけでは済まない、実に生臭い問題です。日本人の中に、遺産は家族共同体・愛情共同体の中で引継ぐべきだという意識が強かったのです。

　法の理念は、総ての子供を平等に扱うことです。しかし、日本人の法意識はそこまで進んでいませんでした。したがって、もしも嫡出子と非嫡出子を平等に扱うように法改正をすると、法に対する反感を生じる恐れがありました。法の内容は、平均的な人間がそれを行えるようなもの、しかも、平均的な人間がそれで良いと思っていることに比較的近いものでなければなりません。この世論調査の結果、民法900条4号の改正は見送られました。この規定について、正義に反し法の理想にもとるという批判もありました。しかし、社会的な現実とある程度一致してこそ、法が実際に行われるのです。社会の現実からあまりにも遊離してしまった法律でないこと、これが法の実効性です。もっとも、社会の現実は不変ではありません。婚姻制度や家族、相続に関する人々の意識も

102　第1章　法とは何か

変わりうるものです。実際、それから30数年経過した2013年に、最高裁がついに民法900条4号但書の規定を違憲と判断したため、国会が同但書を削除する法改正を行い、この相続差別は解消されるに至っています。

　法は、正義の実現と秩序の維持というふたつの目的を追求しています。しかし、正義の内容は抽象的であり、はっきりしません。そこで、法の役割としては、明確性・不変更性・実効性に留意しつつ、あるルールを定め、それを社会の中で実現していくことの方に、重点が置かれてしまいがちです。また、法制度の中には、明らかに秩序維持を目的としている制度が極めて沢山あり、その代表的な例が時効制度です。

　時効という言葉は一般に、一定期間経つと権利がなくなる消滅時効の意味で使われています。例えば民法174条は「次に掲げる債権は、一年間行使しないときは、消滅する」と規定し、4号に「旅館、料理店、飲食店、貸席又は娯楽場の宿泊料、飲食料、席料…」と規定しています。バーのツケは1年間経ったら払わなくて良いという俗説の根拠はこれであり、おそらく料理店の飲食料にあたります（なお、現在、債権の消滅時効制度について、こうした職業別に1年～3年の短期時効を定める規定をすべて削除し、時効期間の統一化を図る方向で見直しを行う法改正作業が進行中です）。

消滅時効の一部廃止　平成29年の民法改正により、職業別の短期消滅時効は廃止され、174条は削除された。また、令和2年の民法改正に伴い、商法の商事消滅時効も廃止された。

　一定期間経つと権利を取得する時効もあります。例えば民法162条によれば、他人の土地を10年なり20年なり勝手に使い続けていると、その土地の所有権が使い続けた人のものになります。いずれの時効制度も、法の目的である正義という観点とは合致しないように思われます。借金は返すのが当り前であり、返さなくても良いなどという馬鹿な話はない筈です。ところが、これが法と道徳の違いなのです。道徳は、人からお金を借りた以上「何年経とうと返せ」と命じます。もちろん法律は、「返してはいけない」とは命じていません。返す

か否かを、道徳に委ねているのです。また法律は、「返せ」「借りていない」という争いが起きたときの解決の基準なので、ある程度の期間が経過すると証拠があいまいになり散逸することも、考慮しています。さらに、支払わないし返済も求めないという状態なり秩序なりがもうでき上がっていることも、考慮しています。そこで、道徳的には別の見方もあるかも知れないものの、法制度としては、返さなくても良いことにしようという訳なのです。

　時効制度とはこのように、ある状態が一定期間以上続いた場合にはその現状を肯定する制度、換言すれば、事実状態を尊重する制度です。大袈裟な言い方をすれば、その状態が続いていることにより、不法な状態が適法な状態に変えられてしまい、それを初めの状態に戻そうとすることが、むしろ違法と評価されてしまうのです。

　「悪法は法か」の問題を振り返って、正義と秩序とを論じてきたことの締めくくりとします。もしも、秩序というものを極めて重く考えれば、積極的悪法肯定論となります。これに対して、法は正義を目的としているものの、秩序のためには「悪法も無法に勝る」ことをある程度認めざるをえないというのが、消極的な悪法肯定論であって、この立場に立つ法律家が多いようです。さらに、一定の場合には悪法を否定するという考え方も、成り立ちえます。

　最近の憲法学では、抵抗権肯定論がかなり主張されてきています。しかし、この考え方においても、暴力革命が正義の正当な実現方法である、「力が正義である」とまで、主張しているのではありません。力による正義の実現がありうることを全面的には否定できない以上、何らかの形で、レジスタンスの権利を認めても良いし、認めざるをえないと、主張しているのです。法と正義または法と秩序の関係で抵抗権を考察しますと、成功した革命は正義を書き換えることになります。例えば、フランス革命でルイ王朝を倒し、国王を死刑にした人は、殺人罪には問われません。しかし、もし反革命が成功しますと、反逆罪や殺人罪として処罰されます。この意味では、何が正義か、何が秩序かは、革命が成功した場合と失敗した場合とで、全く異なるのです。

第2章　法の成立と形式

〔この章で学ぶこと〕

　人々が集まって作る社会には色々な型があり、例えば、風土条件としてこの日本列島という温帯の比較的生活しやすい島国の上に、独自の民族性を持った日本人によって形成されてきた日本社会には、日本型の人間関係、日本型の社会秩序が形成されている。そして、法が社会統制の道具である以上、社会の型と切り離して、法は成り立たない。また、法は日本語などその国の言語の持つ論理構造とも無縁ではない。さらに、法の背景にある社会・経済条件も無視できない。したがって、各国の法律制度は、その国における歴史的・文化的産物であると考えざるをえない。それと同時に日本の法は、直接に外国法を「継受」することにより作られた法でもある。本章においては、これら日本法が形成されてきた歴史的背景のうち、法系と法の継受について論じておくこととする。また、制定法・慣習法など、法の存在形式についても考えてみる。

第1節　法系と法の継受

1．法系とは

　世界中には250～300種類もの法があり、日本の法はそのひとつにすぎません。ところで、ある社会問題がわが国で起き、その法的解決が必要となった場合に、外国がその問題を法的にどう処理したかの資料を集め、それらを比較してみることも大切です。もちろん、その国の法律が日本の裁判所で使われるのではありませんし、同様な立法をしたらその社会問題を日本でもうまく処理できるとは限りませんから、収集した外国法の知識がそのままの形で役立つのではあり

ません。しかし、日本の法律をより良いものに変えようと検討する際には、外国の法律を学ぶことが大変役立つのです。しかし、日本の農業問題を考えるときに、飛行機で種をまくような農業をしているアメリカの農業法の本を入手して読んでも、役に立たないのです。

さて、300種類もの法を全部調べるのは、能率的ではありません。そこで、300種類もある法を分類・整理できれば、各グループの中の代表的なひとつのみを調べると、他の法はほぼ同じ内容だと扱って省略することが可能となり、大変都合が良いのです。「法系」とは、この目的で行われた色々な研究の結果、国際社会の中に存在し行われている極めて沢山の法を、幾つかのグループにまとめて把握したものです。

憲法や民法の講義で、何の説明もなしに先生方が、英米法系とか大陸法系という言葉を使うことがあります。それ故、それらの言葉は一応理解しておかなければなりません。国際社会の中に現在ある法系を、細かく分けると10種類以上になります。しかし、日本法を理解するためには、英米法系と大陸法系のふたつを知っていれば良いでしょう。その他に、日本法とは直接関係がない法系として、ヒンズー法、イスラム法、社会主義法などがあります。

2．大 陸 法 系

ローマによる地中海世界の制覇の中で、紀元前300年頃から、ローマ法学が発展します。ローマ人は、大きな水道施設や道路を完成したりした、実用的な民族でしたから、社会統制の技術であり実用的なものである法にも長けており、ローマ法を生み発展させつつ、その支配する地域に通用させていたのです。その後、民族大移動により、ローマ法とは全く異なる法体系を持っていたゲルマン民族が、ヨーロッパに入ってきます。その結果ヨーロッパの中では、ローマ法体系とゲルマン法体系とが混ざり合います。さらに第3の要素として、キリスト教における教会法という法体系が、約1000年がかりで混ざり合います。つまり、ローマ法とゲルマン法と教会法が混ざり合って、現在のヨーロッパ諸国に共通の法が形成されたのであり、これを大陸法と呼びます。

106 第2章 法の成立と形式

さて、ローマ法とゲルマン法との差を挙げてみましょう。例えば、ある物を持っている状態を指す、占有という言葉があります。日本民法の占有という言葉に対応するゲルマン法のゲヴェーレという言葉は、自分が「実際に」ある物を持っている状態を指します。これに対し、ローマ法のポゼッシオという言葉は、極めて観念的な占有を指し、所有権概念と明確に区別されています。例えば、私が所有権のある物を、他人に預けているとします。預かった人には、その物について直接の占有があります。そして、同時に私はその他人が持っている物の上に間接占有を持っているとされます。この間接占有という権利は、目に見えない抽象的な権利です。このような権利まで考え出したローマ法を、観念論とも評価できます。しかし、同時に、法が大変発達していたからこそ、観念的な権利まで保護してもらえたのです。

これに対し、裁判所制度その他の仕組みが整備されていなかったゲルマン社会では、実力による支配、すなわち、自分が現実にその物を持っている状態こそが、最高の権利となります。ローマ法における占有（ポゼッシオ）は、抽象化された支配権であり、現実の支配を必要とせず、間接的な支配でも良いのに対して、狩猟民族であったゲルマン人は「自分がその獲物を現実に支配していることこそが、自分の権利の証明だ」という考え方をしていて、これを占有（ゲヴェーレ）と呼んだのです。この違いは、法が実際にある人の権利を保護する際に、現実の支配状態を中心にして保護しようとするのか、権利の名義を保護しようとするのかという違いであり、この意味で、ゲルマン法とローマ法とは異質なのです。

ヨーロッパの法体系である大陸法は、ゲルマン法とローマ法とが混ざり合いながら形成されました。しかし、どちらかと言えばドイツではゲルマン法中心であり、フランスではローマ法中心です。ローマ法は13世紀頃からヨーロッパ社会に広まり、18世紀末頃からそれを条文化する作業が行われます。その際にフランスでは、ゲルマン法の要素ももちろん入っているものの、ローマ法の原則をほぼそのまま民法典に取り入れました。他方ドイツでは、ローマ法的な法律案がいったん作られます。しかし、歴史学者を中心に、「我々の先祖の法、

ドイツの民族精神を思い出せ」という、民族主義的な運動が起こり、再度法律案を作り直した結果、極めてゲルマン法的な法律になったと言われています。したがって、フランス型とドイツ型は、そのままローマ型とゲルマン型の対比にもなります。

　懸賞広告の扱いにも、ローマ法とゲルマン法の考え方の違いが現れています。わが国の民法 529 条は「ある行為をした者に一定の報酬を与える旨を広告した者…は、その行為をした者に対してその報酬を与える義務を負う」と、規定しています。ローマ法では、契約という考え方を媒介にして、人と人との間の権利義務関係を考えます。そして、契約は、申し込みに対して相手が承諾することにより、双方の意思が合致すると、成立するのです。民法の 521 条以降には、契約の成立要件がこのような観点から規定されており、懸賞広告の規定は、その後に置かれています。

　例えば、「家の三毛猫がいなくなりました。もし捜し出して下さった方には、薄謝を差し上げます」と書いて電柱に貼ると、これが民法 529 条の「ある行為をした者に一定の報酬を与える旨を広告した」にあたります。さて、誰かがその猫を捜し出してくれたら貼紙通りのお礼をしなければなりません。ローマ法では懸賞広告も契約と論理構成して説明します。つまり、電柱に貼紙をする行為が申し込みであり、相手がその三毛猫を捜して持ってきた行為が承諾です。この時点でふたりの意思が合致したので初めて契約が成立します。契約成立前は、申し込みだけがあって承諾がない状態です。しかしこれは不自然な説明です。

　これに対してゲルマン法では、懸賞広告における義務の成立を、申し込みと承諾による意思の合致とは考えず、一方的債務負担行為と考えます。つまり、ある人が、「武士に二言はござらん」、「私はやります」、「私はこういうことを引き受けます」などと述べたら、それだけで義務が成立すると考えるのです。契約概念中心のローマ法では、一方的債務負担行為は意味を為しません。しかし、民法 529 条の懸賞広告はむしろ、広告をした途端にその人の義務が発生したと考える方が、説明しやすいのです。したがってこれはドイツ型の条文であ

り、フランス型ないしローマ型でこの条文を説明することは困難です。

　要するに、まとめて大陸法系と呼ばれているものを細かく検討しますと、ローマ法とゲルマン法の間に存在した根本的な考え方の差異が、未だに残っていない訳ではありません。しかし、ゲルマン人が、伝統的な自分達の法であるゲルマン法を用いつつも、非常に精緻な優れた法律であるローマ法を自分達のものとして取り込んでいったりして、ローマ法とゲルマン法とが千数百年もかかって混ざり合い、大陸法系ができ上がっているのです。そして、日本法を学ぶに際してこの大陸法系が重要な理由は、明治期以降の日本がこの大陸法を継受して、現在の法制度を作ったことなのです。

3. 英 米 法 系

　英米法は、アングロ・サクソンの法であるよりも、むしろ、ノルマン人の法です。スカンジナビアにいたノルマン人が11世紀にイギリスに渡って、ノルマン人によるイギリス支配を始めたときに、ノルマン人は伝統的なゲルマン法、特にスカンジナビアで使われていた古い型のゲルマン法を、そのままイギリスへ持ち込みました。その後、大陸とイギリスとの間の文化的な交流があまりなかったので、スカンジナビアにあった古い型のゲルマン法が、ローマ法との接触を全く欠いたまま、イギリスで独特の発展を遂げて、大英帝国に共通の法律・普通の法律であるコモンローが形成され、さらにこれがアメリカにも渡りました。このようにして、大陸法と並ぶひとつの特殊な法系である英米法ができたのです。しかし、スコットランドにはローマ法の影響が及んでおり、英米法系とは異なる特徴を持ち、特異な法系を形成しています。また、スカンジナビア諸国では、非常に早い時期から王制が成立し、王の下で法律の整備作業が行われたために、比較的古いゲルマン法が、そのまま現在の法の中に残っており、大陸法の法制度と若干異なる特殊な法系となっています。

4. 法 の 継 受

　ある国で作られた法律が、他の国に伝えられて行くことを、「法の継受」と

言います。法の継受は、法の普遍性という問題と法の歴史性という問題の絡み合う、大変面白い課題です。法はそれぞれの民族の歴史的な産物であり、簡単に他国へは及ばない旨、何度も述べました。しかし、別の観点から考察すると、実際の歴史の中では、ある国や地域で成立した法律が他の地域に伝えられるという現象が極めて沢山起きています。

　私達が法を学んでいく上で特に重要な歴史上の出来事は、ローマ法がドイツやフランスというゲルマン民族によって受け入れられたことです。ヨーロッパの中世以降の歴史の中で、近代ヨーロッパの出発点になる大きな出来事を示す際に「３つのＲ」と言われます。すなわち、ルネッサンス、リフォーメーション（宗教改革）、リセプションです。リセプションとは、ゲルマン民族がローマの法を受け入れたことを指し、これを日本語で「継受」と訳しているのです。伝統的な自分達の法生活をしていたゲルマン民族が、自分達よりもはるかに進んだ法文化を持っていたローマの法を、自分達の法として継受しました。たとえ法を継受しても、もちろん自分達の伝統的な社会生活がそう簡単に変わる筈はありません。しかし、法には「技術」的な面があります。したがって、科学技術の場合と同様、法律の世界でも、法律先進国の進んだ法技術を、法学の未発達な国が真似するという事態がありうるのです。ローマ法の継受は、紀元400年か500年頃から始まったと言われ、完成したのが1500年です。このように1000年以上もの年月をかけて、ヨーロッパ諸国にローマ法が浸透していったことが、法の継受の最も顕著な例です。

　イギリス本土ででき上がったイギリス法は、植民地であるアメリカに伝わります。また、イギリスは世界中に植民地を作りましたから、多くの地域にイギリス法が、植民を媒介にして継受されていきます。大陸法の方も全く同様でして、ドイツ、フランス、スペイン、ベルギーなどの大陸法が、帝国主義的な侵略その他の理由で、各国に伝えられていったのです。

　中南米には、ポルトガルの影響を受けたブラジルもあるものの、基本的には古い型のスペイン法の影響を受けています。したがって、中南米諸国は、基本的には大陸法的の国々と考えて良いのです。アフリカで興味深い地域としては、

110 第2章 法の成立と形式

ローマンダッチ・ローと呼ばれている南ア共和国の法があります。南ア共和国は、かつてはオランダの植民地であり、オランダの法律が適用されていました。しかし、そのオランダの法律は、グロチウスが「あるべきローマ法は、こういうものだ」とオランダ国内で主張していた時代のものです。したがって南ア共和国には、紀元前100年頃とか、紀元後300年頃とかローマで作られた、非常に古い法律が、伝えられていたのです。この地域の主権は、その後イギリスに渡ります。その際にイギリスは、従来からのオランダ法を、そのままその地域の法として認めました。その結果、オランダ本土の方は、その後オランダ民法典やオランダ憲法典を作って近代化していったのに、南ア共和国の法律制度は相変らず、紀元前後頃の古いローマ法がそのまま残っています。しかも、イギリスの裁判所がそれを適用したのですから、非常に特殊な法が成立しています。そして、これがさらに、アフリカ各地のイギリス植民地に継受されていったのです。

　アジアでは、ドイツ法の影響を非常に強く受けたのが、中国、台湾、朝鮮、タイ、日本です。したがって、日本の法律とタイの法律とは、その内容が大変良く似ています。他の国も、元の宗主国を考えれば、見当がつきます。フランス植民地であったベトナムやカンボジアではフランス法の影響で極めて強いのに対して、インドネシアでは、アダット・ローが中心ではありますが、現在でもオランダ民法典のインドネシア語訳が、ほぼそのままインドネシアの民法典の内容になっています。シンガポールとマレーシアは、元イギリス植民地ですから、大陸法ではなくイギリス法が継受されています。フィリピンは、最初はスペインの植民地でしたので、最も厳格なカトリックの離婚禁止がそのまま残っています。その後、アメリカに支配権が移り、言葉も英語やタガログ語が使われるだけになっていますけれども、法制度の一番基本的な所には、スペインから継受した大陸法的な考え方が残っています。

　国際社会全体について、どの地域には、どういう歴史的沿革で、どういう法が形成されたかを考えますと、基礎になっているのは、ゲルマン法、ローマ法、イギリスのコモンロー、イスラム法の4つの法系程度に限られます。その他、

政治体制の特徴が法制度を規定すると考えた、社会主義法などという捉え方もあります。そして、これらが互いに影響し合いながら、国際社会のそれぞれの地域の法が形成されていったのです。以上、色々な国について述べましたが、要するに国際社会の中では、「法の継受」を媒介にしながら、その国の法の基本的な特徴をおさえていくことも大切なのです。

5．法典編さんと外国法の継受

　日本における法の継受の問題へ移ります。日本の法制度は、日本人という人種がこの島国の上で確立してきた、義理や人情などの人間関係や、資本主義社会という背景の上に成立しています。しかし、日本法の法技術的な側面を、日本人が全部独創的に作り上げたのではありません。むしろ、その大部分は、外国法の継受、すなわち、外国で発達した法技術の真似によってきたのです。また、実質的な内容についても日本法は、日本に継受された途端に本国で行われていた法律と内容が変わることも一部に起きたものの、どちらかと言えば継受によってできた法なのです。

　日本法の系譜的背景に照すと、外国法の継受は3つの時期に分かれます。第

１は、大化の改新の際などに、中国本土における法を真似して日本の法体系、すなわち律令制を作った時期です。この時期に輸入された法は、隋や唐の法制の特徴に従っており、現在の法律の分類によると、刑法の分野と、国家公務員法や国家行政組織法の分野のみでした。例えば、現在でも「大臣」とか「省」という言葉が使われているのは、この時期に隋や唐から官僚制度を輸入した名残りです。しかし、この時期の法の継受の名残りは現在、この他にほとんど残っていません。

　第２の時期は、明治時代の継受です。大至急国内の治安を維持しなければならなかった明治初年の段階には、とりあえず、太政官など最小限度の官制と刑法の体系を作りました。しかし、明治政府の最重要課題のひとつは、屈辱的でかつ一方的に外国に有利な不平等条約を撤廃することでした。当時は、近代社会あるいは国際社会はヨーロッパ社会であり、アジア・アフリカの大部分がその植民地にされていました。そこで、日本が独立国であり続け、不平等条約を撤廃して、ヨーロッパ社会と対等に付き合うためには、ヨーロッパ人の眼から見て近代的な、文明国家になる必要があったのです。

　日本には伝統的な紛争解決の方法として、仲裁や調停がありましたが、これらは当時のヨーロッパからは見向きもされません。日本人の眼には大岡裁きが立派な裁判に見えても、ヨーロッパ人の眼には近代的裁判には見えません。そこで、近代文明国家と判断され、不平等条約を改正してもらうために、日本は大急ぎで裁判制度や法律の整備をします。例えば、箕作麟祥が司法卿であった江藤新平に「誤訳も亦妨げず。唯速訳せよ」と命じられ、フランス民法・商法・刑法・刑事訴訟法全部を極めて短期間に翻訳したという、逸話も残っています。したがって、江戸時代の色々な法や慣習を調べ、それらを取り入れるという形での法典化作業は行われず、それ以前の法との間に大きな断絶を生じたのです。

　植民地化された訳ではない日本にとり、モデルにすべき法が大陸法でなければならないという理由はありませんから、若い人が沢山、イギリス・ドイツ・フランスなどへ留学しました。さて、いよいよ法律制定です。明治20年（1887

年）に、フランス人であるボアソナードの協力の下に、フランス法をモデルに
した民法典の準備が整い、議会へ上程されました。しかし「民法出でて忠孝亡
ぶ」という有名な「法典論争」が起こり、施行が延期されてしまいます。そこ
で民法案が全面改正され、現行の明治29年（1896年）民法が制定されたのです。
その際に、フランス型の民法の大部分の規定は骨抜きにされて、ドイツ型民法
が中心になり、イギリス法はほとんどあとかたもありません。当時の日本にと
り、ドイツ民法でなければならない必然性は無いですし、フランス民法がドイ
ツ民法より大幅に劣っていたのでもありません。しかし、当時の歴史的な状況
の中で日本は、ドイツ法を中心にして日本の法体系を作りました。したがって、
その後日本ではドイツ法学が非常に盛んになり、その当時出世したのは、ドイ
ツへ留学した人達だったのです。また、少なくとも戦前は、「独法に非ずんば、
人に非ず」という状況だったのです。

　第3期は、戦後の法改革です。第2次世界大戦に敗れた後、日本の民主化と
いう課題を抱えた占領軍（アメリカ軍）が日本を支配し、アメリカとの関係が
大変密接になります。そして、占領政策の一環としてGHQが、「この法律は、
非民主的であるから直せ」とか、「財閥を解体せよ」とか指示する形で、アメ
リカ法の影響が直接に入ってきました。その極端な例のひとつは、独占禁止法
です。戦前の日本では、三井財閥、三菱財閥などの財閥が日本の基本的産業を
全部把握しており、競争秩序はありませんでした。これに対し、民主的な経済
の発展には競争が必要であると考えるGHQの強い指導の下に、アメリカのも
のと良く似た独占禁止法が制定されました。もうひとつの例は、刑事訴訟法で
す。戦前の日本では被疑者・被告人の人権が尊重されておらず、かなりの弊害
を生じていました。そこで、GHQの強い指導の下に、犯罪捜査から始まる刑
事手続過程全体にデュープロセス・人権保障を貫く刑事訴訟法への、全面改正
が行われました。これらは、GHQの政策として直接に、日本の法律の改正を
要求してきた例です。

　戦後の日本では、若い研究者が外国に留学したくても、留学資金がありませ
ん。そこでアメリカはいわゆるフルブライト奨学金制度を作って、大勢の日本

114　第2章　法の成立と形式

人研究者をアメリカへ留学させ、アメリカ法を勉強させて帰国させます。その結果、日本の学界における法律家の議論が、アメリカ法的な発想になることは不可避であり、法律とは何か、法を動かす裁判所の仕組みやあり方はいかにあるべきか等々、法そのものに対する考え方が、英米法の影響を受けました。これが第3期の法の継受だったのです。

　このように整理してみますと、日本の法律は、技術的な側面では、常に外国の法を継受してきました。しかし、他方日本に伝統的法文化があることも、否めない事実です。したがって、日本の現行法は、伝統的法文化と輸入された法技術との組み合わせによって、形成され運用されているのです。

第2節　制　定　法

1. 法 源 と は

　日本社会の中で、私達の行動を現実にコントロールし、社会秩序を作り維持しているものという観点から法を見る場合と、実際に紛争が起きて裁判所へ持ち込まれたときに裁判所が裁判の基準とするものという観点から法を見る場合とで、法は必ずしも同じではありません。例えば、私達の日常生活には、まぁまぁとか、なぁなぁとか、足して2で割るとかいう紛争処理の仕方が沢山あることと、その紛争が裁判所へ持ち込まれたときに裁判所が同じように処理するかは別問題です。そして裁判所が裁判をするときの基準を「法源」と呼び、これが、法解釈学が対象にする狭い意味の「法」なのです。

　法源はさらに「制度上の法源」と「事実上の法源」に分かれます。「制度上の法源」とは、裁判所が必ずそれを適用しなければいけないと法律で決められているものであり、制定法・慣習法などがこれにあたります。「事実上の法源」とは、法制度上は裁判官がそれを基準として使わなければならないと決められていないにもかかわらず、実際上は裁判官がそれを基準として使っているものであり、判例や学説がそれにあたります。

2．成文法主義と不文法主義

　裁判の基準の中心が、文章の形で制定された法律であるものを成文法主義と、文章の形になっていないものを不文法主義と、呼びます。大陸法系の国々は成文法主義を採用しているのに対して、英米法系の国々は不文法主義を採っているので、原則として法律が文章の形にはなっていません。例えば、具体的な事件についてイギリスの裁判官は、その事件をどのように裁くことがアングロサクソン民族の歴史的な伝統に最も良く適合するかを考え、それに従って判決します。しかも「これが歴史的な伝統である」と書かれたものはないというのが、建前です。

　不文法主義と比較した成文法主義の長所は、何が裁判の基準かが明確であることです。法律は、裁判官に対する命令であると同時に、社会の構成員に対する命令でもあります。したがって、社会秩序を守るには、何を為すべきか、すなわち、何が法律の内容かが、はっきりしていることが大切なのです。成文法主義の短所は、融通がききにくいことです。法律はある社会的・歴史的な状況を前提に制定されますが、人々の考え方や社会の状況はその後、変化し続けています。その変化に応じた妥当な形で人間関係の利害調整をするのが法の役割ですから、法もある程度は変わらなければなりません。まして、最近のように科学技術がどんどん発達しているときはそうです。ところが、法律はなかなか改正されません。明治13年の刑法典は、明治政府が大急ぎで作った法律だったので、明治40年（1907年）に全面改正されました。しかし、それ以降今日まで、日本国憲法の制定に伴う不敬罪や姦通罪の削除、1995年に行われた法典の現代語化など若干の手直しはあったものの、基本的な改正はされていません。

　刑法改正は政治問題でもあるので、ある程度は仕方がないのかも知れません。しかし、日本では他の基本的に重要な諸法典も、ほとんど改正されていません。社会の変化に合わせた法改正が随時行われるならば、成文法主義でも良いのですが、それを怠ると、法律が社会統制の道具として不適切になり、色々な解釈技術を駆使せざるをえなくなります。そして、これが成文法主義の短所なのです。これに対して不文法主義の短所は、社会の構成員に行動基準を指し示した

り、裁判官に裁判の基準を示したりする面では、不明確になることです。しかし、裁判官が社会状況の変化に合わせて判決できることは、不文法主義の長所であり、このように、成文法主義と不文法主義は一長一短なのです。

現在のような複雑化した社会では、何が行動の基準かが明確であることが望ましいという観点から、大陸法系諸国ではもちろん、不文法主義が原則である英米法系諸国でも、かなり積極的に議会立法を採り入れ、行動基準を明確にする方向に変化してきています。また、例えばドイツやフランスなど成文法主義を採っている大陸法系の国々は、成文法主義の短所を補うために議会が、日本よりはるかに頻繁に法改正を行っています。しかも、法改正のみにより社会の変化に追いつくことは困難なので、事実上の法源としての判例の価値を認め、文字になった法律を機械的に適用することから離れ始めています。したがって、成文法主義対不文法主義という観点からは、英米法と大陸法は徐々に接近してきているのです。このように状況が変化しつつあるものの現在のところ、日本は成文法主義を基本としています。

3．制定法の種類

成文法には、憲法、条約、法律、命令、条例、規則などがあり、いずれも文字で書かれているものの、制定の仕方や効力などが異なります。まず憲法は国家の基本を定める制定法です。憲法81条は「最高裁判所は、一切の法律、命令、規制又は処分が憲法に適合するかしないかを決定する権限を有する」と、違憲立法審査権を規定しており、間接的にではあるものの憲法と法律との上下関係を決めています。また、憲法96条によれば憲法の改正には、各議院の総議員の3分の2以上の賛成による発議と、国民投票が必要です。これに対して普通の法律は、国会の過半数で成立しますし、衆議院が可決すれば参議院が可決しなくても法律になる場合があります。すなわち、この点にも憲法と法律との上下関係が表われています。

国会が制定する法律同士には、一般法・特別法という問題を除いて、総て同等の価値があり、上下関係はない筈です。しかし、日本の法律の中には、例え

ば農業基本法、教育基本法、原子力基本法など、基本法と呼ばれる法律があります。そこで、学者によっては、わざわざ「基本法」と銘うっている以上、他の法律と全く同等と見るのはおかしい、憲法と法律との間に、「基本法」が位置すると考えて、準憲法的位置付けをしています。すなわち、制定過程は他の法律と同様であり、憲法ほどの厳格さを要求しないものの、基本法の精神に反する内容の普通の法律には効力が認められないなどと主張しています。したがって、憲法と法律との中間に、基本法という考え方を認めるか否かが、ひとつの問題なのです。

　憲法73条は、「内閣は、他の一般行政事務の外、左の事務を行ふ」と規定し、6号に「この憲法及び法律の規定を実施するために、政令を制定すること」と規定しています。すなわち、内閣は政令という名前の命令を作ることができます。したがって、同じく文字になっていても法律と命令とは、立法権の所属が異なっています。また、命令については、その効力や範囲もそれぞれ制限されています。

　法律とは、国会が定めた成文法の中で、規則制定権に基づいて定めた規制を除くものです。憲法73条6号但書は、「政令には、特にその法律の委任がある場合を除いては、罰則を設けることができない」と規定しています。この規定は、政令でどういうことがらを決めることができるかを、裏から言えば、ある種のことがらは必ず法律で決めなければならないことを、規定しているのです。法律は、私達が選挙した国会議員が、すなわち、選挙による直接的コントロールの可能な人達が、作ったものです。ところが、私達は行政権を直接にはコントロールできません。その行政権が作るのが政令その他の命令ですから、私達の権利義務に関することを命令で決められては困ります。したがって、必ず法律で決めなければいけない範囲と命令で決めて良い範囲との区別の基準は、国民の権利義務に関することがらか否か、および、どういう行為を処罰するかであると、考えられています。

　しかし、これら総てを国会で決めるのは、実際問題として不可能です。例えば、道路交通法では、制限速度違反を処罰すること、および、その刑罰を規定

しています。しかし、1本1本の道路の制限速度を時速何キロにするかまで、道路交通法では規定していません。もしも、これを国会で決めるとしたら、全日本の道路地図を国会議員に配って、道路1本1本について、いや、それぞれの区間毎に、審議することになります。労働者が安全な環境で労働することを保障するために、労働安全衛生法があり、これは国民の権利義務に非常に重要な影響を持っています。しかし、ありとあらゆる職種について、それぞれの安全基準を国会で細かく審議はできません。同様な問題は、さまざまな分野で生じます。そこで、憲法73条6号但書というクッションが置かれているのです。すなわち、法律が細部を行政庁に委任することを許すものの、罰則は原則として法律で決めることにしているのです。

委任の具体例を挙げましょう。自動車損害賠償保障法13条は「責任保険の保険金額は、政令で定める」と規定しています。自動車を持っている人は必ず加入しなければならない自動車損害賠償保障法の保険金額を政令で定めるというのですから、自動車事故にあったときに損害賠償を幾らもらえるかという、国民の権利義務にとり極めて重要な内容が、法律でではなく政令で決まっているのです。六法全書で自動車損害賠償保障法施行令を見ると、「昭和30年10月18日政286」と書いてあり、これは、昭和30年度に内閣が出した政令の286番目という意味です。そして、この政令は、昭和35年（1960年）以降何度も改正されているのです。

以上を要するに、命令には、法律を施行するための施行命令と、法律の委任に基づく委任命令とがあります。そして命令はこれらの場合にしか作れませんので、法律と命令との間には明確な段差があります。命令のうち、内閣が作るものを政令と呼び、その根拠は憲法73条6号です。各省が作るものを省令（内閣府の場合は内閣府令）と呼び、憲法には直接の根拠規定がなく、国家行政組織法の12条および内閣府設置法7条が根拠規定となっています。

憲法77条は、最高裁判所が裁判所規則を作ることを規定しており、これは、訴訟手続などに関する規律を、裁判所の専門性・自律性に委ねる趣旨です。さらに58条は、衆参両院がそれぞれの議院規則を作ることを規定しており、こ

れも、審議などのルールについて、国会の専門性・自律性に委ねる趣旨です。そして、憲法に規定のある裁判所規則および議院規則については、法律と規則とが矛盾したときにいずれが優位であるかという問題があります。

　国家行政組織法の13条1項は、「各委員会及び各庁の長官は、別に法律の定めるところにより、政令及び省令以外の規則その他の特別の命令を自ら発することができる」と規定しています。したがって、各庁の長官や各委員会は、法律の定めに基づき規則を出します。例えば、国家公安委員会という一行政機関が、「犯罪被害者に対する給付金支給の基準となる障害の等級は、別表に定めるところによる」、「これこれの場合は、犯罪の被害があっても給付金を支給しない」ことなどを国家公安委員会規則で決めています。なお、法律に基づいて定められているこれらの規則が、法律に優先しないことは当然です。

　条約とは、2国間あるいは多数国間や、その他の国際法主体の間の合意であり、協定・議定書・交換公文などの名称を付けられているものも含みます。条約の成立手続については、署名・批准というような一連の手続が踏まれるのが通常ですが、各国家について効力が発生するための要件は、国際的なきまりがあるわけではなく、国ごとに定められています。日本では、内閣が締結し、国会の承認を必要とします（憲法73条3号）。

　憲法と条約の内容が矛盾した場合の効力関係については、憲法優位説と条約優位説の対立があります。アメリカ軍の駐留を認めている日米安全保障条約の合憲性が争われた砂川事件で最高裁判所は、一見きわめて明白に違憲であると認められる場合のほかは、司法審査の対象外となるとしています。

　憲法94条は、法律の範囲内で、地方公共団体に条例の制定権を認めています。また、地方自治法14条はこれを受けて条例の制定について定め、同法15条は、地方公共団体の長に規則制定権を認めています。

　このように制定法には色々な種類のものがありますが、同じく制定法であっても、立法権者や対象、効力その他が異なっているのです。

120 第2章 法の成立と形式

4．一般法と特別法

前述（115頁）したいわゆる基本法に関する議論を除けば、国会が作った法律は互いに同等の効力を持つのですから、ある法律の内容と別の法律の内容とが食い違う場合に、どちらを優先すべきかの問題が起きます。ある法律を社会の実情に合わないと考えて、国会が別の法律を作るのですから、「後法は前法に優先する」のが原則です。しかし、新しい法律を制定するときには、前の法律を廃止するのが普通ですから、この原則の適用場面はほとんどありません。また、この原則が常に妥当する訳ではありません。すなわち、国会が前の法律を廃止せず、しかも廃止のし忘れでない場合にあてはまるのが、一般法と特別法という考え方であり、「特別法が一般法に優先する」という原則です。

民法と商法の関係を例にとりましょう。日本の現行法では、民法が先に制定され、商法が後から制定されました。したがって、もしも民法を廃止し忘れただけだと考えれば、後法が優先するという原則に従い、商法が優先することになります。しかし、民法の内容と商法の内容とは、かなり異なります。例えば、もしも借金の利息を契約で定めなかった場合に適用される法定利率は、民法では年5分、商法では年6分です。借金の時効も、民法では10年、商法では5年です。商法の規定は、利益追求を目的としている商人がお金の貸し借りをしたときには、利息を一般より高い年6分とする。そのかわり、商人がお金を貸していつまでも放っておく筈はないので、時効期間は短くするという趣旨です。すなわち、ふたつの法律の関係について、商法は、普通の個人間の取引関係を定めている民法に対して特別な関係に立っている、一般的なことを決めている法律に対して特別なことを決めていると考えれば、民法と商法とがあることを合理的に説明できます。

民法と商法の法定利率の関係　平成29年の民法改正により、年5分（5％）であった法定利率は年3％に変更され、変動制の法定利率が導入された（民法404条3項）。また、この改正に伴い、商法の法定利率は廃止された。

そして、一般的なことを決めた法律より、特別なことを決めた法律の方が、

優先的に適用されるのです。さらにこの商法に対して、手形法や小切手法は、一般法・特別法の関係に立っています。したがって、何が一般法か、何が特別法かという形での議論はできないのであり、必ず他の法律との関係で、一般法・特別法と呼ばれるのです。

5．法律不遡及の原則

　法律の効力は、原則としてその法律の制定後将来に向かってだけ生じ、過去に遡ってはならないというのが、「法律不遡及の原則」です。人々が安心して社会生活を送るため、法に対する人々の信頼を守るためには、人々に充分周知徹底した後に初めてその法律が適用されるのでなければなりませんし、まして、ある法律で認められていたことが、後日ひっくり返されては法的安定性が害されることになります。したがって、原則として事後立法を禁止するのは当然です。とりわけ刑法では、法律不遡及の原則が罪刑法定主義の一要素とされ、絶対的な原則だとされています。すなわち、何が犯罪であるか、その犯罪に対してどういう刑罰を科すかは、必ず予め法律で決めておかなければならず、法律で決めていないことを処罰してはならないと考えられています。しかし、法律不遡及の原則は、いわば既得権保護を重視する原則ですから、法的安定性と正義との関係の問題であり、刑法以外の法分野にもこの原則がそのままあてはまるかは、別問題です。

　法律を改正するとき、時間的な関係を決める規定等を附則として付けることがあり、これを経過規定と呼びます。民法附則は、親族法・相続法を戦後全面改正したときに、旧民法の規定との関係を決めた規定です。議会を通ったのは昭和22年12月22日（法222号）ですが、附則の1条が「この法律は、昭和23年1月1日から、これを施行する」と規定しており、実際に効力が与えられたのはこの日からです。そして、4条が新法の遡及効の原則を規定しています。すなわち、「新法は、別段の規定のある場合を除いては、新法施行前に生じた事項にもこれを適用する」。さて、どういう事態がここで起こるでしょうか。

　戦前の民法は、家督相続人が家督財産を相続する家督相続制度でした。例え

122　第2章　法の成立と形式

ば、終戦間際の昭和20年に戸主である父親が死亡したとしても、その頃は毎日空襲ですから、遺産の処理をする余裕はありません。やっと平和になり生活も落ちついたので、昭和23年にきちんとお葬式をして、相続問題の処理をしようとします。すると、4条により新法が遡及するので、女子まで含めて全員共同相続となります。もしも昭和20年に直ちに手続をしておけば家督相続人が全部相続できた筈ですから、これでは家督相続人の既得権が奪われます。そこで25条は、「応急措置法施行前に開始した相続に関しては、第2項の場合を除いて、なお、旧法を適用する」と、規定しているのです。

6．制定法の調査

　解釈が必要になるのは、国会の制定した法律ばかりではありません。例えば、生まれた子供にRICHARDという名前をつけて、市町村役場へ届け出たとします。戸籍法50条は、子供につける名前は「常用平易な文字」でなければならないとしか、規定していません。そこで、ローマ字は小学校で教わるから常用平易な文字にあたると、説明してみます。しかし、窓口では受理してくれません。そこで、「ローマ字の名前を日本国民の子供につけてはいけないという、私達の権利義務に関わる重大事項を、どこで決めているのか」と尋ねると、親切な市町村役場職員なら、戸籍法の規定を受けて、何が常用平易な文字かは法務省令（命令）で決められており、内閣告示で定める常用漢字表にある字と、氏名用漢字、片仮名、平仮名は入っているが、ローマ字は入っていない、と説明してくれるでしょう。法務省令も内閣告示も制定法ですから、さらに解釈が必要になることがあります。例えば、「ジミー」の「ー」のような長音を表す符号は使えるのか、文字の繰り返しに用いられる「々」はどうか、また、ルビをつけて漢字の読み方を示し届出をするとき、本来ありえないような音訓のルビを付した場合は受理されるのか、など解釈が必要になる場合が起こります。

　このように、制定法は非常に幅が広く、しかも、法律ばかりでなく規制、命令、あるいは告示に至るまで、総て法解釈の対象になります。しかし、行政庁の行う解釈が事実上優先されてしまっているので、法解釈の違いについての争

第2節　制　定　法　　123

いの全部が、裁判所に持ち出されるのではありません。なお、行政庁の行う解釈を、公権解釈や有権解釈と呼ぶことがあります。

　法律自体によってではなく、委任命令で決められていることがらが大変多いので、実生活上では、委任命令が特に重要です。法律と命令以下のものとの間には、憲法と法律との間と同じ位の段差があります。したがって、「法律」の勉強をする時には、六法全書を見るだけでも良いかも知れません。しかし、社会で実際に動いている法を知ろうとすると、六法全書では役に立たないことが多いのです。例えば、労働安全衛生法では、それぞれの工場でいかなる安全基準が要求されているかなど、私達がこれを知りたいと思うことがらは総て省令に委任されており、省令を見ない限り一切分からないことも多いのです。

　制定法のうち重要な法律に関する限りは、大六法にほぼ収録されています。しかし、法律でも六法全書に「略」と書いてある条文もあります。また、日本社会で現実に行われている法の内容を見るには、政令や省令にまで立ち入らなければなりません。そこで、法学部学生にとり、制定法の捜し方を覚えることが必要です。

　分野によっては、特殊六法が出版されています。六法という言葉は本来、憲民刑商民訴刑訴という6つの法律を指しますが、あらゆる法律という意味でも使われています。したがって、例えば戸籍制度に関係する法律だけを集めた戸籍六法、教育に関係する法律だけを集めた教育六法、労働関係や社会福祉関係の法律だけを集めた福祉六法等々特殊六法が販売されています。本当はこれらは、法律学の知識がないと使えないのですが、何か手許にないと不安ですから、例えば学校の校長室や教員室に、教育六法を置いてあったりします。これらの特殊六法には、普通の六法全書には載っていない特殊な法律や、場合によっては政令や省令まで載せているかわりに、その分野にあまり関係のない法律は載せてありません。したがって、その分野に関心を持つ人にとっては、特殊六法は便利です。

　法律の改正は総て官報に載ります。しかし、諸君が官報をうまく利用するのは、大変難しいと思います。法令全書や現行日本法規などには、現在の日本の

政令・省令は、全部載っています。したがって、専門分野の演習での報告用に特殊な政令・省令を調べたい場合などに、索引を手がかりにして必要な法令を捜し出すことができます。[*]

第3節 附 合 契 約

1．私的自治の原則と契約

　現在の日本の社会体制は、自由主義を基本としています。ということは、公の秩序、善良の風俗に反しない限り、各個人の私法的な法律関係は、法的な干渉を受けず、個人の自由に委ねられるということになります。このように自由主義を私的生活領域で承認する考え方を、私的自治の原則とか、契約自由の原則と言います。この点については、法の体系の箇所で後述します。

　契約自由の原則の下では、契約を締結しようとする当事者は、契約内容を自由に決定できるわけですから、もし約束を破ったというようなことで争いが起こった場合には、裁判所はその締結された契約を、裁判の基準として適用することになります。

2．日常生活と契約

　私達は毎日契約関係の中で生活しています。朝起きてテレビのスイッチを入れたとたんに、NHKとの間の放送受信契約に基づいて、電波を送れと要求しており、NHKは間違いなく電波を送っている。それと同時に、電力会社との間の送電契約の履行がなされています。水道の栓をひねって顔を洗えば、水道供給契約が履行されており、新聞を配達されれば、毎月幾らで毎朝毎夕お届けしますという契約の履行を受けています。電車で通学するには、交通機関との契約が必要であり、食堂で昼食をとることはもちろん、教室で講義を受けるのも契約です。このように、契約を離れて私達の生活は成り立たないにもかかわ

---

[*]　ネットでは、デジタル庁が、e-Govという法令検索システムを提供しているので、利用を薦める。

第 3 節　附 合 契 約　125

らず、契約という言葉を聞いたときに諸君がまず思い浮かべるイメージは、これらとは大分違うでしょう。

　例えば、家を買おうとすると、チラシを見たり、現地を見に行ったりする。この案が良さそうだと思うと、一生懸命値切ったり、この壁紙を貼り替えろと注文をつけたりして、大体気に入ったとなると、まず手付金を払い、しばらくして本契約です。その場合にも、現金で幾ら払い残りはローンで等々、詳しい契約書ができ、印鑑を押す。契約とはこういうものだというイメージが、世の中にあります。民法が規定している契約も、ふたりの人がいて、一方が相手に契約の申し込みをし、もう少し値段を下げろ等々、契約内容について色々と交渉し合い、最終的にふたりの意思が合致したときに、契約が成立することになっています。私達個人の生活は、自由主義・個人主義を前提にしています。したがって、契約内容を自分が納得して契約をするのであり、嫌なら相手の申し込みを断ってその契約を結ばなければ良いのです。つまり、近代市民法の下では、強制的に契約を結ばされることはなく、契約をするか否かは自分の自由意思で決めるのが建前です。ところが例に挙げたような契約では、自分自身が納得のいくまで契約条件を交渉した上で相手と契約を結ぶことは、ほとんどあり

ません。すなわち、私達は極めて沢山の契約の中で暮しているのに、契約条件の交渉をほとんどしていないのです。

　私達が契約条件の交渉をしていない契約の特徴は、ひとつの企業なり国なりが、非常に沢山の国民・消費者と大量の契約を反復的に締結していること、それ故に迅速性が要求され、ひとりひとりが納得するまで契約条件を交渉していられないことです。例えば駅の出札口はひとりひとりの客と、「私はやせているから50円まけろ」とか、「自分は時間割の関係で週4日しか通学しないから、定期を2割引にしてくれ」等々の交渉に、応じていられません。体重や時間割などは無視して画一的に、どこからどこまで乗ったら幾らと、契約内容が決められています。私達は、その契約条件が気に入らなければ契約しなくても良い自由を持っているのですから、電車を利用せずに、歩けば良いのです。すなわち、大量の消費者の側が生活するためには、その契約内容を承諾する以外に方法はなく、契約を結ぶか否かが個人の自由だというのは、建前にすぎません。ある生活関係に入ると当然についてきてしまうこの種の契約のことを附合契約と呼び、その一般的な契約内容を、普通契約約款（条款）と呼びます。

3．普通契約約款

　私達の身の回りに沢山ある、附合契約の内容を考えてみましょう。例えば電車に乗る時に、運賃が幾らなのかは私達も知ることができます。しかし、普通契約約款はせいぜい駅長室に備えてある位で、その内容が乗客の眼に触れる機会はほとんどありません。比較的良く知られている契約内容は、例えば、特急が2時間以上遅延した場合には特急料金を払い戻す、キセル乗車を見つけたら3倍の料金（契約違反に基づく債務不履行損害賠償）を取るなどです。近距離の切符を買うと「途中下車前途無効」と書いてありますが、あれは契約内容が明示されている例です。例えば、池袋駅で品川駅まで切符を買い、品川駅まで運んでもらうという、運送契約上の権利を取得したとします。途中で用事を思い出して新宿駅で降りたとすると、乗客は「新宿駅から品川駅までの履行は済んでいないから、品川駅まで乗せろ」と主張したいところです。しかし、JR

は「『もし途中で降りたら、その先まで乗る権利を放棄する』と契約して乗った以上は駄目です」と、主張します。乗客は、その契約内容の決定に何等参加していないし、参加できません。途中下車前途無効は、鉄道会社が勝手に決めたことでしかないのに、乗客はそれに従うしかないのです。

　附合契約の内容で比較的私達の眼に触れやすいものは、火災保険や生命保険の保険約款です。あまりにも細かな字でびっしり書いてありますので、読まずにしまってある家庭が多いでしょう。しかし、みなさんは、自宅の火災保険証書などを、暇を作って1回は読んでおいて下さい。保険約款には、もし地震で家が崩れた場合には保険金を払いません、地震によって火災が発生して家が燃えた場合も払いません等々と、書いてあります。このような、これこれの場合には責任を免除するという内容の条項を、免責約款とか免責条項と呼びます。特別な取り決めをしない限り用いられる普通契約約款は、保険会社が一方的に作成してお客様に押しつけているのですから、保険会社に有利な免責条項が、約款中に沢山入っているのです。

　一見親切そうな表示も、裏から見ると免責約款であることが多いのです。例えば、乗合バスの中に「急停車をすることがありますから、お立ちの方はつり革か手すりにおつかまり下さい」と表示してあります。あれを見て、乗客がつり革につかまらないでいて怪我をしたら可哀相だから、会社が親切心から注意を喚起しているなどと、喜んでいたら大間違いです。あれは運送契約の普通契約約款の中の一部の解釈に関係しています。つまり「私はあなたをA停留所からB停留所まで、210円で安全に運送します。もしあなたが怪我をした場合には、損害賠償を払います。ただし、あなたも安全に注意していただきます。つり革や手すりにつかまらないでいて、転んで怪我をしても、会社としては責任を負いません」という内容の契約と考えられるのです。「お願い」というのも一種の免責約款です。例えば、銭湯の脱衣所に「盗難が多いので、脱いだ着物は必ずロッカーの中に入れて、鍵をおかけ願います」と書いてあります。親切な銭湯だと思ったら、これも間違いです。すなわち、ロッカーに入れずにいて着物を盗まれても、当浴場は一切責任を負いませんということでしかありません。

128　第2章　法の成立と形式

　なお、労働法の分野に就業規則というものがあり、労働条件を一律に決めています。ひとりひとりの労働者が会社側と交渉して自分の労働条件を納得ずくで決めることができないという意味では、就業規則も附合契約の一種です。

　私達が契約内容の交渉をできない附合契約を抜きに、私達の生活は成り立ちません。したがって、誰かがどこかで決めたものにより私達の生活が縛られているという意味では、附合契約の社会的機能は、国会が作った法律と同じようなものです。まだしも法律の方は私達の選挙した議員が作ったものであるのに対し、この普通契約約款の場合は、企業が一方的に作ったものにより私達が縛られているのです。要するに附合契約は、建前としては契約ですが、法律と似たような機能を持っており、契約を結んでいるという意識もないし、契約書もきちんと見せられていないことがあるにもかかわらず、その契約内容が、裁判所が判断を下すときの基準となっているのです。

　普通契約約款に法としての効力がある理由については、「普通契約約款によって契約を締結するという商慣習が社会の中にある」と、説明されています。就業規則については、「『労働条件はその就業規則による』」という事実たる慣習が、経営主体と労働者との間に成立している」と、説明されています。

4．附合契約の規制

　附合契約という形での契約の締結が非常に多く、私達の生活がこれらによって規律されている現代社会では、どのようにして附合契約の内容を合理的なものとしていくかが、重要課題のひとつとなっています。附合契約の内容が不都合である場合の規制方法に、司法的規制、立法的規制、行政的規制があります。ある特定の条項が消費者にあまりにも不利な場合に裁判所は、民法1条の信義誠実の原則違反とか民法90条の公序良俗違反を理由として、この条項を無効とし、消費者を保護することができます。しかし、公序良俗違反とは、世の中の正義・秩序が根本から乱されるという意味の言葉ですから、よほどひどい内容の条項でない限り、公序良俗違反とは判断されません。信義誠実の原則についても同様です。したがって、裁判所に救済を求めようとする者は稀であり、

普通契約約款の内容が裁判所の判断を受けることは滅多にありません。

　これに対し、ある種の契約を無効とする法律を制定するなど、普通契約約款の立法的規制は十分に可能です。実際に、割賦販売法や特定商取引法などが制定されており、例えば、契約内容の妥当性を担保し、悪質な訪問販売から消費者を保護するために、頭を冷してから契約を解除することを法的に保障したり（クーリングオフ）、割賦販売における不当に高い利息など、あまりにも消費者に不利な内容の普通契約約款を無効にすることなどが、規定されています。

　行政機関が契約の内容を認可または指導するという行政的規制も行われています。例えば、住宅ローンの条件が銀行間で大きく異ならないよう、まず銀行が集まって契約書の雛型を作成しています。この段階では銀行が一方的に作成しているのですが、それを客との間の契約書として実際に使用する前に、金融庁へ雛型を提出して、この契約条件で消費者金融をしても良いという約款認可を受けたときに初めて、それを使用できるのです。このような仕組みによる行政的規制は、かなり広範囲に及んでいます。例えば、大学と学生との間の契約内容になっている学則も文部科学省に提出されており、不適切なカリキュラムなどに対して文部科学省は修正を命じています。「文部科学省の干渉は私学に対する侵害だ」と頑張りすぎると、大学の認可取り消しという大変強烈なサンクションが働きます。したがって、銀行や大学側は結局、こういう内容の契約書を作れという行政庁の指導に、従わざるをえないのです。

　既に述べたように、法律は国会が制定する建前ですが、細部は行政官庁の作る政令・省令に大幅に委任されており、行政官庁が定めています。そして、企業が一方的に作って消費者を縛る点で法律と同じような効力を持ってしまう普通契約約款もまた、行政官庁の指示でコントロールされています。すなわち、制定法の世界において行政官庁の果たしている役割は、このように極めて大きいのです。

130 第2章 法の成立と形式

第4節 慣 習 法

1. 慣習法の生まれる理由

　慣習法が法源すなわち裁判の基準であることを掲げている条文は、3つあります。まず、「公の秩序又は善良の風俗に反しない慣習は、法令の規定により認められたもの又は法令に規定されていない事項に関するものに限り、法律と同一の効力を有する。」と規定している、法の適用に関する通則法（以下「通則法」）3条があります。例えば、日本の婚姻秩序の基本は一夫一婦制ですから、もしもある地方やある人々の間では一夫多妻制が当然だと信じられていても、それは公序良俗に反するので、慣習法として認められません。また、公序良俗に反しない慣習であっても、法令が認めたもの、法令に規定がないものの、どちらかに限って効力を認めるのです。

　次に、民法92条は、「法令中の公の秩序に関しない規定と異なる慣習がある場合において、法律行為の当事者がその慣習による意思を有しているものと認められるときは、その慣習に従う」と、規定しています。この規定は、法律の中には公の秩序に関する規定と、公の秩序に関しない規定があることを前提にして、公の秩序に関しない規定と異なる慣習があり、かつ、当事者がこの慣習に従う意思のある場合に、その慣習に法としての効力を認めているのです。

　3番目は、商事事件に対する法の適用の順番を、「商事に関し、この法律に定めがない事項については商慣習に従い、商慣習がないときは、民法の定めるところによる」と規定している商法1条2項です。これらの条文が、裁判所が慣習を適用することがあると規定していますので、制定法だけではなく、慣習法も制度上の法源です。

　民法その他、個人の自由な生活を保障する法分野では、人々の間に生まれた慣習に法と同じ効力を認めることも良いでしょう。しかし、刑法では慣習法が生まれる余地はありません。なぜなら、ある行為が悪い行為だという常識なり慣行なりが人々の間に定着したとしても、その行為を犯罪として処罰すると法

律で規定しないうちは、絶対処罰してはいけないというのが、罪刑法定主義からの要請だからです。

　日本において慣習法を考える場合、日本法の成立過程が慣習法を生み出さざるをえなかったという側面と、日本では法改正があまりテキパキとなされないという側面の両面からみることが必要です。第1の側面から考察を始めます。明治以前から日本には当然、日本独特の法文化が発展していました。ところが、日本は近代ヨーロッパ社会の仲間入りをするため明治期に、風土的条件、民族的条件、地理的条件が異なるフランスやドイツで成立した法律を継受しました。したがって、それだけで日本社会を規律する訳にはいかず、カバーしきれないものが残りました。代表的なものを3点挙げます。

　まず第1は、農業水利権です。稲作農業にとり、川の流れを利用して田圃に水を引くことが、必要不可欠です。雨があまり降らない年に、もしも上流の村の人が川をせき止めて、水を全部自分の村へ引いてしまったら、下流の村の稲は枯れます。そこで下流の村の農民達は、鍬や鎌を持って上流の村へ攻め込み、川のせきを壊して水を下流へ流さざるをえません。このような紛争を繰り返していく中で、水を互いに利用し合いながら稲作農業をするしきたり、すなわち、農業水利権が、生まれてきました。ところが、稲作農業のないドイツ民法やフランス民法に、稲作農業に関する規定のある筈はありません。その結果、日本の農業にとり極めて重要な農業水利権は、現在でも成文法化されておらず、慣習にまかされているのです。第2は温泉権です。温泉地の別荘分譲の広告には、温泉権付きと書いてあるものがあります。しかし六法全書のどこにも温泉権という言葉はありません。ヨーロッパには温泉がほとんどありませんし、温泉の湯を風呂として使うこともありません。したがって、ヨーロッパの民法に温泉権の規定がなかったために、日本の民法にも規定がないのです。その結果、日本では、ある場所に温泉を掘ること、および、湯をどの範囲の人がどの位の直径の管で利用できるかが、大変重要な権利であるにもかかわらず、温泉権についても、慣習にまかされているのです。第3は入会権です。入会権はかろうじて、民法の263条と294条に規定されており、例えば民法263条は、「共有の

132　第2章　法の成立と形式

性質を有する入会権については、各地方の慣習に従うほか、この節の規定を適用する」と規定しています。入会権とは、村有地や国有地など公共の土地の周囲に住んでいる村人達が、その土地の下草を刈り取って、家畜の餌や肥料に使用したり、冬場のために小枝を落して燃料としたりする権利です。入会権という慣習は全国に広く存在したので、明治時代の立法者も無視できず、農業水利権・温泉権とは異なり、民法の中に規定を置きました。しかし、詳しい調査を行う余裕がなかったために、権利者・義務者・権利の内容などについて、細かな規定をおくことができず、慣習にまかせたのです。

　通則法3条は、公序良俗に反しない慣習で、法令の規定によって認めたもの、および、法令に規定のないものに、法律と同一の効力を認めています。そして、入会権が法令の規定によって認められたものであることは明らかです。では、法令が認めていない農業水利権や温泉権は慣習法として認められるでしょうか。公の秩序・善良の風俗に反する慣習は認めないのが通則法3条の建前なので、どういう権利を認めるかは、公の秩序・善良の風俗という言葉の解釈に委ねられています。そしてこの点に絡むのが、民法施行法35条の「慣習上物権ト認メタル権利ニシテ民法施行前ニ発生シタルモノト雖モ其施行ノ後ハ民法其他ノ法律ニ定ムルモノニ非サレハ物権タル効力ヲ有セス」という規定です。すなわち、慣習法上の物権としては、入会権しか認めず、農業水利権や温泉権は、物権としては認めないと規定しているのです。この規定は、日本の民法が、物権の種類と内容は法律で定めるという物権法定主義を採っていることのひとつの現われです。したがって、通則法3条についても、物権法を公序良俗に関する規定と解さざるをえません。その結果、農業水利権や温泉権を慣習法として認めるとしても、債権その他の権利としてしか認める余地がないのです。このように、近代日本はヨーロッパ法を継受したために、慣習法を生み出さざるをえない状況で法律が出発したというのが、第1の側面なのです。

　第2の側面に移ります。成文法は、行動の基準を明確にし、人々に周知徹底させるという長所を持つと同時に、社会状況の変化に応じて法改正をするのでないと、硬直化して適切な法でなくなるという短所を持っています。そして、

第4節　慣　習　法　133

実際に日本の成文法は、新しい社会状況に応じてテキパキと改正されてはいません。そこで、法律の規定が社会の現実に合わなくなってきた場合、ふたつの方向が考えられます。第1は、概念法学から自由法論へと述べたように、法の解釈という形で裁判官が、何とか新しい社会状況に法をあてはめるよう努力する方向です。第2は、社会の中に新しい慣習が生まれてきたときに、それを慣習法として認めていくという方向であり、この方法によっても硬直化した制定法・成文法を変えることができます。

　要するに、文字になった法律が、もしも現実の社会を十分反映しており、かつ、内容も適切であれば、慣習をほとんど問題にしないで済みます。慣習によるという条文がたとえあっても、裁判所がそれを使わなくても済む筈なのです。しかし、日本では、明治以来の法律そのものが伝統的な社会を充分に反映していなかったこと、および、社会の変化に伴って法が改正されていかないことから、その隙間を埋める道具として、慣習法を使わざるをえないのです。

2．慣習法の例

　民法739条は「婚姻は、戸籍法の定めるところによりこれを届け出ることによって、その効力を生ずる」と規定していますから、婚姻届を出さなければ、適法な結婚をしたことにはなりません。つまり、通則法3条との関係では、婚姻については慣習法が生まれる余地がないと解釈できます。ところが、日本の裁判所は、いわゆる結婚式を挙げ、夫婦として生活をしているという実態がある場合には、婚姻届けを出していなくとも内縁の夫婦として認めるのが慣習であるとし、内縁については法律に規定がないという、大分苦しい説明をしています。つまり、この場合には、法令に規定なき事項という文言が、かなりゆるやかに解釈されているのです。内縁についてこのような慣習法が生まれた理由を、再確認しておきます。すなわち、日本では、仲人がいて、お見合いをして、披露宴を挙げるという結婚の仕方が、社会的に認められていました。しかし、婚姻届け制度はありませんでした。それを明治31年（1898年）に突如法律が婚姻届けというものを決めたので、法律と現実社会との間にギャップを生じ、そ

のために内縁という慣習法を認めざるをえなかったのです。

　内縁は、法と社会の実態とのギャップを慣習法が埋めたもの、前述した第1
の側面から生まれた慣習法です。これに対して、法律を作った時点では格別問
題がなかったのに、その後慣習が生まれた場合、すなわち、前述した第2の側
面から生まれた慣習法のひとつに、譲渡担保制度があります。借金の弁済を確
保するための担保制度は、人的担保と物的担保に分類されます。人的担保とは、
俗にいう保証人を立てることで、本人が借金を返せないと、保証人が代りに返
します。しかし、人的担保だと、本人も保証人も貧乏だと、弁済を受けられま
せん。そこで、間違いなく取り立てるために物を担保にする方法として、民法
が規定しているのが、不動産を担保にする抵当権と、動産を担保にする質権で
す。抵当権は、民法369条に規定されているように、不動産について登記をす
ることにより、設定します。すなわち、不動産については、土地台帳・家屋台
帳という形で、その不動産に関する権利関係の記録が整っていますから、その
登記簿の上に、例えばこの土地は何々銀行から借りた何千万円の担保とされて
いると記入して、その不動産が担保に入っているかどうかを、第三者に公示し
ています。これに対して、民法344条は「質権の設定は、債権者にその目的物
を引き渡すことによって、その効力を生ずる」と規定していますから、担保に
する動産の占有を引渡すことが、質権設定の条件です。つまり、動産について
は登記簿を作ることが不可能なので、現実に持っている（占有）という状態を
基準にして、その動産が担保に入っているかどうかを、第三者に公示している
のです。

　この世の中にある物は、動産と不動産とのいずれかですから、物を担保に金
を借りる制度としては、民法の予定している質権と抵当権があれば済む筈です。
しかし、これだけでは済まない事態も起こりえます。例えば、工場の土地と建
物を借り、機械だけは自分で買って町工場を経営している小規模企業の経営者
がいて、材料を購入してその機械で加工し、製品を売った代金でまた材料を購
入しているとします。あるとき、材料を購入する資金が不足して借金が必要に

なりましたが、不動産である土地も建物も借りものですから、抵当権を設定できません。担保にできそうな金目のものは、機械だけです。しかし、これは動産ですから質権を設定することになり、その機械の占有を相手に渡さなければなりません。したがって、せっかく借金をして材料を購入しても、機械がないのでは製品を作れないことになるのです。

　そこで、機械を担保にして金を借りる方法が考案されました。まず銀行へ行き、「この機械を買ってくれ」と申し込みます。銀行はこの機械を買っても仕方がないのですが、「分かりました。買いましょう」と応えて、売買契約が成立します。これで、工場の経営者は、売買代金として金を受け取れます。さて次に経営者は、「この機械を銀行が使いますか」と尋ねますが、銀行が使う筈はありません。「では、その機械を私に貸して下さい。毎月幾ら借り賃を払いますから」と申し込むと、銀行は喜んでその機械を貸します。所有権は銀行へ移りましたが、機械は工場の中にあるので、売買代金で材料を購入して生産を続けます。儲かった金でその機械の借り賃を払い、ある程度金が貯ると銀行へ行って、「前に売った機械をまた買い戻したい」と申し込みます。銀行はこんな機械を持っていても仕方がないので、買い戻しを認めますから、改めて売買契約をし、銀行に代金を払って、機械の所有権が経営者に戻ります。銀行から金を借り、利息を払い続けて、最後に元本を返すという仕組みと、売買代金を受け取り、毎月借り賃を払って、最後に買い戻す仕組みとを比較すると、金の動きは全く同じであり、しかも、後者には、銀行にとり安心できる担保があります。これが譲渡担保という慣習なのです。

　抵当権や質権と比較して、譲渡担保の場合には、第三者に対する公示方法が不十分なので、もしも町工場の経営者が悪い人だと、機械の二重売りをして逃げるという事態も起こりえます。したがって、通則法３条との関係で裁判所は、譲渡担保という担保権設定方法を慣習法とは認めないと、判断することもできました。しかし、裁判所は、民法が規定している担保制度だけではもう時代の要求に合わないと考え、民法には譲渡担保についての規定がないと、非常に苦

136　第2章　法の成立と形式

しい説明をして、譲渡担保を新しい慣習法として認めたのです[*]。そして、内縁
の判例・譲渡担保の判例は、現在どちらも確立しています。

3．任意法規・強行法規と慣習法

　慣習法と制定法は、どちらが優先するのでしょうか。通則法3条によれば、
法令がある以上は法令が優先し、成文法がないときに慣習法が認められます。
内縁や譲渡担保などに関する先程の判例が、法律の規定がないという苦しい説
明を行っていたのはそのためです。

　商慣習法については商法1条が、たとえ民法に明文の規定があっても、商慣
習法があれば商慣習法の方が優先的に適用されると、規定しています。特別法
である商法に規定がなければ、一般法を適用する筈であるにもかかわらず、商
慣習法を優先的に適用すると規定しているのですから、現行法は商人間の取引
から生じる商慣習法を大変重視しているのです。

　民法92条は、慣習と成文法との効力関係について、「法令中の公の秩序に関
しない規定と異なる慣習がある場合において、法律行為の当事者がその慣習に
よる意思を有しているものと認められるときは、その慣習に従う」と規定して
おり、その内容の検討は、意思表示と成文法との効力関係について規定してい
る民法91条の、「法律行為の当事者が法令中の公の秩序に関しない規定と異な
る意思を表示したときは、その意思に従う」という条文と共に行わざるをえま
せん。そして、この検討を行うに際しては、ふたつの条文に共通に用いられて
いる「公の秩序に関しない規定」という言葉の意味が、まず問題になります。

　民法91条や92条は、公の秩序に関する規定と公の秩序に関しない規定とが
あることを、前提としています。そして、公の秩序に関する規定に反する意思
表示や契約は無効と扱われるので、公の秩序に関する規定を強行規定と呼びま
す。他方、公の秩序に関しない規定に反する意思表示や契約は有効と扱われる
ので、公の秩序に関しない規定を任意規定と呼びます。したがって、例えば、

＊　現在（2025年）、債権譲渡担保を含む非典型担保については、その要件・効果・実行方法につい
　ての立法化が検討されている。

夫が死亡した場合に妻に2分の1、残りを子供達が均分で相続するという条文が、もしも公の秩序に関する規定・強行規定であるとすれば、それ以外の分け方は許されません。しかしこの規定は、あくまでも当事者間で話し合いのつかない場合用の、裁判の基準でしかなく、仲良く

話し合って別の分け方をしても良いのですから、任意規定です。任意規定と強行規定との区分は、条文に書いてあるのではなく、法解釈により決められます。一般に、所有権、抵当権、質権など、物権に関する規定は強行規定であり、契約法などは任意規定であると解釈されています。しかし、個々的には、ひとつひとつの条文が予定している法律制度の意義によって分けられています。強行規定の代表例は、民法732条の一夫一婦制の条文であり、「配偶者のある者は、重ねて婚姻をすることはできない」という文言は、強行規定と解釈されています。すなわち、夫ひとりと妻ふたりが結婚することで円満に話し合いがついても、これは婚姻秩序の基本に反するので、無効と扱われます。親子関係も同じで、血のつながりのないもの同士が話し合いで親子になる訳にはいかず、親子になりたければ、養子縁組という制度によらなければならないのです。

　さて、民法91条は、強行規定が決めていることを当事者の契約で変えることはできないと規定しています。例えば、物権である質権を設定する以上、必ずその物を渡さなければならず、当事者の話し合いでこれと異なる内容を決めることは許されません。これに対して任意規定の場合には、当事者の話し合いで規定と異なる内容を決めても良いのです。例えば、民法484条の、「弁済をすべき場所について別段の意思表示がないときは、特定物の引渡しは債権発生の時にその物が存在した場所において、その他の弁済は債権者の現在の住所において、それぞれしなければならない」という規定により、不特定物売買にお

138 第2章 法の成立と形式

ける弁済の場所は、債権者の現時の住所です。しかし、これは任意規定にすぎません。例えば、東京にある大手のタクシー会社が、車を100台補充しようと、名古屋のトヨタ自動車に注文をしたときに、1台80万円としか契約しなかったとします。100台の自動車を名古屋から東京まで運ぶ運送費用は大変な額ですから、これをどちらが持つかの争いが起きえます。任意法規は、このように両者が契約し損なって争いが持ち込まれた場合に、裁判所はこう扱いますという規定ですから、トヨタ自動車が東京のタクシー会社まで車を100台運び、車の代金は、タクシー会社がトヨタ自動車まで持参せよという判決が出ます。しかし、デパートで品物を買ったとき、当然には配達されませんから、民法484条の規定は私達の日常生活と一致していません。しかし、民法484条は任意規定ですから、買い主が売り主のところまで取りに行くという契約をすれば、その契約内容が任意規定より優先するのです。

　任意規定と異なる慣習が生まれることがあります。例えば、民法484条によると、家庭に配達される新聞の代金は、店まで持参することになりますが、店員が毎月取りに来るのが普通です。もし店が集金を怠っているうちに翌月になってしまった場合、店まで新聞代金を持参しなかったということで、債務不履行になるでしょうか。もし、店の方が集金するという慣習があるとしますと、「法律行為の当事者がその慣習による意思を有しているものと認められるときは、その慣習に従う」というのが民法92条ですから、契約を結ぶときに、慣習によると約束しておけば良いのです。しかし、私達はわざわざそんな約束をしませんから、この条文は実際には機能しなくなってしまいます。そこで判例は、社会の中にある慣習が生まれた場合に、その慣習にはよらないと契約当事者が積極的に意思表示すればその慣習にはよらないものの、特に意思表示がないならばその慣習によると民法92条を解釈しており、この判例が確立しています。この判例理論によれば、新聞代金不払いについては、責任がないことになります。

　通則法3条は、たとえ任意法規であっても法律に規定があれば、慣習は認めないと規定しています。民法92条は、任意法規であれば、それと異なる慣習

が社会にできたときに慣習を優先すると、解釈されています。通則法３条、民法92条がいずれも同じ慣習という言葉を使っている点に着目して、学者は、前者を慣習法、後者を事実たる慣習と呼んで、区別しています。しかし、今日の一般的理解によれば、２種類の慣習法があると考える必要はないとされています。

第5節　判　例　法

1．判 例 と は

　判例という言葉は、司法判例、すなわち、裁判所が言い渡した判決や決定の意味で使われています。そして、司法判例には、最高裁判所の判例から始まって、高等裁判所・地方裁判所・家庭裁判所・簡易裁判所の判例まであります。しかし、判例という言葉は、行政審決例や行政先例まで含めた広い意味で使われることもあります。

　行政審決例とは、特許庁や公正取引委員会など準司法的な役割を果たす行政機関が、特許法や独占禁止法などの法規に関して下した判断である審決を集積したものです。行政先例とは、行政機関が法運用に際して行った判断であり、色々なところで生まれ、かつ、その後の判断を拘束しています。例えば、戸籍法の運用について市町村役場の窓口でいくらけんかをしても、結局は窓口の言う通りに従わざるをえないとか、税法の解釈について窓口で交渉しようとしても、税務署ではこう扱っていると言われて引き下がらざるをえないとかです。行政庁との間で法解釈が問題になっても、裁判所に訴えられなければ司法判例にはなりません。しかし、さまざまな事態に対する判断が、行政庁の行政先例になっているのです。したがって、判例法を考察する場合に、判例という言葉を広く捉え、行政先例なども含ませる方が良いと思います。ただし、本節では、説明の便宜のため、司法判例のみを対象に考察を進めることとします。

　司法判例を読むときには、図書館で判例集などをきちんと読むことが必要です。判例百選や教科書などにも、司法判例が引用されています。しかし、これ

140   第2章 法の成立と形式

らはサワリの部分だけを引用しているし、より正確に言えば、それを引用した
先生が教科書の説明との関係でこれがサワリだとした部分だけを引用している
のであって、判決全体の中では、重要でない部分を引用しているのかも知れな
いからです。

　日本の最高裁判所が言い渡している判決の中で、公刊されている判例集に載
るのは1割弱です。すなわち、判例集には、最高裁判所判例調査会がこれは重
要な判例だと考えたものだけが、載っているにすぎません。そこで民間の出版
社も、『判例時報』や『判例タイムズ』など、独自の判断で判例を選んでそれ
を掲載した雑誌を発行しています。なお、裁判所のウェブ・サイト（http://
www.courts.go.jp/）では、「最高裁判例集」や、「高裁判例集」、「行政事件裁
判例集」、「知的財産権裁判例集」などの判例情報の検索・閲覧サービスが利用
できるようになっています。

2．判例の拘束力

　裁判所の仕組みを決めている裁判所法の4条は、「上級審の裁判所の裁判に
おける判断は、その事件について下級審の裁判所を拘束する」と規定していま
す。これは、ある事件が上級審まで争われ、上級審が「下級審裁判所の判決は
間違いだ。やり直せ」と破棄差戻しをしたときのための規定です。もしもこの
規定がないと、下級審裁判所が上級審裁判所の方こそ間違えていると言って、
同じ判決を繰り返した場合、永久にその事件に決着がつかないことになるから
です。さて、裁判所法が破棄差戻しについてしか規定していないことを裏から
見れば、最高裁判所にどのような判例があろうと、別の事件においてなら、下
級裁判所は上級審裁判所の判例に従わなくて良いということになります。では、
判例には全く何の拘束力もないのでしょうか。

　判例法についても法的安定性の要請があります。すなわち、制定法について、
法は社会秩序を維持する役割を担っているのだから、たとえ正当な理由があっ
ても、そう簡単に変えてはいけないと述べたことが、判例についてもあてはま
ります。すなわち、裁判所がある事件について判決をすると、次の同種事件に

も同じような判決をするであろうという期待が生じます。それにもかかわらず
もしも事件毎に判決が変わると、人々は裁判に対する信頼を失うのです。

　最高裁判所には大法廷と小法廷とがあり、15 人の裁判官全員で裁判をする
のが大法廷、5 人ずつ 3 組に分かれて裁判をするのが小法廷です。最高裁判所
の裁判は、通常は小法廷で審理されます。しかし、裁判所法 10 条は「憲法そ
の他の法令の解釈適用について、意見が前に最高裁判所のした裁判に反すると
き」に、小法廷での裁判を禁止しています。これは、判例を変えるときには慎
重にせよという趣旨です。したがって、最高裁判所がある事件を大法廷で審理
すると決定したら、判例が変わるかも知れないと予測でき、小法廷のままであ
れば、判例を変えようと考えていないと予測できるのです。また、刑事訴訟法
405 条 2 号は、最高裁判所判例への違反を上告理由としています。すなわち、
この規定の背後には、最高裁判所の判例と同じような判決をしなければいけな
いという、暗黙の了解があります。

　これらは、法的安定性への配慮からの規定です。さらに、最高裁判所の判例
には、下級審裁判官への事実上の拘束力もあります。すなわち、下級審の裁判
官からすれば、自分の言い渡した判決が上告審で否定されることは、「お前は
誤っている」と評価されたのと同じです。したがって、ある法律を解釈する際
に下級審の裁判官は、自分の信念によるのみではなく、最高裁判所が従来どの
ように解釈してきたかに、気を遣わざるをえないのです。

　成文法主義を採るわが国において、判例は制度上の法源ではなく、事実上の
法源にすぎません。しかし、ここに述べたような諸事情から、わが国において
も判例が、一般的にはかなり固定的になっています。ただし、公共企業体の労
働者のストライキが違法かどうかについてや、利息制限法の制限利率を超えた
利息を返してもらえるか否かなどについて、判例変更が行われています。

　現在の日本の法律制度の下で判例には、その同じ事件について上級裁判所が
した判決に下級裁判所が拘束されること以上の拘束力がなく、事実上の拘束力
があるだけです。しかし、いずれにせよ判例が法源である以上、判例研究、す
なわち裁判所が法律をどう解釈しているかの研究は、大切です。そして、判例

142 第2章 法の成立と形式

研究をする際には、社会の現実を踏まえることが大切なのです。

　法的安定性の確保を通じての裁判への国民の信頼の確保という観点からは、判例に拘束力のあることが望ましいと言えます。しかし、拘束力があまりに強すぎると、判例法が発展しません。ある裁判所が行った法解釈には、その事件が起きた当時の社会情勢の下ではそれなりの理由があったとしても、その後に社会状況が変化すると、その法解釈が妥当かどうかが問題になります。元本100万円以上の場合に年1割5分を超える利息を禁じている利息制限法を例にとりましょう。年3割の利息で100万円を貸した人が、借りた人を被告に「元利共130万円を払え」と訴訟を起こした場合に裁判所は、利息制限法は強行規定であり、強行規定に反する契約は無効ですから、「115万円払え」としか判決しません。そこで問題は、既に130万円を払ってしまった人が、払い過ぎた利息の15万円を返せという訴訟を起こした場合にどうなるかです。

　従来は、たとえ利息制限法違反の利率でも、いったん支払ってしまったら取り戻せないというのが判例でした。この判決が出た当時には、取り戻させないことに何か合理性があったのでしょう。しかし、その後サラ金業者が横行するようになり、約束通りの高い利息を支払わない場合には、こわいおじさん達が黒い服を着て夜討ち朝掛けをして、無理矢理払わせるようになりました。このようにして払わされた場合でも「支払ってしまったものは取り戻せない」と、判決し続けることには疑問が生じます。そこで、最高裁判所大法廷は、まず昭和39年（1964年）11月18日（民集18巻9号1868頁）に、既に支払った利息のうち、利息制限法の制限超過部分を、未払いの元本に充当することを認めました。そして、さらに昭和43年（1968年）11月13日（民集22巻12号2526頁）に、既に支払った金額のうち利息制限法の制限超過部分を残存元本の支払いに充てられたものと見ると、計算上元本が完済となるときは、その時点後に支払った金額の返還を請求できると認めたのです。

　もしも判例が制度上の法源ですと、裁判所は従来の判例を機械的に守ることになりますので、法の解釈が新しい社会状況に応じて発展しなくなる危険性があります。したがって、わが国が判例を制度上の法源にはせず、事実上の法源

にとどめていることには、社会の発展に応じて判例が変わりうるという長所があるのです。

　人身売買に関する判例は、なかなか変わらなかったもののひとつです。かつて農村地帯では、凶作になると、娘を温泉地の料亭等に売って酌婦（売春婦）にする、人身売買が行われていました。娘は一生懸命働いて前借金の返済を終るまで、自由の身になれません。たとえ、逃げ出しても当然追いかけられ、戻らないなら前借金を返せと訴えられます。日本の判例法は、人身売買の法律構成を、父親と料亭との金銭消費貸借と、娘と料亭との労働契約との、ふたつに分けていました。つまり、嫌がる娘に無理矢理売春をさせる、または、売春をせざるをえない状況に追い込む労働契約は、民法 90 条の公序良俗に反するので無効である。したがって、娘は仕事をやめて逃げ出して良い。しかし、父親の借金はきちんと利息をつけて返しなさいと、判決していました。売られた娘は、この判決によっては全く救われません。何故なら、父親の借金を返すために娘は、相変らず働かざるをえないからです。したがって、娘を救うためには前借金も無効と判決するしかないのです。しかし、大審院は大正 7 年（1917 年）10 月 12 日（民録 24 輯 1954 頁）および大正 10 年（1921 年）9 月 29 日（民録 27 輯 177 頁）に、借りた金は返すべきだという「常識」を人身売買にもあてはめた判決を出しました。もしも、徳政令のように一般的に借りた金を返さなくて良いと判決したら、社会秩序が混乱します。しかし、大審院は「人身売買と結びついたときだけは、借金を返さなくて良い」という判例を、作りさえすれば良かったし、作るべきだったと思われます。このように学者が指摘したにもかかわらず、大審院判例がいったん定着しますと、下級裁判所の裁判官はそれに従いますから、判例変更の機会が失われてしまいました。

　昭和 30 年（1955 年）10 月 7 日（民集 9 巻 11 号 1616 頁）になってようやく、最高裁判所がこの判例を変更した契機は、以下のようなものではなかったかと推測されます。すなわち、ある地方裁判所の裁判官が、少し位悪い評定をされても気にせず、「判例には反するが思い切った判決でもするか」と、人身売買から娘を守るために、「前借金も返さなくて良い」と判決しました。料亭側は当

144 第2章 法の成立と形式

然控訴し、高等裁判所の裁判官は、従来通りの優等生的な判決をしました。しかし、現行憲法の下で最高裁判所が、人身売買を事実上許す判決を出す訳にはいかない筈です。また、学説はこぞって地方裁判所の判決を支持しています。そこで、原告側が上告したので、ようやくめぐって来たこの機会に最高裁判所が、消費貸借と労働契約は不可分一体のものであるから消費貸借も無効と理論構成して、地方裁判所判決を認めたのではないかと思われます。

日本では成文法が固定的で、国会が法改正をあまり行いませんから、法に柔軟性を発揮させることが、判例に期待されています。ところが、たとえ事実上のものであれ判例の拘束力が強いと、判例が社会の進歩に応じきれなくなります。すなわち、判例の拘束力は、法的安定性のために必要です。しかし、法的安定性を強調しすぎると、具体的妥当性を欠いてしまうのです。

3．判決の理由（レイシオ・デシデンダイ）

制度上であれ事実上であれ、判例に拘束力を認めると、「判決をする際に裁判官が従わなければならないのは、前の判決のどの部分か」という問題を生じます。例えば、49歳の立教大学の教授が、池袋の街を歩いていて自動車にひかれ、全治5カ月の重傷を負ったという事実に基づいて、加害者は被害者に損害賠償を1000万円払えという判決があったとします。もしもこの判決の拘束力を非常に狭く解すれば、後日同じく49歳の立教大学の教授が、同じ場所で自動車にひかれて、同じ傷を負ったときにのみ1000万円払えという判決が出ることになります。逆に、非常に広く解すれば、年齢・職業・場所・傷の程度などのいかんを問わず、およそ自動車で人をひいて負傷させたときには1000万円払えと、判決すべきことになります。したがって、ある判決のどの部分が将来の判決にどういう影響を持つか、という議論が不可欠なのです。

英米法では、判決理由と傍論とを区別してきました。判決理由（レイシオ・デシデンダイ）とは、その判決の結論を導くに至った決定的な理由です。傍論（オービタ・ディクタ）とは、いわば裁判官がついでに書いたことです。両者を区別する主たる理由は、判例法国では、その判決の結論を導き出すのに最も

第 5 節　判 例 法　　145

重要であった理由だけが判例法を構成する点にあります。とりわけ、1966 年
までのイギリスのように、判例を制度上の法源とし先例に絶対的拘束力を認め
る制度の下では、両者の区別が重要な意味を有していました。これに対して、
アメリカ法では判例は事実上の法源であり、判例法の変更が許されてきました。
しかし、判例法の内容を確認するには、両者の区別が必要不可欠なのです。

　日本でも、判例は事実上の法源です。しかし日本では、先例のどの部分に裁
判官が従わなければならないかについて、あまり自覚的な議論がなされないま
まに、良い理屈であればたとえ傍論であっても、後の裁判所が参考にしても良
いと考えられてきました。

　例えば、内縁を最初に認めたと言われている大審院大正 4 年（1915 年）1 月
26 日（民録 21 輯 49 頁）の判決があります。明治 31 年（1898 年）の民法により、
正式な結婚をするには婚姻届が必要になりましたが、社会には婚姻届を出さな
い人が沢山います。さて、家風に合わないなどと追い出された妻が、夫に対す
る損害賠償請求訴訟を起こした場合に裁判所は、明治 31 年から大正 4 年まで
の間、「法律が保護するのは、正式な婚姻をした夫婦が別れる時だけであり、
法律は男女の単なる肉体関係を保護しない」と、頑張りました。ところが、法
律ができただけでは人々の生活は簡単には変わらず、婚姻届けをしない事案が
発生し続けている社会的現実に負けたのか、大正 4 年の大審院判決が出たので
す。

　この判決では、原告が敗訴しています。すなわち、捨てられた妻が民法 709
条を根拠に貞操権侵害として損害賠償を請求したのに対して、この判決は従来
通り、それを不法行為と認めないと判示したのです。しかしその後の部分でこ
の判決は「もしも婚姻予約不履行と法律構成して訴えてきたならば、原告を勝
たせたであろうに」と、ついでに書いています。この文言は、本件判決の結論
を出すためには余計なことです。しかも、大審院で敗訴とされた原告にとりそ
の後の救済方法はないのですから、そんなことを述べられても何の役にも立ち
ません。

　なお、婚姻予約ないし婚約という言葉は一般に、将来結婚しようという約束

146　第2章　法の成立と形式

の意味で使われています。しかし、裁判所は、結婚式をし披露宴をして晴れて夫婦として同棲生活を始めたことを婚姻予約と呼んでいます。これは、法律上は届出をすることが婚姻ですから、結婚式・披露宴・同棲をすることを、いずれは婚姻届を出して法律上の夫婦になろうという約束をしたと、法律構成したからです。

　このように、大正4年の判決は、内縁を初めて認めた判決ではなく、内縁の妻が保護されなかった最後の判決です。何故なら、真面目に勉強している弁護士なら、今後は同種事案を婚姻予約不履行と法律構成して損害賠償請求をし、原告が救済されるであろうからです。大正4年判決の中で、婚姻予約不履行の部分は、あくまでも傍論にすぎません。しかし、この傍論部分が、学者の称賛等々により、何となくこの判決の重要な一部分と考えられるようになり、実際にその後、裁判所は総てこの判決を引用して原告の請求を認めるようになったのです。

　したがって、判決のどの部分が後の判決を拘束するのかは、個々の判決を読まなければ分かりません。しかも、それがその判決の理由付けの中心的な部分だとは限らないのです。要するに、日本の判例の拘束力の範囲については、裁判官がその判決全体を通読して、自分が判決を出すのに都合の良い理由付けが書いてあったら、それを先例として使っているのが現状です。この意味で、第3期の法の継受の影響は、未だ十分には浸透していないようです。

　最後に、判例を読み研究することの意義を考えておきます。法を学ぶ場合には、生きた社会の現実を知ることが大切です。判例集を読むことにより、社会の中でどういう形で紛争が起き、どういう形で裁判所に持ち込まれ、どういうことが問題となるのかを、知ることができます。条文だけを見ていると、色々と問題がありそうに思え、教科書も延々と議論をしているにもかかわらず、裁判所ではそんなことが問題になったこともない議論や、裁判所で使われたことのない条文も沢山あります。逆に、何の変哲もなさそうに見える条文が、実際の裁判では極めて重要であることもあります。要するに、判例を読み研究することにより、条文や教科書に書いてあるだけの法理論ではなく、実際に生きた

法を知ることができるのです。

第6節　学　　説

1．科学学説と解釈学説

　学説が法源のひとつであることを説明するにはその前提として、法律学は自然科学と同じ意味で科学であるのかなど、法律学という学問の性質の検討が必要です。科学の定義のひとつは、観察や実験によって得たデータから法則を導き出すことです。しかし、法律学とりわけ法解釈学という学問は、それらのデータから帰納的に結論を導き出す学問ではありませんから、この意味での科学とは言えません。例えば、正義とは何かという議論の内容は個々人の価値観によりバラバラですし、およそ証明が不可能な問題です。しかし、法学という学問分野の中には、法社会学や犯罪社会学など社会現象の客観的観察により法則を導き出すという科学的な研究をしている分野もあります。裁判官や市民の法意識・刑事司法運営の実態・犯罪の原因等々につき、アンケート調査・参与観察・面接調査等々色々な手法により収集したデータを、統計学その他の知識を活用して分析することによる仮説−検証作業を繰り返しつつ、法則を探究しています。法哲学という分野では、これとは全く対照的に、例えば、正義とは何かというテーマを掲げて抽象的な説明をしている学者もおり、これを科学と呼べるかについては、立場によって見解が分かれています。

　さて、法学における学説を、科学学説と解釈学説に分けることがあります。科学学説とは、理論的な認識作業の結論という性質を持った学説であり、経験的な社会的実在としての法の認識を目的としています。例えば、身分から契約へという歴史的発展の理論とか、法が社会において行為規範として果たしている状況認識に関する理論などが、科学学説にあたります。これに対し、解釈学説は、実践的な価値判断作業の結論という性質を持った学説であり、社会的な実在を評価し、それに働きかけることを目的としています。例えば、憲法9条にいう戦力は核兵器のみであり単なるミサイルを含まないとか、自衛隊は違憲

148　第2章　法の成立と形式

だが合法だとかが、解釈学説にあたります。しかし、これが戦力という言葉の唯一絶対に正しい意味であると確定することは不可能ですし、議論をつき詰めるならば、その主張内容はその人の価値観に基づく決断でしかないのです。

　法解釈学の役割は、現行法体系の中での法規範の意味を確定していくことであり、法学部のカリキュラムの中では、法解釈学が圧倒的部分を占めています。すなわち、法学という分野の中心には、実定法のそれぞれの条文が裁判所その他において、どういう意味を持つものと理解され使われているか、および、どのように理解され使われるべきだと主張されているかという、知識の習得を目的とする法解釈学分野があり、その周辺に、法社会学的分野、法哲学的分野、比較法の分野など、基礎法学の分野があります。そして、学説は法源かという問題は、学者の提示する解釈学説が裁判所の判決に対して、どのような意義があるかという問題なのです。

　学者の議論は裁判所に対し、ふたつの面で影響力を持っています。第1は、立法論です。法解釈には条文の文言による制約がありますから、学者の議論の中には、不備な法律を改正することにより、現代社会に起きている問題を解決すべきであるという議論が多く見られます。学者が国会に直接働きかける訳ではありません。しかし、例えば、法務大臣の諮問機関である法制審議会においては、学者の展開する立法論をかなり反映させることができます。したがって、学説が制定法に採り入れられて、裁判所を拘束することがあるのです。

　第2は、解釈論的な議論です。裁判官は法律を知っている建前ですから、法律の解釈の問題は裁判官が自分で考えて判断できる筈です。しかし、裁判官が条文を解釈する際に、学説を取り入れることがあります。また、非常に難しい法解釈問題については、学者に鑑定を求めることもあります。

2．通説とは

　専門科目の講義で、「この考え方は通説・判例の支持するところである」などという形で、通説という言葉が良く出てきます。通説とは、大部分の学者がその考え方に賛成しているという意味です。通説・判例とは、学者の間の通説

が裁判所の判決とも一致しているという意味ですから、最も支持者の多い考え方ということになります。学者の意見が分かれている場合に、例えば7割位の学者が支持しており、残りの3割が結束してあるひとつの立場を採っていますと、一方を通説と決められないので、多数説・少数説と呼びます。裁判所の判決に対する批判や法改正の要求の場合には、多数の支持があればある程、説得力があります。

　また、通説とはなっていないが、学界の中で評価の高い学者の学説を、有力説とか有力な少数説とか呼びます。

　学者の議論と判例とは相互に影響し合っていますので、通説と判例の一致する場面がかなり多い筈です。しかし、判例は社会的な現実に即して問題を処理し、学者はどちらかと言うと論理的に問題を考えますので、通説と判例が対立している場面もあります。例えば、通説によれば、窃盗の単なる見張り行為は従犯（幇助犯）にすぎませんから、実行正犯より軽い責任しか問われません。しかし、判例は見張りも広く共謀共同正犯としています。すなわち、見張りを従犯だとすると、親分は見張りをし、成功すれば分け前を多く取り、捕まっても自分の罪は軽くなります。もっと頭の良い親分は、計画を立てて部下達に指示するだけで、家で酒を飲みながら待っており、一切責任を問われないことになります。したがって、判例は、悪い親分を重く処罰できるようにしておくために、犯行を共謀した以上は共同正犯として、一緒に窃盗をしたと同じ責任を問うべきであるとしているのです。なお、共謀共同正犯の判例は既に戦前から確立しておりまして、今更変わりそうもないのに、あくまでも判例の考え方に反対の主張をつらぬく有力な学説も少なくありません。

　しかし、判例と学説とのこのような対立は、例外です。裁判所は現実の社会の中で法を動かしていくための必要を第1に考え、学者は基本的人権の尊重・論理的一貫性などを第1に考えつつ、両者は協力的な関係にあります。すなわち、通説は裁判の基準としての役割を果たしているのです。

第7節 条　　理

　私人間の紛争を自力救済すること、すなわち、私人が実力を用いて権利回復をすることは禁止されており、必ず裁判所に紛争解決を任せなければなりません。したがって、紛争解決を求められたときに裁判所は、たとえ制定法その他裁判の基準がなくても、裁判を断わることは許されません。つまり、自力救済を禁止する以上は、裁判拒否も禁止されるのです。概念法学の立場からは、法律は完全無欠であり、世の中にいかなる出来事が起ころうと、必ず六法全書に答えが書いてある筈です。しかし実際には、六法全書に書かれていない出来事が、世の中に幾らでも起こります。そこで、制定法に基づかない裁判を禁止する概念法学の立場では、「六法全書に書いてある」と、何とかこじつけることになります。これに対して、現在の制定法が完全無欠ではないことを正面から認める自由法論の立場では、三権分立との関係で議論の余地はあるものの、裁判拒否が許されない以上、裁判官自身が法を創造して判決することを、認めることになります。

　古い話ですが、明治 8 年 (1875 年) に太政官布告 103 号「裁判官事務心得」が出されており、その後廃止されていないので、それは現在も有効です。そして、その 3 条は、民事の裁判で成文の法律がない場合には、慣習により、慣習もない場合には、条理を考えて裁判をせよと、規定しています。条理とは、いわば物事の道理です。つまりこの規定は、裁判の基準がないときは裁判官が、物事の道理などに判決の最終的な根拠を求めざるをえないことを示しています。概念法学の立場からは、条理に基づく裁判も、制定法である「裁判官事務心得」に基づく裁判であると説明することになります。しかし、スイス民法 1 条の、「成文法も慣習法もないときには、自分が立法者ならば立法したであろうところに従って、裁判をせよ」という規定は、太政官布告の規定と同じ内容をより率直に述べているのです。つまり、条理に従った裁判を許すことは、裁判官に立法者の役割を認めることに他なりません。概念法学ないし形式的な三権

分立論がなんと説明しようとも、自由法論の主張する通り、裁判官による法創造は、現に行われているし、行わざるをえないのです。なお、何が物事の道理かは、正に学者が普段議論していることですから、法律がなく条理が発動される場合には、学者の議論の影響力が大きいことになります。

第3章　法　と　裁　判

〔この章で学ぶこと〕

契約違反であれ、犯罪であれ、法秩序が破られたときには、法は実力を行使してでもそれを回復しなければならない。しかし、本当に秩序違反があったのかについては、事実および法秩序の両面から確認することが必要である。裁判とは、まさにこのような確認のための手続である。この章では、このような手続法上の諸制度の意義と歴史の概観、日本における各種の紛争解決制度の対比、そして特に、裁判をめぐるいろいろな制度をその目的との関連で理解すること、などを目標とする。

第1節　裁判制度の基礎

1．紛争解決制度としての裁判

「社会のあるところ法あり」と言われます。すなわち、何らかの人間関係があればその中には必ず、期待された行動や維持したい秩序があります。そして、法の内容は、組織あるいは社会の秩序を維持するために、人々に守って欲しい一定の行動の型なのです。しかし、法は事実の法則ではなく当為の法則であり、「○○すべし」という命令にすぎないので、当然に破られます。破壊された秩序を回復する役割を、もしも個人に委ねると暴力的社会になります。そこで、平和的に社会秩序を維持するために、その役割を社会の中の特定のメンバーにまかせざるをえません。このような約束事が、裁判の基礎であり、出発点なのです。

日本には、豊臣秀吉の刀狩り・明治維新の廃刀令など、武器を個人の手から奪う伝統があり、現在では銃砲刀剣類所持等取締法があります。つまり日本に

は、暴力的なものを社会の必要悪とみる文化や伝統はなく、逆に、個人が暴力を使うことに対して極めて禁止的な法文化があるのです。したがって、自力救済の禁止が広く受け入れられており、その結果、裁判がクローズアップされることになります。

裁判とは、秩序が破壊された場合に、そもそも秩序破壊があったのか、誰がどのように秩序破壊をしたのかなどを確認し、何らかの根拠に従って解決をして、秩序を回復する制度です。裁判と言われると私達は、国家の裁判制度だけを思い浮べがちです。しかし、兄弟げんかでどちらの言い分が正しいかを決めるためには、国家の裁判所ではなく母親裁判所へ行きます。やくざ仲間の紛争であれば、大親分裁判所で決着をつけます。その他、色々な種類の紛争について、その解決に一番妥当な組織があり、その組織の性質に応じて、紛争解決の手続も色々あります。そしてそれらも、広い意味では裁判なのです。

紛争解決制度としての裁判が成り立っているのは、何故でしょうか。日本では個人から暴力行使の道具を取り上げているものの、その紛争解決に人々が満足しているのでない限り、何らかの形で反乱が起きる筈です。すなわち、実力行使の手段を、国家その他のしかるべき機関に委ねて一応納得しているのは、裁判での判決あるいは兄弟げんかにおける母親の処置に対する、信頼や服従があるからです。つまり、裁判に権威を認め、信頼や服従があって初めて、裁判制度が成り立つのです。

裁判に対する信頼は、加害者の立場と被害者の立場で異なります。自分の子供が残虐な死体となって発見された両親は、復讐を禁じられているので、警察が犯人として捕まえた人を、必ず厳罰に処して欲しいと要求します。したがって、無罪判決が出ると、裁判に対する信頼はなくなるのです。逆に被告人の立場からすれば、犯人でもないのに有罪とされ処罰されたのでは、もちろん裁判に対する信頼などありえません。すなわち、抽象的に裁判に対する信頼、服従、権威と言いますが、実際の場面におけるその実現は、極めて難しいのです。

2．裁判制度の歴史

　裁判の歴史を振り返ると、裁判をしたのは国家ばかりでなく、また、現在の
ような裁判制度ばかりではありませんでした。古代に行われたという盟神探湯
も、一種の裁判です。例えば、甲のニワトリが1羽盗まれ、台所の外にニワト
リの羽が落ちていた乙が、犯人に違いないと疑われています。しかし、乙は、
誰かがニワトリの羽を撒いたのであり、自分は陥れ入れられたのだと主張して
いるとします。もしも、台所の外にニワトリの羽があったというだけで処罰さ
れたとすると、乙は、今後裁判を一切信じないし、裁判制度に対する恨みが残
ります。犯人はどこかにいる筈なのに疑わしい乙が無罪とされた甲には、何故
あいつを無罪にするのかと、裁判所に対する恨みが残ります。裁判制度に対す
る信頼を維持するためには、これらの恨みを残さない仕組みを考えなければな
りません。

　現代なら例えば、ニワトリ小屋の戸から取った指紋と乙の指紋とを比較しま
す。両者が一致したから有罪だと判決すれば、皆が納得します。しかし、盟神
探湯を行っていた頃の人は、指紋は全員バラバラで一生不変だとは知りません
から、指紋の一致は、説得道具として全く役に立ちません。盟神探湯は宗教裁
判です。宗教裁判は、神の怒りや呪術など、人間の力を超えた偉大な力を人々
が信じている場合に成り立つ、裁判形式です。湯の中に手を入れて、やけどを
したら有罪、やけどをしなければ無罪とすることを、「そんな馬鹿な」と思う
のは現代人だからです。当時の人々は、指紋という訳の分からないものを持ち
出されても全然納得しませんが、神の権威は信じています。

　もしも私達がタイムマシーンに乗って行き、盟神探湯の裁判官になったとし
たら、指紋検査をして、乙が犯人か否かをまずきちんと調べるのが良いと思い
ます。しかし、判決の際に、「指紋検査の結果、無罪」と述べても、判決への
信頼を確保できません。そこで、乙が犯人だと判明したら、係官に「今日の湯
はとても熱く沸かしておけ」と命じておき、その湯に乙の手を入れさせ、やけ
どをさせてから、人々の前で「見よ、神の怒りはここに現れた」と述べると、
人々は感心し、納得します。乙が無罪だと判明したら、湯をぬるく沸かさせて

おき、「神、この人を守りたもう」と述べるのです。甲は、犯人が乙ではないという結論にやや不満は残るものの、神様の下したこの無罪判決を受け入れざるをえません。このようにして皆が納得すると、平和な秩序が回復され、裁判制度の目的のひとつが達成されるのです。ただし、人々に科学的な目や考え方が備わり始めて、「今日の湯はなんだか湯気が少ない」などと言い出したら、この盟神探湯という宗教裁判の権威は全く無くなり、信頼を維持できなくなります。

次は条理裁判です。条理裁判とは、人々の持っている素朴な道理の感情、すなわち、「なる程納得がいった」という感情にアピールして、信頼をえる裁判です。日本の名裁判官物語の代表者である大岡越前守は、その条理によって江戸の市民から信頼されたのです。条理裁判では裁判官のセンスが勝負であり、判決を聞いた人に、「なる程名裁判だ。あの方にお裁きを任せておけば安心だ」と思わせるように裁判することが、信頼確保の基礎です。

ひとりの子供を中に挟んで、ふたりの女性がそれぞれ、「これは私の生んだ子供だ。私が連れて行く」と主張する、子取りの争いを例にとりましょう。現代でしたら、血液型鑑定等々を用いれば、親子であるか否かをかなり高い確率で判定できます。しかし、血液型判定に基づいて判決しても、その時代の人々は誰もそれを信用しません。そこで、大岡越前守は、素朴なふたりの女性をおだてて、「母親には偉大な力がある。本当にこの子供を生んだのであれば、必ず子供を自分の方に引き寄せるであろう」と述べて、その子供の手をそれぞれの「母親」に持たせ、「これは力比べではない。どちらの母親の愛が強いかの勝負である。さぁ、引いてみよ」と命じます。ふたりの

156 第3章 法と裁判

大人が引き合うのですから、子供は痛くて泣き叫びます。とうとうひとりの女性が手を離したところで大岡越前守は、「本当の母親であれば、自分の子供が泣き叫ぶのに、平然と引き続けられるものではない。よって、手を離した者こそが真の母親である」と判決します。江戸の市民は感心して、「まぁ、何と知恵のあるお奉行様だろう。母親とは、そういうものだ」と言い合い、皆が納得してしまうのです。手を離した方の女性が本当の母親であったかどうかは分かりません。しかし、このように判決したことにより、皆が納得し、信頼し、服従したことが、平和的な社会秩序の維持の要ですから、もしも現代の技術で親子鑑定をしたら結果が逆であっても、一向にかまわないのです。なお、時間も空間も大きく隔たった旧約聖書の列王記の中にも、ソロモン王が子取りの争いを条理裁判により裁く場面があります。

　現代社会においては、同種の紛争が毎日のように起きており、交通事故がその典型例です。条理裁判は確かに人々にアピールしますが、多発する同種事件について、裁判官がひとつひとつ知恵を絞ることはできません。しかも、裁判によって法秩序を維持するには、「同種の事件には同じ判決が出るだろう」という、法的安定性への信頼も極めて大切です。すなわち、現代社会の複雑化に伴い、裁判に対する信頼の基礎が、条理から、次のふたつの要素に変わっています。すなわち、裁判の基準を予め人々に知らせておくこと、および、同種事案には同じ裁判が繰り返されることです。なお、具体的妥当性は、この意味で条理裁判の理念に近いように思われます。

　社会統制（ソーシャル・コントロール）の道具のひとつである法は、社会の構成員に向って、あることをせよと命じたり、あることをするなと禁じたりする第1次統制機能を果たすだけではなく、裁判官その他法執行の役割を果たす者に対する命令や禁止という、第2次統制機能をも果たしています。例えば裁判官は、殺人犯の側にも可哀想な事情があったので拘禁刑1月でよいとか、極悪非道な殺人犯は絞首刑ではなく八つ裂きだとか、判決してはいけません。しかも、法が裁判官に命じている内容は、社会の人に知らされています。したがって、少なくとも民事の世界では、人々は判決を予測して行動するのであって、

判決を予測できることが、裁判への信頼の基礎になっているのです。

　現代社会では、裁判官も法により支配されているという信頼を基礎に、裁判制度を守るのが建前です。もしも日本社会に法の支配ないし法への信頼という文化的な伝統があれば、裁判による秩序維持は比較的やさしいと思います。ところが日本では、「泣く子と地頭には勝てぬ」という諺もあるように、権力の方が法よりも上にあるので、裁判に対する信頼と権力に対する服従という問題を検討しておかなければなりません。

　アメリカやイギリスでは、ルール・オブ・ロー、すなわち法の支配という伝統が非常に古くから確立しています。例えばアメリカでは、裁判官のことをアワ・ジャスティスと呼びます。ジャスティスという言葉は、裁判官・正義というふたつの意味を持っていますから、裁判官のことを「我々の正義」と呼んでいるのです。つまり、一番公平で間違いのない裁判をしてくれる人を自分達が選挙で選んで、この人こそ我々の正義だと考えているのです。また、最高裁判所の長官のことをチーフ・ジャスティスと呼びます。これに対して、一体日本人の何割が最高裁判所の長官のことを最も主要な正義と考えたり、地方裁判所の裁判官のことを我々の正義と考えたりしているでしょうか。したがって、裁判官の判決に対する国民の信頼が、法の支配という意味で、日本の社会で確保されてきたかどうか、かなり不安です。

　ところが、逆の側面も無い訳ではありません。現在の行政機関も国会も信用できない国民は、頼るに足りる権力は裁判所だけだと考えています。例えば、公害被害者の救済などは、本来なら国会に請願して国会の立法作業のなかで解決されるべき事柄ですが、国会が信用されていないので、こういう法律を作ってくれという請願運動は、日本ではあまり行われません。もちろん、行政官庁も、公平な裁きを行うとは信用されていません。ところが、裁判所にはまだ若干の信頼があるので、公害の被害者などが、裁判所へは訴えを提起するのです。つまり、日本の裁判所制度は、少なくともこの意味において、信頼されているのです。

　しかし、これとは別の観点もあります。労働事件や環境事件等々では、裁判

所の周囲に支援団体が集まって旗を立て、自分たちに都合の良い判決が出たら
Vサインをし、都合の良い判決でないとナンセンスと叫ぶことが少なくありま
せん。都合の良い判決が出たときにだけ信頼するのは、裁判を本当に信頼して
いるのではありません。すなわち、日本の伝統文化のなかでは、裁判所も結局、
国会や行政機関と同様、お上の権力であると考えられています。裁判所につい
て、「自分達の紛争を公平に判断してくれる場所だ」とは、まるで考えられて
いないようです。日本人の本心にあるこういうお上嫌いと裁判制度とをどうつ
なげるかが、現在の裁判における問題点のひとつです。

　「せめて裁判所では」という期待の下に、多様な紛争が裁判所へ集まって来
ており、この意味で裁判所は、最後の拠り所として信頼されています。人々の
この信頼をつなぎとめうるか否かは、裁判所が法の支配を貫き、権力抑止の機
能を果たしうるか否かにかかっているのです。

3．特別裁判所の禁止

　憲法76条2項に「特別裁判所は、これを設置することができない。行政機
関は終審として裁判を行ふことはできない」という規定があります。すなわち、
現在の裁判所制度には特別裁判所はなく、普通裁判所だけに一元化されていま
す。この規定が設けられた理由を考えてみましょう。

　憲法の条文は、「その国が今までデタラメであったことの証拠である」という、
非常に皮肉な読み方もできます。例えば、ある国の憲法に思想の自由を保障す
る条文があるのは、その国では思想の自由を保障して来なかったので、わざわ
ざ憲法に思想の自由の保障規定が置かれたのだと読むのです。すなわち、憲法
76条2項の規定があるのは、それまでは特別裁判所があり、天皇制国家体制
の下で国民の人権を侵害していたからなのです。

　例えば、国家が課して来た税金額に計算違いがあり不当に高すぎるので、課
税処分に不服を言い、税金額を再計算してもらいたいとします。戦前の天皇制
国家体制の下では、国に対して訴えを起こすことは、一国民が天皇陛下と争う
ことを意味しますから、大体の人は泣き寝入りをしてしまったでしょう。それ

にもかかわらず、あえて国に対して文句を言いたいときには、まず請願をしなければなりませんでした。すなわち、神様である天皇陛下ですからお間違えになる筈はないのですが、万が一ということもありますから、調べていただけませんでしょうかと願い出るのが行政事件でしたから、普通の裁判所で扱うべき性質のものではなく、特別扱いをするという考え方が採られていました。そこで憲法 76 条 2 項は、天皇制国家体制の否定という歴史的意味をもって、特別裁判所の設置を禁止し、行政機関が終審として裁判を行うことを禁止したのです。日本国憲法の下でも、独占禁止法違反事件や特許権の事件について、公正取引委員会や特許庁などの行政機関が第 1 審的な審決をすることがあります。しかし、審決に対しては東京高等裁判所への控訴や最高裁判所への上告ができるので、行政機関の判断で終わりにはなっていません。なお、家事事件や少年事件を扱う家庭裁判所は地方裁判所と同じ普通裁判所であり、その判断に対して高等裁判所に抗告し、最高裁判所に再抗告できます。このように、現行の裁判所制度は、最高裁判所を頂点とする普通裁判所の体系の中で、総ての事件を処理しています。

　裁判手続きを定めた法律を訴訟法と言い、わが国には、民事訴訟法、刑事訴訟法、非訟事件手続法などがあります。これは、日本の裁判所が全部普通裁判所であるとはいえ、実際に争われる紛争の種類は非常に多様なので、それらを民事事件、刑事事件、行政事件、人事訴訟事件、非訟事件などに分類し、それぞれの類型別に、手続を異にしているのです。例えば、民事訴訟では個人対個人の私的な利益の争いが中心であるのに対し、刑事訴訟では、社会全体の名において、反社会的な犯罪行動をしたと疑われている被疑者・被告人に対して刑事責任を追及し、有罪者に刑罰を科そうとするのですから、社会性がありますし、被疑者・被告人の人権尊重が特に必要です。したがって、それぞれの紛争を解決する仕組みが異ならざるをえず、民事訴訟法と刑事訴訟法とは、かなり性質の異なる法律になっているのです。なお、行政事件の仕組みも、基本的には普通の民事事件の仕組みと同じです。しかし、手続法上の特別な扱いが必要なので、行政事件訴訟法が定められているのです。

160 第3章 法と裁判

第2節 民事紛争の解決

1. 紛争解決制度の種類

個人対個人の紛争を解決する仕組みについては、現在の日本にはどういう制度があるかという制度的な面と、日本社会の中でそれらがどう使われており、それをどう評価するかという実態認識の面との、両面の考察が必要です。

民事紛争の解決制度には、和解・斡旋（あっせん）・調停・仲裁・裁判の5種類があります。これらを私的な解決・準私的な解決・強権的解決に分類すると、「和解」は、典型的な私的解決です。例えば、貸した金を返さないので色々と話し合った結果、直ちには払えない事情が分かった。そこで、1カ月待つかわりに利息をこの位つけるという話が両当事者の間で円満にまとまり、紛争が無事解決したというのが和解です。

強権的解決の代表は「裁判」であり、残り3種類が準私的解決です。「調停」は、私的な性質が強い制度です。例えば家庭裁判所での離婚調停でしたら、財産分与について「どうしても1000万円分けて欲しい」「いや、700万円位しか出せない」という争いがあると、調停委員がふたりの財産関係や離婚歴を調べて「900万円位でどうですか」と調停案を出します。両当事者が「それで納得します」と言えば調停は終わります。しかし、どちらか一方でも「どうしても嫌だ」と最後まで頑張ると調停は不成立となり、これを調停不調と呼びます。したがって、調停という紛争解決の基本的な構造は和解に近いのです。「仲裁」は、紛争を起こしているふたりが、第三者に解決を依頼することまでは、調停と同じです。ところが、依頼された第三者の役割は裁判官と同じです。すなわち、それぞれの言い分を聞き「言い分は分かった。このようにしなさい」と自分の結論を言い渡せば、それで終りです。仲裁の特徴は、強権的な解決であること、および、裁判官役を誰に頼むかを自分達で決められることです。これに対して、調停においては当事者は、調停員を選べないかわりに、納得が行かない調停案を受け入れなくとも良いのです。なお、「あっせん」は労働法や公害

第2節　民事紛争の解決　　161

法上の特殊な制度なので、その説明は仲裁に関連して後述します。

　どのような紛争解決手続を採れば最も適切な解決がえられるかなどを考慮して、それぞれの民事紛争の型に応じて、これらの紛争解決制度が採用されています。したがって、民事紛争の解決は、必ずしも総てが裁判による訳ではないのです。しかし、裁判所における法律的決着についての知識は重要です。何故なら、もしもこれがないと、調停がバナナの叩き売り的なものになってしまうからです。要するに、和解・裁判その他の紛争解決制度をうまく使い分けて、最も妥当な解決に至ることが大切なのです。なお、その場合に、法的には正しい主張であっても、裁判による解決には長期間を要することを考慮せざるをえません。すなわち、デタラメな妥協ではない妥協であれば、それが最も意味のある解決である場合があるのです。

２．黒白と灰色

　強権的解決の特徴は、黒白の決着をつけることです。すなわち、「足して２で割る」「三方一両損」のようなあいまいな判決は出されずに、事件の性質によっては、一方が絶対的に正しく、相手方が絶対的に悪いという決着がつけられます。ところが、和解や調停では、是非善悪の区別をきちんとつけないままに、いわば灰色の解決になる場合が非常に多いのです。

　紛争には、きちんと黒白の決着をつけた方が良い紛争と、黒白の決着をつけにくい紛争があります。例えば、「お金を100万円貸してあるから返せ」という主張と、「借りてはいない」という主張が対立している紛争は、裁判で黒白の決着をつけるにふさわしく、借りていると認定したら「100万円返せ」と判決し、「借りていない」と認定したら「ゼロ」と判決すべきです。「色々あったようですが、70万円辺りでいかがですか」という灰色の解決は、全く必要ないし無意味なのです。これに対して、相手が「お金を借りていることは事実ですけれど、もう少し待って下さい」と主張している紛争ですと、「直ちに返せ」などと黒白の決着をつけるよりも、「それぞれに色々な事情があるのだから、円満に話し合って少し待ってあげたら」などと妥協案を示す、調停を利用する

162　第3章　法と裁判

ことも考えられます。

　さらに、黒白の決着をつけるのになじまない事件もあります。家庭裁判所で扱われる事件はまず調停をしてからでないと訴訟事件にできないこととされており、これを調停前置主義と言います。この理由を考えてみましょう。民法770条1項1号は離婚原因として、不貞行為のあったときと規定しています。例えば妻が私立探偵を雇って、夫の不貞の証拠を収集して、裁判所に離婚を請求したとします。もしも裁判所が、「間違いなく不貞行為があるので、離婚を認める」と判決したら、これは黒白の決着とつけた解決です。しかし、これが家庭内の紛争の解決に適しているとは思われません。確かに夫は不貞行為をしました。しかし、それまでの経過をたどると、結局ふたりが出会ったのが運が悪いと言うしかない事案が少なくありません。そのような場合にはどちらかが一方的に悪かったと黒白の決着をつけるべきではなく、調停的な解決が望ましいと考えられているのです。要するに、世の中のさまざま民事紛争について、それぞれに最も適した解決制度をあてはめるべきなのです。

3．和　　解

　民法は和解を契約の一種と規定し、695条に「和解は、当事者が互いに譲歩をしてその間に存する争いをやめることを約することによって、その効力を生ずる」と規定しています。民法は、契約自由の原則ないし私的自治の原則を採っていますから、強行規定に違反しない限り、自分達の紛争をどう処理するかも自分達で決めて良いのです。そして、その決めた結果は一種の契約です。ですから、念書、示談書、覚書き、和解契約書等々、どのような言葉を用いても、いずれもその法律効果には差がありません。いったん和解契約が成立しますと、その和解契約が前提とした事実が間違いであったことが後に判明しても、和解契約の有効性に影響しません（696条参照）。

　民法695条が規定している和解の法的効力は、基本原理のひとつとして民法が採用している自由主義の一環として認められているだけです。例えば自動車事故の場合に、「加害者は被害者に損害賠償として100万円支払う。被害者は

第2節　民事紛争の解決　163

今後一切何の請求もしない」という示談が成立しても、被害者が契約を破って
裁判を起こす場合や、加害者が契約に反して損害賠償を支払わない場合があり
えます。つまり、和解契約という形で紛争が処理されただけでは法的な強制力
がなく、改めてその契約を基礎に被害者が裁判を起こして、最終的な決着を求
めなければならないのです。

　当事者間の話し合いではどうしても決着がつかず、とうとう裁判が起こされ
た後について、民事訴訟法89条は「裁判所は、訴訟がいかなる程度にあるか
を問わず、和解を試み……ることができる」と規定しています。裁判は、原告
が訴状の提出という形でまず言い分を述べ、次に被告が準備書面や答弁書とい
う形で言い分を述べ、証拠調べが始まって、だんだんと進んでいきます。そし
て民事訴訟法89条によれば、裁判所は、訴訟のいかなる段階であっても「ど
うですか？　話し合って和解しませんか」と和解を試みて良いのです。したが
って、裁判所に訴えが起こされ、両当事者と初めて会ったとたんに、和解を勧
告することすらありえます。しかし、普通は、証拠調べも済んで相当程度煮詰
まった最終段階で、「どうですか？　国側と製薬会社の側と患者さんの側で、
和解をしたらいかがですか」と、裁判官が勧めるのです。

　この段階で和解勧告をすることの意味は次のようなものです。すなわち、裁
判所が事実認定をして証拠調べをして強権的解決をしても、それだけで紛争が
一切おさまる訳ではありません。最終的には、恨みをなくすとか、両当事者が
心底から納得するとかいうことがなければ、紛争解決にはならないのです。裁
判官としては、証拠調べの過程で、もし両当事者が最後まで頑張るのなら、こ
ういう判決をしようとメドがついてきます。しかし、裁判官は、強権的解決を
するよりも、両当事者がニコニコ仲良くとまではならないにしても、より平和
的な紛争解決に近付けた方が良いと考えます。そこで、裁判官は、「こういう
様なつもりだ」と、ハッキリは言えないけれども、おおよその方向性を示し、「細
目はあなた方で自主的に決めたらどうか」という指導をするのです。しかも、
裁判をするときには、裁判官が法服を着て一段高いところに座り、原告席・被
告席が対立する構造になっている法廷で議論するのに対し、和解の勧告がある

164　第3章　法と裁判

と、原告の弁護士と被告の弁護士を、「ちょっと裁判官室まで来て下さい」と呼んで、丸いテーブルを囲んで話し合いをし、自主的、平和的な解決をはかっているのです。

　民事訴訟法89条により和解を試みた結果、和解ができ上がりますと、それは和解調書に記載されます。そして、その和解調書の効力について民事訴訟法267条は「和解……を調書に記載したときは、その記載は、確定判決と同一の効力を有する」と規定しています。すなわち、判決が出て、しかも両当事者がそれ以上争わなかったのと同じ効力があるのです。したがって、和解調書に記載された条件をもしも相手が守らなかった場合には、この和解調書に基づいて直ちに強制執行ができます。ですから、単に和解契約書を作ったのとは違って、裁判所に訴えて裁判の中で和解ができた場合には、国家の実力によってその内容を強制的に相手に実行させうる程の、非常に強い効力を持つのです。

　自分達だけでできた和解を民法上の和解にとどめておくと、もし相手に裏切られたときに裁判を行わなければなりません。そこで民事訴訟法275条1項は「民事上の争いについては、当事者は……簡易裁判所に和解の申立てをすることができる」と規定しています。起訴前の和解と呼ばれるこの制度は、当事者間でほぼ実質的に和解の話し合いがついている場合に使われます。簡易裁判所が双方の言い分を聞いて、和解ができ上がると、267条により調書に記載されて、確定判決と同じ効力を持つのです。

　要するに、和解契約をして、自分達で作った示談・念書の効力が最も弱い。なお、それを公正証書にして「直ちに強制執行しても結構です」という執行受諾文言を入れておくと、お金の支払に関することであれば、確定判決と同様に強制執行ができます。その次の段階が、簡易裁判所の手続きを経て調書に記載してもらう「起訴前の和解」や、裁判の途中での和解勧告に従ってでき上がった裁判上の和解です。

　人事訴訟法19条は弁論主義の制限を、20条は職権探知を規定しています。例えば、認知の裁判が起こされたときに、話し合いによって、「自分達は親子ということで和解しましょう」と決められては困ります。そこでは真実が重要

なのであって、個人の自由の問題ではないからです。すなわち、自分達の権利義務関係を、自分達で自由に処分してよい場合といけない場合とがあるのです。「弁論主義」は、「自由主義」の裁判上の現われです。「職権探知」は、裁判所が職権でその問題を扱うという意味です。婚姻の無効・取消や、嫡出否認、認知、親子関係存否の確認、養子離縁などを扱う人事訴訟に関しては、請求の放棄・認諾や和解調書の効力に関する民事訴訟法の規定（民事訴訟法266条、267条）の適用は排除されています（人事訴訟法19条2項）。要するに、これらは和解になじまないものとされているのです。

　離婚事件も、かつては裁判上の和解が許されないものとされていましたが、協議離婚が認められることとの不均衡が指摘されていました。そこで、2003年に従来の人事訴訟手続法を廃止し新たに現在の人事訴訟法を制定した際に、離婚の訴えに関しては、裁判上の和解を明文で認めることとした（人事訴訟法37条1項）のです。

4．調　　停

　紛争の強権的解釈か私的解釈かという点、および、黒白の決着がつくのか灰色の解決がつくのかという点において、裁判と調停とが根本的に違うこと、ある紛争が裁判型解決と調停型解決とのいずれになじむかが、それぞれの紛争の性質によることは、既に述べました。したがってここでは、日本社会と調停との関連を考察することとします。

　日本には、「四角い豆腐も切りようで丸く」とか、「権利義務などということを四角四面に申し立てるのは、大変水臭いし、まだまだ人物が小さい」とか、「忌憚なく腹を割って話せば分かる」とか言われてきたような、文化的伝統があります。また、日本には権力に対する反感や不信という伝統があり、裁判所もお上の権力だと考えれば、虐げられた庶民同士の紛争は持ち込むべきでないということになります。

　日本の裁判制度は、明治維新における西欧化の一環として、作られました。また、紛争解決の基準である民法その他も整備されました。しかし、上記のよ

166 第3章 法と裁判

うな日本の伝統的法文化に照して当然の事態ではありますが、裁判所はあまり利用されませんでした。その理由が、紛争がそもそもなかったということであったのなら問題はないのですが、実は、日本国内にはさまざまな紛争が満ちあふれていたのです。すなわち、明治以来の日本の産業政策や工業化は、日本社会の中に、非常に沢山の矛盾や歪みを起こしていました。したがって、小作争議、女工哀史に象徴される労働者の反乱やストライキなどが頻繁に起き、権力がそれを弾圧するという、資本主義の発展期における危機的な状況が、日本国内に色々な形で存在したのです。

　沢山の紛争があるのは、平和な社会秩序の維持のために、望ましくない状態です。しかし、紛争の解決を暴力に委ねないために、平和的な紛争解決の場として店開きしている裁判所には、人々が紛争を持ち込んで来ません。例えば、小作人達が裁判所に申し立てて、高すぎる小作料を合理的なものに変えてもらおうとするような運動は、ひとつも起きていません。つまり、裁判所へ行こうとしないのですから、結局運動対弾圧、力対力の対決になります。強力な警察力や秘密警察がそれらの運動を潰すことも、秩序維持の一方法です。しかしこれは、決して望ましい社会秩序維持手段ではありません。したがって、資本主義的な矛盾の展開の中で国内に発生してきた色々な紛争を、どうやって平和な紛争解決の場にのせるかが、明治以降の歴史の中でひとつの課題であったのです。

　民事調停法の附則2条は「借地借家調停法（大正11年　法律第41号）、小作調停法（大正13年　法律第18号）、商事調停法（大正15年　法律第42号）及び金銭債務臨時調停法（昭和7年　法律第26号）は、廃止する」と規定しています。これは、社会の中にある社会的・経済的な強者と弱者との間の陰惨な紛争の多発を背景にして、裁判ではない紛争解決の場として、これらの調停法が順次作られたことを示しています。

　大正11年（1922年）に借地借家調停法が制定され、2年後の大正13年に、小作調停法が制定されます。裁判所の強権的な解決によってではなく調停で紛争を解決するということは、黒白の決着はつけず、円満な話し合いで、両当事

者が妥協して中間的な解決を探すことです。しかも、中に入った人が色々と提案するものの、最終的には両当事者が納得して決着をつける私的解決です。当時の立法者は、天皇制体制と矛盾しない形での資本主義の発達のために、こういう性質の紛争解決手段を作るべきだし、作らざるをえないと、考えたのです。そして、このような試みが成果を収めると確信し、かつ、ある程度の成果を収めたので、大正15年（1926年）の商事調停法、昭和7年（1932年）の金銭債務臨時調停法をも制定したのです。つまり調停制度は、わが国の法文化に非常にうまくのった制度であると思います。

　かつて、合理主義的な法学が日本で強調されていた頃には、「裁判が紛争解決の主流であり、調停による紛争解決は望ましくない」という考え方が、有力でした。あいまいなことで誤魔化すのは日本人の悪いところであり、黒白の決着をきちんとつけるべきだというのです。

　それはアメリカやヨーロッパ先進諸国は、非常に合理主義的な法制度を作って、紛争を処理しており、日本もそれらの国の法律を真似てきたことによるものです。ところが近年は逆の現象が起きており、「日本にある調停という制度が非常にうまくいっているそうなので、私の国でも真似をしたい」ということで、日本の家庭裁判所に外国からの視察団が訪れています。すなわち、世の中がギスギスして色々な対立が激化しているので、従来のヨーロッパ型のものとは異なる紛争解決制度を採用したらどうかという検討が、行われています。なお、このような紛争解決制度はADR（Alternative Dispute Resolution）と呼ばれ注目されてきています。わが国では、司法制度改革の議論の中で、「紛争の解決を図るのにふさわしい手続の選択を容易にし、権利の適切な実現に資する制度を整備する」必要性がいわれ、2004年に、調停、あっせんに関して認証制度を設けるなどを内容とする「裁判外紛争解決手続の利用の促進に関する法律」が制定されました（2007年施行）。また、次に述べる仲裁手続に関する「仲裁法」が、その前年の2003年に制定されています（2004年施行）。

5. 仲　　　裁

　仲裁法2条1項は「この法律において『仲裁合意』とは、既に生じた民事上の紛争又は将来において生ずる一定の法律関係…に関する民事上の紛争の全部又は一部の解決を一人又は二人以上の仲裁人にゆだね、かつ、その判断…に服する旨の合意をいう」と定義し、13条1項で「仲裁合意は、法令に別段の定めがある場合を除き、当事者が和解をすることができる民事上の紛争…を対象とする場合に限り、その効力を有する」と規定しています。この合意を仲裁契約と呼びます。仲裁契約を結ぶことができるのは当事者が係争物につき和解をする権利のある場合、つまり、私的自治の原則の範囲内のことがらについて、紛争解決をする場合です。

　裁判所へ訴えて紛争を解決するかわりに、信頼できる第三者である仲裁人にまかせて決着をつけてもらい、それで紛争を終わりとする仲裁契約は、通常の民事紛争では、現在ほとんど使われておりません。その理由について、日本には仲裁の伝統が弱く、調停の伝統がかなり強いことが指摘されています。例えば、日常生活におけるけんかの仲裁でも、結局双方の言い分を聞いて、両当事者の納得をえた上でないと最終的な決着にならないのですから、調停的な色彩があります。したがって、仲裁人の決めたことを裁判と同様な意味でそのまま受け入れる、一般民事の仲裁が日本では普及せず、労働関係、海事、国際商取引、公害の紛争などでしか、仲裁が使われていないのです。

　どのような紛争が仲裁型解決になじむでしょうか。この世の中の出来事は法によって判断できるものだけではありません。例えば、「トン当り〇万円で最上級品の小麦を1万トン輸入したい」と注文して、横浜港へ貨物が届く。開けてみると、確かに小麦は入っているけれど、こなごなに割れていてとても最上級品とは言えないので、文句をつける。売手は、「自分としては最上級品を売った」と主張するので、紛争が起きます。この紛争を解決するためには、裁判官の前に小麦を持って行って、それが最上級品かどうか争っても仕方がありません。小麦の品質鑑定の専門家が下した判断が、最も間違いがないのです。そして、もしもその人がえこひいきする人だと困りますから、誰を仲裁人とする

かについて、両者の合意を必要としているのです。

　労働事件にも、似た面があります。例えば、ベースアップ闘争は、月給が幾らであることが合理的かについての争いです。労働者と経営者との間で円満に話し合いがつけば、それは和解です。どうしても和解できないとき裁判に持ち出しても、適正な賃金が幾らかを定めた法律がなく、法による解決がつかないので、この種の紛争は裁判になじみません。しかし、紛争である以上は、平和的な解決をしなければなりません。

　そこで、労働関係調整法も、公害紛争処理法も、どちらも一番先に斡旋（あっせん）について規定しています。斡旋とは、争っていて話し合う場すら持てない両者に対し、頭を冷やして冷静に話し合いをさせることです。その話し合いの場で、例えば「分かりました。本当に会社の経営が苦しいのなら、月給が少なくても仕方がない」との形で和解が成立すれば、紛争はそれで終わりです。和解が成立しないと、調停へ移ります。調停は、進行係兼調整係である第三者が中に入って話し合いを進めて行きますが、第三者には最終的決定をする権限がありません。

　調停作業がある程度進むと、仲裁に移ります。まず、調停の段階では、中央労働委員会（中労委）など第三者委員会が中に入って、要望や言い分、会社の経営状態、現在の物価状況など、色々なことを調べ、両方からの要求を詰めていきます。最後の段階になって、組合側が、「では 291,500 円。これはびた一文も譲れない」と主張し、会社側も、「291,300 円。これはびた一文も譲れない」と主張します。これが、「いよいよあと 100 円玉 2 コ」とか報道される事態です。ここまで来ますと、もう詰まるところまで詰まっていますから、あとは相手側の主張を呑む訳にはいかないというメンツの問題です。

　もちろん、労働委員会の調停の途中で円満解決すれば、その方が望ましい。しかし、ぎりぎりになっても決着がつかないときに、仲裁に移行します。つまり、組合側も社会側も、291,500 円と 291,300 円の幅の中で、自分達の紛争を労働委員会に任せます。要するに、調停的なプロセスをたどって仲裁へ移行するのであって、裁判所による解決は考えられていません。何故なら、この種の

170　第3章　法と裁判

紛争もまた、裁判になじまないからです。

　法に基準のない紛争は、こういう調停・仲裁型の解決方法による解決が望ましい場合があります。すなわち、公害調停にしても労働調停にしても、両者の言い分がかけ離れており、かつ、法的には決着をつけえない紛争を、本当に忍耐強い話し合いを通して、だんだんと解決に近付けていきます。しかし、その調停によって常に最終的な和解に至りうるのではないので、最後のワンステップを仲裁に任せてあります。したがって労働仲裁は、商取引における仲裁と性質が異なります。商取引における仲裁も、裁判になじまないことは同じです。しかし、鑑定人を依頼して、鑑定結果を裁判官が判断する形をとれば、裁判による解決もできます。これに対して、労働仲裁は、裁判による代替が不適当なのです。

　紛争解決制度について、私達は裁判をまず念頭に置きがちですが、裁判のみが紛争解決の方法ではありません。和解は別格としても、仲裁と調停は、それぞれ意味のある制度であり、特に仲裁になじむ紛争、あるいは特に調停になじむ紛争があります。しかも、紛争解決とは、ただ決着をつけ、執行官が出掛けて差押をし、競売をすることで済むことがらではありません。

　理想的な言い方をすれば、後に当事者間に恨み残らないような、真の意味の紛争解決でなければならないのです。また、日本人の紛争観に留意することも必要です。

第3節　裁判制度とその理念

1．三　審　制

　日本では現在、下級裁判所である簡易裁判所ないし地方裁判所である第一審から始まり、最高裁判所（訴額140万円以下の民事事件では高等裁判所）の第三審まで、ひとつの事件につき3度繰り返して裁判をすることが認められています。もちろん、制度を技術的に見ますと、事実認定、すなわち、あることがらが真実か否かを証拠に照して調べるのは、民事事件だと第二審までであり、

最高裁判所は法律判断しかしません。刑事事件の場合でも、最高裁判所で事実認定をするのは特別の場合だけです。こういう細かな議論は別として、現在の日本で採られている三審制という制度の裏側にある理念の第 1 は、裁判には誤りがあってはならないことです。例えば、死刑判決を下して、死刑の執行が済んでから、「実はあの裁判は間違いでした。ゴメンなさい」と、お墓参りに行っても仕方がありません。したがって、裁判に誤りがあってはならないという理念は、絶対的なもののひとつです。ところで、ここが法学のやっかいなところですが、もしもこの理念が裁判制度の唯一絶対の理想であるのならばことは簡単でして、たった三審制ではなく無限審制度を作ればよいのです。例えば、鎌倉時代には公事百年という言葉があり、裁判には 100 年かかったと言われています。つまり、どれほど時間がかかるか分かりませんが、当事者がこれ以上争わないところまで、子々孫々まで争わせて、絶対間違いのないことを確認してから、判決を出すことになりましょうか。

　ところが裁判制度には、迅速性ないし被害者の迅速な救済という理念もあります。昭和 27 年（1952 年）に皇居前広場で起きたメーデー事件では、裁判に延々と時間がかかり、地方裁判所で有罪判決が出、次いで高等裁判所で無罪判決が出て確定するまでに、20 年もかかりました。もしも上告されていたならば、少なくともあと 5 年はかかっていたでしょう。すると、20 歳か 25 歳の大学生の時にそのデモに参加した被告人は、もう結婚して子供がいて、その子供が既に自分がデモをした頃の年齢になっているのです。「被告人は 25 年前のメーデー事件で、他人に率先助勢したから懲役 1 年」という判決をもしも下し、50歳から 1 年間服役させるとしたら、その犯罪者の刑事責任を追及したり、その犯罪者を教育したりという、刑罰の目的が全く果たせなくなり、もう喜劇です。

　次に四日市公害事件を考えてみましょう。この事件では、患者達が病気になってから、かなり長期間にわたって会社側と交渉があり、それではらちがあかないので訴訟になりました。訴えの提起から第一審判決までに 5 年かかりました。原告勝訴の判決に際してその当時の新聞の多くは、「会社側はこれ以上高等裁判所で争うのをやめろ」と主張し、被害者の迅速な救済を求めていました。

172　第3章　法と裁判

公害事件には病気の患者さんがおり、治療や療養のためにも損害賠償請求をしているのですから、迅速性が要求されます。この事件では、第一審判決までに既に原告の何人かは、病気で死んでいました。したがって、事件が高等裁判所・最高裁判所まで持ち込まれますと、さらに多くの原告が病死するかも知れません。それでは、被害者の苦しみを和らげるために何らかの賠償をすること、すなわち、被害者の迅速な救済という、裁判制度の目的は果たされません。もしもこれが唯一絶対の目的ならば話は簡単で、裁判を一審制にしてしまえば良いのです。すると「現在の三審制とは一体何なのだ」ということになりますが、四審制や二審制が間違いであり、三審制が絶対的に正しいということではないのです。

　個別の専門科目を学習する際には、「日本の制度はこうなっている」と学ぶ部分がかなり多くなります。しかし、これらを丸暗記していては、悪しき法律家になってしまいます。制度の裏側には、常に色々な理想があります。裁判制度には、真実発見、迅速な被害者救済など色々な理想があります。そして、それらを最もうまく実現するにはどういう制度がよいかという観点から、裁判制度が作られています。したがって、現在の日本の制度は、ふたつの理想を調和するのにはちょうど三審制辺りが良いのではないかと、考えられただけなのです。三審制は裁判を、ある程度慎重に、ある程度スピィーディーに行いうるところに、意味があります。それ故、メーデー事件は「慎重に」の方に比重をかけすぎてしまい、「スピィーディーに」という理念を軽視したことになります。また、四日市公害事件における被告側（会社側）は、慎重という理念より速さを優先させて、三審制の機械的な利用をしないで済ませたのです。

2. 裁判の公開

　憲法82条は、裁判制度の基本原則のひとつとして、裁判の公開を規定しています。裁判公開の理念的な根拠のひとつは、裁判の公正・公平を保障し、ひいては、裁判に対する信頼を確保することです。もしも裁判が非公開で秘密のベールに包まれていると、人々の間に疑心暗鬼が生まれがちです。また、権力

機関である裁判所がデタラメをしないためには、市民の傍聴が保障されていることが大切なのです。

　裁判において公開制度を採ると、例えば離婚事件で、家庭内の醜い争いが審理されているときや、不同意性交事件の被害者が法廷で証言しているときなどを考えると分かるように、関係者のプライバシーが総て一般公開されてしまいます。そして、非公開で、もしかしたらデタラメな裁判をされるよりも、法廷で晒し者にされる方がよほど辛いと考える人もありえますから、「プライバシーの保護」という理念からは、裁判公開は大変悪い制度だということになります。公開か非公開かについては、半分開いて半分閉じるという中途半端な制度は作れませんので、どちらかに決めざるをえません。そこで憲法82条は、権力の横暴を防ぐために公開制度を採ると同時に、「国民諸君よ、プライバシーの権利は諦めてくれ」と、ひとつの価値を切り捨てているのです。

　家庭裁判所の調停手続きや少年審判は、非公開です。非行少年が補導され、家庭裁判所へ送致されたとき、少年の自由を奪う少年院送致決定がなされるかも知れません。したがって、少年審判を公開にしてデタラメが起こりえないようにせよという主張には、十分理由があります。しかし、少年審判には、プライバシーの保護に加えて、少年の健全育成という理念もあります。例えば、少年犯罪の報道では、少年Ａ（18）などと仮名を用い本名を出しません。これは、犯罪者として少年の名前を社会に公表してしまうと、その少年の立ち直る機会が極めて狭められてしまうからです。大人による犯罪の場合には、刑事責任の追及という観点が重視されているのに対して、少年の場合には、教育をして立ち直らせ、立派な大人にするという観点が重視されているのです。すなわち、ひとつ間違えばデタラメになる危険性があるにもかかわらず少年審判を非公開にすることにより、ここでも価値の決断をしているのです。ただし、少年事件の場合には、高等裁判所への抗告を少年側に許すことにより、デタラメを防ぐ制度になっています。なお、2000年の少年法改正で、一定の場合に審判に検察官が関与できるようになりましたが、その際、検察官の側にも高等裁判所への不服申し立てを許す規定（抗告受理の申立て）が設けられました。

174　第3章　法と裁判

　裁判を傍聴に行くと、非常に残虐な現場写真が証拠として提出されたり、犯罪の手口が詳しく述べられたりします。裁判は社会秩序を守るために行われているのですから、権力のデタラメを避けることばかりでなく、裁判所の犯罪教習所にしないなど、公の秩序・善良の風俗を護ることも大事です。そこで憲法82条は裁判の対審と判決とを分け、公の秩序・善良の風俗を害する恐れがある場合に、対審を非公開にしてもよいが、判決は必ず公開しなければならないと規定しています。すなわち、ここでは公序良俗という理念が、対審の公開という理念に優先しているのです。なお、2004年の人事訴訟法の施行により、離婚事件の裁判はそれまでの地方裁判所から家庭裁判所に管轄が移されると共に、一定のきびしい条件の下で審理（本人や証人の尋問）を非公開にできるようになりました。

　憲法82条2項の但書は、政治犯罪、出版に関する犯罪、または国民の権利が問題となっている事件の対審は常に公開しなければならないと規定しています。憲法にこういう規定があるのは、共産主義文献を印刷したとか、危険思想家だとか等々の理由で逮捕し、投獄した、戦前のデタラメな権力行使に対する反省に基づいています。このような危険な裁判から市民を守るためには、公序良俗を犠牲にしても常に公開が必要だとされているのです。もしもこの条文が役立つような事態になると困りますが、出版犯罪として最も問題を抱えているのが、ポルノです。猥褻文書が摘発されたという新聞報道を読んでから街の本屋へ行っても、警察が全部持って行った後です。そこで、これは出版犯罪なので裁判が公開ですから、検察官がさわりの部分だけを読み上げてくれるだろうと期待して、裁判を傍聴しても無駄です。検察官は、証拠物第〇号と言って本を裁判官に渡し、「第何頁の何行目から何行目までが犯罪である」としか言いません。このような運用の下での要点は、出版犯罪を必ず公開すべしとしている憲法の精神を、公序良俗との関係でどう考えるかなのです。

　裁判の公開を例に挙げて、裁判における理念と制度を述べてきました。裁判の公開という制度の裏側には、裁判の公平・公正、プライバシーの保護、少年の健全育成、公序良俗、基本的人権の保障など、色々な理念が絡まり合ってお

り、どのような制度を作っても、あちらを立てればこちらが立たずとなります。原則を作り、例外を作り、その例外の例外を作り、さらに、ポルノの問題が出てきている憲法82条の規定は、この意味で、悩みの所産です。そして、複雑すぎてとても明文化できないこの先の問題は、法の解釈や運用に任さざるをえないのです。

3．司法権の独立

　司法権の独立とは、司法権の行使が、あらゆる権利などの干渉から自由になされることを指し、明治24年（1891年）に起きた大津事件は、日本でこの司法権の独立が確立された、重要な事件と評価されています。ところで公平・公正な裁判を実現するためには、裁判公開という制度を採ることが必要です。このように、ある理念を実現するために制度によって保障することを、制度的保障と言います。公平・公正な裁判の制度的保障として、裁判公開のみでは不十分であり、裁判官の身分保障も必要です。すなわち、憲法78条は「裁判官は、裁判により、心身の故障のために職務を採ることができないと決定された場合を除いては、公の弾劾によらなければ罷免されない。裁判官の懲戒処分は、行政機関がこれを行ふことはできない」と、規定しています。この条文の背後にある考え方が、司法権の独立です。

　もしも、汚職事件の担当裁判官が、「被告人は有罪」という判決をしたとたんに、某政治権力から最高裁判所事務総局に、「あの裁判官は都合が悪いから辞めさせろ」という圧力がかかり、事実辞めさせられたとします。すると、裁判官の世界は狭いので、その事件の担当裁判官がクビになったことは全員に知れわたり、今後、同種の事件を担当する裁判官の心理に影響を与えます。そして、政治権力者が悪いことをしても、有罪と判決する裁判官が徐々にいなくなってしまいます。

　裁判は公平・公正でなければならないという、理想を語ることは極めて大事ですが、理想だけを語っても仕方がありません。そこで、その理想を本当に実現するために憲法は、公の弾劾によらなければ罷免されないと、裁判官の身分

176 第3章 法と裁判

保障を規定したのです。検事総長の名をかたって電話をかけ、また、裁判官の職務を仮装して日本共産党指導者の「身分帳」を閲覧した東京地裁裁判官の事件や、簡易裁判所の裁判官が女性の被告人をホテルへ呼んだ事件で、これらの裁判官を辞めさせる手続をまどろっこしく感じた人も多いと思います。しかし、裁判官をデタラメにクビにすることが起きては危険です。したがって、このような裁判官を辞めさせるのにすら、非常に慎重な手続を採るのです。裁判官はいったん雇われたら、心身の故障のため職務を執ることができないと裁判により決定された場合、または、国会の中に作られる弾劾裁判所における公の弾劾により裁判官資格が奪われる場合を除いては、10年間は解雇されないのです。これは、司法権の独立を守るために、大変重要な制度的保障です。権力に不利な裁判をしてもクビにならないと保障されていることによって、権力を裁くことができるのです。

　賄賂も、デタラメ裁判を起こす危険性が大きい誘惑のひとつです。自分に有利に判決して欲しい当事者が「つまらない物ですが」と言ってダンボールを届ける。裁判官が「よっしゃ」と言うと、後実自分に都合の良い判決が出る。こういう事態を防ぐために「裁判官はお金に汚い人であってはならない」と、言うのは簡単です。私達は卑俗な人間でお金に汚いけれど、裁判官だけは神様のようであって欲しいと願っても、裁判官も人間であり欲望があります。そこで単に裁判官の倫理に期待するだけではなく生身の人間である裁判官に公平・公正な裁判を期待するためには、裁判官の給与を保障する制度が必要です。国家公務員の給与体系の中で、裁判官の給与は高くなっています。内閣総理大臣・衆議院の議長・最高裁判所長官の給与は、三権分立の理念から、同額です。しかし、それより下の地位では、裁判官の給与を他の行政庁の職員の給与よりも高くして、経済的な誘惑に特に弱くはない通常人であれば、この位でよいという額にしています。それより先は、最終的には裁判官のモラルに期待するしかありません。

　裁判官への暴力に対する制度的保障は、現在十分ではありません。しかし、これは一般に、国民総てが裁判官を守るという意識を持つことでしか守れない

第 3 節　裁判制度とその理念　177

と思います。刑務所を出所したやくざが、自分に有罪判決を言い渡した裁判官
に御礼参りをしに裁判所へ行き、「昔、私を有罪にして下さいまして、ありが
とうございました」と言いながら、裁判所の廊下でその裁判官を刀で刺すとい
う事件が、大分前に起きたことがあります。もしもこのような事態が日常的に
起きたら、公平・公正な裁判はできなくなるでしょう。しかし、裁判官全員に
四六時中ボディーガードを付けておく訳にも行きません。裁判所の入口で、庁
舎管理権に基づく所持品検査が時折行われており、ときに行き過ぎもあるよう
ですが、物理的暴力から裁判官を守り、公平・公正な裁判を実現するために、
ある程度不可欠な側面もあるのです。

　暴力は必ずしも物理的なもののみに限りません。言論による暴力も、裁判官
に対する圧力になりえます。そしてこの観点から、裁判批判の是非が争われた
ことがあります。裁判所の判決があると法学者を含む市民やマスコミが、この
判決は間違っているとか良い判決だとか批評や判例研究をしていますが、これ
が裁判批判です。

　裁判批判の是非が争われた契機は、昭和 24 年（1949 年）に発生した松川事件
でした。東北本線の松川駅のあたりで列車転覆事件が起こり、大勢の被告人が
死刑を含む有罪判決を第一審で受け、仙台高等制番所へ控訴しました。その頃
から、小説家の広津和郎氏が『中央公論』に、昭和 29 年 4 月から約 4 年半に
わたって、裁判批判の連載を行いました。また、この事件は検察側が利益誘導
や拷問でデッチ上げた事件だと主張する、松川事件の被告を救う会が全国的に
できるなど、言論活動が非常に活発に行われていました。このような情況につ
いて、当時最高裁判所長官であった田中耕太郎は、裁判官会議においておおむ
ね次のような訓示をしました。

　「この頃世間には、裁判に対して余計なことを言う風潮がある。しかし、裁
判官の任務は公平・公正な裁判をすることであり、しかも憲法は 76 条 3 項に、
裁判官は憲法と法律と良心にのみ拘束される旨規定している。したがって、裁
判官は世間の雑音に耳を貸してはいけない。」

　この訓示は、それ自体間違っていません。しかし、それを伝え聞いた人達は、

178　第3章　法と裁判

「雑音とは何事だ。民の声を聞け」と、大変怒りました。両者の差は、考え方の相違に由来します。裁判が公平・公正であるためには、あらゆる支配・干渉から自由でなければなりません。司法権の独立という言葉は、政治権力から自由でなければならないという意味で使われることが多いものの、経済的誘惑からも、暴力的圧力からも自由でなければ、公平・公正な裁判はできません。したがって、司法権の独立を確保するためには、あらゆる不当な影響から、裁判官が自由でなければならないのです。そこで問題は、裁判に対する批判が、裁判の公平・公正を害するかという点に絞られます。

　例えば、みなさんが裁判官であり、ある刑事事件の審理が今日終わったので、判決宣告期日を来月に指定して閉廷したとします。証拠や被告人の言動に最も良く接している自分としては、「有罪」の確信を抱いて帰宅し、判決文の下書きを始めました。翌朝新聞を見ると、「昨日審理が終了した。来月に無罪判決が下されるであろう」という記事が出ている。どうも気になるので、色々な新聞を買い集めさせて調べてみると、全部に「無罪判決が出るらしい」と書いてある。そこでみなさんの確信がぐらつき、考え直してしまったりしかねません。これを不当な影響であると考えて、裁判官は法と良心のみに従い、自分のえた

心証に基づいて判決しなければならず、世間の雑音に耳を貸すとインチキ裁判になってしまうと述べたのが、田中耕太郎長官の訓示です。

これに対し、新聞記事はブラックメール、すなわち、もしも有罪判決をしたらお前の命はないぞなどという内容の手紙を裁判官に送るのとは違うので、不当な影響ではないという考え方や、「これらの証拠からは、こう考えた方が良い」と言ってくれている民の声にも耳を傾け、色々な考え方の中から裁判官が正しいと思うものを選ぶことにより、正しい裁判ができるという考え方などが、対立しています。

前者も後者も、理論としてそれぞれ十分成り立ちます。しかも、一体どれがより良い裁判を支えるための言論であり、どれが裁判官に対して不当な影響を与える言論かの境界線を、簡単に引ける訳がありません。したがって、この議論には決着が付いていないのであり、みなさんが自分で考えて判断するしかありません。

4．裁判官の独立

裁判官の独立という言葉は、司法権の独立という言葉と同じ意味で使われることもあります。しかし、両者は若干ニュアンスが違います。大津事件と同じような意味での司法権侵害事件が昭和48年（1973年）にも起こり、これは長沼事件（福島裁判官事件）と呼ばれています。札幌地方裁判所に、自衛隊の基地拡張のために地域の保安林の指定を解除することの是非をめぐる争いが持ち込まれ、自衛隊が憲法違反か否かが主たる争点になりました。その事件の担当は、福島裁判官を裁判長とする合議部でした。この事件について、札幌地方裁判所の平賀所長は福島裁判官に対して、「自衛隊が憲法違反であるという判決はしない方が良いと思う」という趣旨の、書簡を渡していました。福島裁判官は、判決後にこの書簡を公表して、「公平・公正な裁判が行われるためには、裁判官は独立でなければならない。したがって、行政権力からの干渉のみならず、裁判所の所長がヒラ裁判官に対して干渉することも許されない」と、主張しました。

180　第3章　法と裁判

　マスコミはもちろん、法学者の中でも、福島裁判官の主張に賛同する意見が多数ありました。しかし、福島裁判官は、いわゆる進歩的な思想を持った法律家の団体である青年法律家協会に属していたため自民党の不興を買い、弾劾裁判にかけられました。また、この事件を契機に、司法内部における「青法協狩り」が熾烈になり、退会勧告やいわゆる任官拒否が表面化してきました。つまりこの事件は、司法の問題としてではなく、政治問題として処理されたのです。

　長沼事件は、公平・公正な裁判のために、政治権力の圧力からの自由、および、裁判所内部の圧力からの自由ばかりでなく、裁判官の中立という理念も必要であることを示しています。正義の女神は、目隠しをして、左手に秤を、右手に剣を持っています。目隠しをしたままで秤のどちらが重いか判断できるのか心配ですが、それはそれとして、中立ないし公平の象徴として、正義の女神が目隠しをしていることが大切です。人間の判断には、眼で見ただけでも、偏見が入ってしまいます。例えば、裁判官が原告と被告の顔を見ますと、好きな顔の言ったことの方が、嫌いな顔の言ったことより、何となく正しい様な気がしてしまうという類の偏見です。なお、日本には、当事者の顔を見ないように障子を隔て、しかも、心を澄ますために石臼で茶をひきながら訴えを聞いたという、江戸時代の名裁判官物語があります。

　例えば、仏教徒とキリスト教徒との間の民事紛争が最高裁判所まで争われたときに、もしも最高裁判所の裁判官15人が全員、熱心なキリスト教徒であったとしたら、中立な立場から公平・公正な裁判をしてくれると、信頼できるでしょうか。何だかおかしいと誰も思わなければ、裁判官はどのような宗教を信じてもかまわないということになります。では、最高裁判所の裁判官15人が、全員自民党員であるか、または、全員共産党員であるとして、会社側と労働者側との間で紛争が起きたときには、どうでしょうか。この例については、誰もが何だかおかしいと思うだろうと思います。もっともこれは、われわれが日本人であり、積極的に政党の党員になるという文化的伝統が、日本にないためにすぎないかも知れません。裁判官の中立性について、宗教の例は、まだ日本では問題にされていません。しかし、政治的な主張については、非常に大きな議

論がありました。勿論、政党加盟の是非という直接的な形ででではなく、青年法律家協会への裁判官の加盟の是非という形においてです。

　裁判官の任免に関する仕事を実質上しているのは、最高裁判所の事務総局です。その事務総局が、裁判に対する国民の信頼を保つために、裁判官が特定の思想傾向や主義主張を持つ団体に加盟していることは望ましくないから退会するようにと、事実上の働きかけを行い、その是非が大変な議論になりました。そして、その議論の中で、宮本裁判官の再任拒否事件が起きたのです。

　裁判官の任期は、憲法上 10 年です。したがって、10 年間勤めた後、さらに 10 年間勤めたいときには、再任願いを出さなければなりません。勿論、再任願いを出さずに、裁判官を辞めて弁護士になる人も沢山います。しかし、再任願いを出せば、特に問題のない限り、ほとんどの裁判官が再任されているのが現状です。そこで宮本裁判官も再任を申し出たところ、最高裁判所は再任を拒否しました。宮本裁判官が、再任拒否の理由を是非教えて欲しいと主張したのに対し、最高裁判所事務総局は、人事の秘密を盾に、一切応答しませんでした。宮本裁判官については、同僚の評判も良く、青年法律家協会の会員であること以外に、再任拒否理由が見当たりません。そこで、恐らくこれが再任拒否理由であったのだろうと推測されています。その結果、公平・公正な裁判という理念に関連して、特定の思想傾向や主義主張を持つ団体への加盟を裁判官に禁じることの是非が、現在も議論されているのです。

　再任拒否の理由を明らかにせよという、宮本裁判官の主張は筋が通っています。例えば、判決における法律構成に誤りが多い、法廷で粗暴な言動をする、開廷中によく居眠りをする等々の事情があるので、任期の途中で弾劾裁判にかけて辞めさせる程ではなかったものの、再任はしないというのであれば、話は分かるし反論のしようもあります。宮本裁判官による、自分の再任拒否理由を公開してくれという要求は、人事権を実質上握っている者がデタラメをしているのではないか、デタラメをしていないならば公開できる筈だという主張を含んでいます。これに対して最高裁判所事務総局が挙げた人事の秘密という制度は、人間関係・社会関係を円満・円滑に進めるという理念に、支えられていま

182　第3章　法と裁判

す。すなわち、ここでもまた、理念と理念、制度と制度のぶつかり合いがある
のです。最高裁判所事務総局は、人事の秘密の方が優先すると主張したのに対
し、宮本裁判官は、過去のどんな行状を暴かれても良い、自分のプライバシー
を捨てるから人事の公平・公正を守れと主張したのです。

第4節　裁判と法曹

1．法 曹 養 成

　裁判に関係する狭い意味の法律家には、裁判官・検察官・弁護士があり、こ
れらを法曹と言います。将来法曹になろうとする人は司法試験を受け、それに
合格した人が司法研修所で共通の訓練を受けます。すなわち、わが国の法曹養
成は、現在は一本化されています。この司法試験と司法修習による従来の制度
は、司法制度改革の中に「法曹養成制度の改革」として位置付けられて見直し
が行われ、法曹養成に特化した教育を行う法科大学院を中核とした制度へと移
行しました。設置された法科大学院は、2004 年に最初の入学者を受け入れて
活動を始めましたが、これにより法学教育・司法試験・司法修習が有機的に連
携した新たな法曹養成制度が行われています。法科大学院はロースクールと呼
ばれることが多いですが、この制度のモデルとなったのが、次に述べるアメリ
カのロースクールです。

　アメリカの法曹養成制度は、日本とは大分異なっています。カレッジの4年
間には、日本の法学部にあたるものがありません。そして、大学で4年間の教
育を受け終えた段階で初めて、プロフェショナル・スクールであり修業年限が
3年間の、ロースクールに入ります。ロースクールを出ると全員が弁護士試験
を受け、余程変な人でない限り試験に落ちません。またロースクールを卒業す
れば無試験で、弁護士資格を認める州もあります。すなわち、アメリカのロー
スクールは、将来法曹を目指す人達が入学する専門学校であり、卒業生はほぼ
全員がいったん弁護士になります。そして、弁護士の中から、裁判官や検察官
が選ばれます。つまりアメリカでは、法曹三者は原則として交代可能だという

考え方に立っており、これを法曹一元制と呼びます。

　日本は戦後、アメリカの制度の影響を受けて、裁判官、検察官、弁護士の試験や養成を別々に行うことをやめました。また、法曹一元が不可能でないよう、裁判官の任期を憲法で 10 年と定めました。しかし、運用の実際において裁判官は、司法研修所を修了した時点で職業裁判官として採用され、その後はずっと裁判官として養成されていきますから、アメリカ的な意味での法曹一元は、日本では実現されていないのです。

　日本では検察官も同じように、職業検察官として養成されています。検察庁は法務省の下に設置されているので、構図的に言えば、検察官は法務大臣の指揮下にあります。しかし、検察官が果たしている役割に照して、個々の事件について法務大臣が指揮できるのは、検察官の最高責任者である検事総長に対してだけです（検察庁法 14 条）。

　弁護士の役割は、刑事事件や民事事件で当事者の弁護をすることです。弁護士強制主義、すなわち、裁判をする場合に必ず弁護士を付けなければいけないという制度を採っている国もあります。しかし、日本の民事裁判は、弁護士非強制主義です。したがって、家庭裁判所には、弁護士の付かない事件がかなりあります。また、民事調停の場に、弁護士なしで本人だけが来ることもあります。しかし、細かな法律事務をなかなか自力ではやれませんから、実際の民事裁判では弁護士を付けるものが圧倒的に多いのです。なお、刑事事件では、貧困その他の理由で弁護士を付けられない被告人のために、国選弁護制度が設けられていますが、その被疑者段階への拡大を目指して、各単位弁護士会による当番弁護士制度などの努力が続けられてきました。そして、2004 年に、逮捕・勾留された被疑者段階からの国選弁護人制度が実現し、その後、対象となる事件も拡張され、2009 年には窃盗、恐喝、傷害など長期 3 年を超える懲役にあたる事件に国選弁護人が付されるよう拡充されています。

　日本の大学とりわけ法学部は、官僚養成機構として、明治以降発展してきました。したがって、法学部の卒業生の多くが裁判官・検察官・弁護士になることを、予定されていた訳ではありません。官僚にもある程度は、法律の専門的

な知識が必要です。しかし、そのほかにも政治学や経済学など、かなり幅広い領域をカバーしていることが必要です。したがって、日本の大学法学部における法学教育の内容は、卒業生全員が弁護士になるような法学教育とは、大分体系が異なります。もしも司法試験だけを考えるのなら、法学部のカリキュラムの中には不要な科目が沢山あります。しかし、それらの科目も、官僚養成の機能を持たされてきたのです。

　民間企業へ就職する人にとり法学部教育が果たしている役割について、「法的なものの考え方（リーガル・マインド）を身に付けていること」が非常に重要だという意見がこれまで支配的であり、現在でもその重要性が薄れた訳ではありません。日本の主要企業の社長の出身学部を見ると、法学部が圧倒的に多く、第2順位がかろうじて理学部や工学部です。そして、この事態を指して、「法学部はつぶしがきく」と言われることがあります。これは、法律知識が豊富だから社長になれたのではありません。企業のトップとしてさまざまな問題を解決するには、常にバランスのとれた判断をすることが必要です。法学の勉強を通してバランス感覚を備えた判断力を身に付けていると、社会の中で仕事をする際にそれが役に立つのです。日本社会では、紛争をきちんと平和的に解決できるバランスのとれた判断力を持っている人が、人の上に立って人間関係の調整役を果たすことを、期待されて来たし、現在も期待されているのです。要するに、日本の法学部は、狭い意味の法曹養成という役割よりも、むしろ、官僚養成の役割、あるいは、リーガル・マインドを備えた人材を社会へ送り出す役割を、担ってきたのです。

2．準　法　曹

　準法曹という言葉は、学問的用語ではないので、正確に定義はできません。最も狭く考えれば、裁判所書記官、家庭裁判所調査官、検察事務官などがこれにあたります。街の中には司法書士、税理士、不動産鑑定士等々、「士（サムライ）」の付く職業が沢山あり、これらの職には、資格試験に合格した法律的な知識・技能を備えた人が就きます。従来、弁護士以外は訴訟の代理人になれな

かったのですが、近年、一定の条件の下で、司法書士が簡易裁判所における訴訟代理人となる資格を与えられ、また特許権、実用新案権等の侵害事件について弁理士が訴訟代理人となれるようになるなど、これら準法曹の法律家としての仕事の注目度が高まっています。民間企業へ就職した場合でも法学部卒業生は、契約書作成、定款変更、株主総会の準備、人事管理などの法務的な仕事を担当することが多いのです。

　戦後の日本は、お上が権力を振りかざして社会を統治支配する政治体制ではなくなり、例えば行政官僚の仕事にもルール・オブ・ロー（法の支配）が浸透して、法に従った社会統制が要求されるようになりました。したがって、法的な知識が社会の中で、非常に広く必要とされるようになってきています。また、地方公務員として働くためには、たとえ出生届を窓口で受理するだけであっても、相当正確な法律知識を必要とする程、社会が複雑化してきています。要するに、現代社会は、ある程度は法律知識を持った人を、積極的に必要としています。そして、最近用いられる準法曹という言葉は、このような社会的要請の、ひとつの現われであると思います。

　アメリカの企業では、顧問として使っている法律事務所に、法律業務を委託してしまいます。これに対して日本の一流企業では、非常に優秀な法学部卒業生が社会の中にいて、その人達が、顧問弁護士と緊密な連絡をとりながら、日常で簡単な事件は、社内で処理してしまいます。例えば、ある品物の代金を相手が支払わないときなど、社長室か総務部法務課には、自分で差し押さえ手続を済ませてくる位の法律家がいるのが普通です。日本の会社には、営業担当重役とか労務担当重役は置いていても、法務担当重役をきちんと置いている企業が少なかったのですが、最近では法務担当重役を置く企業が増えてきており、彼らはもちろん法学部出身です。このように日本の社会では、準法曹の果たす役割がかなり大きいのです。

３．予 防 法 学

　病気になってから医者にかかって直すのではなく、病気にならないようにす

186　第3章　法と裁判

ることが望ましいという考え方は、医学の分野では既に当然のことであり、これを予防医学と言います。法律の世界でも、紛争が起きてから弁護士に頼み、裁判所で争うよりも、紛争が起こらないようにすることが望ましいという、発想があります。そして、予め法律家に相談することが、社会の中に広まって行きますと、その社会における紛争の意味、あるいは紛争の発生頻度が、かなり変わってくる筈です。しかし、日本ではこれがなかなか浸透していません。アメリカは勿論、ヨーロッパの先進諸国でも、ひとつの家庭に顧問医と顧問弁護士があることは、珍しくありません。ところが日本では、顧問医のある家庭は非常に少ないし、まして、個人や家庭で顧問弁護士のある例は、ほとんどないと思います。

　理想的なことを言えば、「今度家を建てるので、建築会社との契約書を点検して下さい」、「これを担保に入れて、お金を借りたいのですがご意見は」、「遺言を書いて、財産をこう分けたいのですが」等々、予め顧問弁護士に相談して、「このようにしなさい」と指示された通りに行うと、あとで法律的なトラブルの起こる可能性が、ずっと少なくなるのです。ところが日本には、例えば遺言を書く人があまりいませんし、遺言を書く場合にも、こっそり書いてしまうので、あとでその遺言の有効性や内容について紛争が起きてしまっています。したがって、予防法学的な考え方が広まり、法的な問題が将来起きる可能性があるときには、予めきちんと専門家に相談しておくようになることが大切だと思います。

　現在は、おそらくその過渡期だと思います。相続・贈与など色々な制度について、新聞、本、テレビ、ラジオなどで、何となく聞きかじった知識はあるものの、本当に自信がある訳ではないので、専門家に尋ねて誤りなく行動しておきたいと、人々は考えています。しかし、弁護士に相談するところまで直ちには踏み切れないので、準法曹がある程度クッション役を果たしていますし、大学の法律相談などがその目的で利用されることもあります。そして、難しい質問は弁護士に回すしかありませんが、簡単に答えられる質問には応じて、些細なことで問題が発生したり紛争が起きたりするのを、防いでいるのです。

4. 裁判と民間人

　裁判制度には、民間人が参加する場面もあります。その第1は、陪審制です。実は日本でも、大正12年（1923年）に陪審法が制定され昭和3年（1928年）に施行されましたが、昭和18年（1943年）にその効力を停止して今日に至っています。停止理由のひとつは、裁判に一般の国民が陪審員として参加するという伝統が日本にはなく、制度として定着しなかったことです。また、陪審法の規定していた陪審裁判の効力に問題があって、陪審裁判を受けようとする人があまりいなかったことも、理由のひとつです。なお、近年、弁護士会や法学者などからの陪審制復活の主張が行われてきましたが、2001年から始まった司法制度改革の一環として、国民の司法参加の要求にこたえる司法のあり方が検討され、新たにわが国独自の「裁判員制度」が作られました。これは、2004年5月に制定・公布された「裁判員の参加する刑事裁判に関する法律」に基づき、陪審制とは異なる形態で一般人の関与する方式で、一定の重大な刑事事件の審理を行うものです。2009年以降は、この裁判員裁判が行われています。

　アメリカにおける陪審制には、大陪審と小陪審とがあります。『12人の怒れる男』など、よくテレビや映画に出てくるのが小陪審であり、12人の民間人が裁判における事実認定を担当します。大陪審とは、ある人が犯罪を犯したらしいときに、その人を起訴すべきか、それとも証拠不十分として起訴せずに釈放してしまうかを、民間人が判断する制度です。現在の日本の刑事訴訟法は、起訴するか否かの判断を検察官に任せており（247条）、これを国家訴追主義（起訴独占主義）と言います。また、証拠が十分である被疑者の起訴を猶予するか否かの判断をも検察官に任せており（248条）、これを起訴便宜主義と言います。

　起訴・不起訴の段階に民間人を関与させる検察審査会という制度が、戦後日本に作られました（検察審査会法）。この制度は大陪審に似ていますが、不起訴処分になった事件だけしか審査できませんし、起訴相当という議決をしてもその議決は、単に検事正に再考を求めうるだけで、拘束力がありませんでした。検察審査会制度は、このような限界はあるものの、検察官による起訴便宜主義

の運用を民主的にコントロールする役割を担ってきましたが、2004年に、司法制度改革の一環として、検察審査会の一定の議決に対して法的拘束力を付与するように法改正が行われました。これにより、検察審査会が起訴することが相当であると2回議決すると、必ず公訴が提起されることになり、2009年の同改正法の施行後、既にこの制度により公訴が提起され有罪判決が言渡された事件も出ています。

裁判に民間人が関与する制度としては、ほかに、既に述べた調停委員が挙げられます。借地借家調停や小作調停など、民事調停に関与する者も、家庭裁判所で行う家事調停に関与する者も、共に調停委員と呼ばれています。また、2006年から事業主と労働者との紛争解決のための労働審判制度が導入されましたが、これも労働関係に関する専門的知識と経験を有する民間人から選ばれた労働審判員が労働審判に関与するものです。

5．法曹倫理

弁護士という言葉は明治時代に作られました。しかし、三百代言という言葉があることからも分かるように、少なくとも明治初期までは、弁護士の社会的評価は、高くはありませんでした。しかし、裁判制度が確立し、弁護士制度も整備されてくると、弁護士に対する社会的評価も変化し、その過程で、法曹倫理が問題とされ始めます。もしも、裁判官が賄賂をもらって一方当事者に都合の良い判決をするようなことがあると、国民の信頼が失われ、裁判制度が崩壊します。したがって、裁判官は厳しい倫理を持つべきです。では、弁護士はどういう倫理を持つべきでしょうか。

弁護士倫理を含む、法曹倫理についての議論は、日本で

は未だあまり煮詰まっていませんし、非常に難しい問題を含んでいます。例えば、ある人がお金を1000万円借りており、返済期限は3日前だったので、相手は返せと言っています。借り手側から相談を受けた弁護士はまず、本当に借りているのか否かを確認します。確かに借りており返済しなければならないが、今はお金がないという場合に、どのような弁護をすべきでしょうか。

　次のような弁護方法もありえます。「今度相手が催促してきたら、借りていないと主張しなさい。すると相手は裁判を起こしてくるだろう。裁判所では、訴状を受理しても、1カ月か2カ月先にしか、最初の弁論期日を指定しない筈だ。第1回期日には、答弁書を一応出そう。次回期日は期日毎に決まるので、できるだけ間隔を空けさせよう。1回位は、風邪を引いて休もう。こうすれば簡単に、半年位事件を引きずることはできる。この頃までになら、お金を調達できますね。調達できたら、直ちに和解しましょう。『本日即金で払いますから、6カ月間分の利息を免除して下さい』という和解条項を出せば、相手はきっとそれを受け入れ、事件はそれで済みますよ」。

　最終的には和解によって円満解決するこの方法は、違法ではありません。しかし、ここで果たした弁護士の役割は、本来なら1000万円を今日返してもらえる筈の権利者に対し、何とか理屈をつけて半年間引き延ばし、しかもその間の利息を取らせないことに成功して、依頼者の都合を非常に良く守ってあげたことです。確かに弁護士は、依頼者の利益や権利を守るという役割を持っています。しかし、どういう守り方をすべきかは、大変難しいのです。

　刑事被告人の弁護を引き受けて、その被告人から話を聞いたところ、その被告人が犯人であることについて確実な証拠があり、被告人も犯行を認め反省をしているにもかかわらず、「無罪を主張して戦おう。とりあえず裁判所では、自分はやっていませんと言いなさい」と助言すべきか否かという問題もあります。犯人であることの明らかな被告人を弁護する場合に、やっていないから無罪と主張しなくとも、弁護の方法は幾らでもあります。例えば、確かにやりましたけれども、こういう事情があったし、その後非常に反省しているから、少し刑を軽くしてくれという弁護をしたり、あるいは、たとえ被告人がやったこ

190　第3章　法と裁判

とが事実だとしても、拷問という重大な違法捜査によってえられた証拠を使う
ことは許されないという弁護をしたりです。

　さらに、被告人は弁護人に対して自白しているものの、最も重要な証拠が未
だ捜査機関に発見されておらず、検察側は有罪立証に必要十分な証拠を入手し
ていないのかも知れない。したがって、無実だと頑張れば無罪になるかも知れ
ないという事案もありえます。この場合に弁護人は、「その証拠も警察へ提出
しなさい」と勧めるべきか否かとなると、かなり難しい問題です。何故なら、
弁護士は依頼者の利益を守るという使命を担っていると同時に、社会正義を実
現するという使命をも担っているからです。

　これは、普通の単純な倫理観の基準では解決できない職業倫理の問題であり、
良心的な弁護士でも悩む問題です。弁護士の活動が社会正義の実現を目的とし
ていること、公平・公正の裁判の一翼を担うのが弁護士であることについて、
弁護士法においても、弁護士会の規約においても、異論はありません。しかし、
この例のような状況に弁護士が立った場合に、依頼者の利益・権利を守ること
と社会正義の実現とがどういう関係に立つのかなど、法曹倫理の問題は、一時
期かなり議論されたものの結論が出ないままに終わっており、現在ではあまり
議論されていないようです。なお、法科大学院では「法曹倫理」を必修科目と
して、将来の法曹に職業倫理をしっかり学ばせようとしています。

第5節　司法過程と事実認定

1．判決の成立と構成

　アメリカでは、大恐慌の前後から、行動科学的な学問研究の方法を採って、
司法過程を科学的に観察してみようという動きが起きてきます。この方法を採
る場合に、例えば、リアリズム法学の祖とされるジェローム・フランクが立て
た「裁判官が夫婦げんかをした翌日は、刑が重くなる」という仮説のように、
多少意地の悪い仮説を立てることもできます。この仮説はおそらく検証されな
いでしょうが、この仮説のよって立つ「裁判は人間の営みである」という視点

は大切です。すなわち、いずれも人間である裁判官・検察官・弁護士・書記官・速記官・廷吏・当事者・証人等々が集まり、裁判所という場所で色々な手続を行う過程の中に、どういう力のメカニズムがどのように働いて、判決ができてくるのかを解明することは、大変興味のある研究課題です。

　司法過程、とりわけ事実認定過程を考えるにあたり、まず法律の条文の仕組みを復習しておきます。ほとんどの条文は、要件事実と法律効果というふたつの部分から構成されています。例えば刑法 199 条は、人を殺した者がいた場合にはという要件事実をまず規定し、法律効果として、死刑または無期、もしくは 5 年以上の拘禁刑に処しなさいと、規定しています。また、民法 709 条も、故意または過失によって他人の権利・利益を侵害した者がいた場合にはという要件事実と、これによって生じた損害を賠償する責任を負うという法律効果を、規定しています。

　裁判においては、実際に起きた具体的な事件が、法律の定めている要件事実と一致するか否かを調べる作業が必要であり、これを事実認定と呼びます。その際に、例えば「人を殺した者」という要件事実は、非常に抽象的な言葉でしか規定されていないので、実際に起きた具体的事件、例えば「被告人が川の畔を散歩中に、どこかの子供が溺れているのを見かけたが、救おうとしなかったのでその子供が死んだ」ことが、「人を殺した者」にあたるか否かを、決めなければなりません。すなわち、事実認定のためには、法を解釈する作業がまず必要なのです。

　裁判の過程は、次のような図式で述べられてきました。すなわち、要件事実があれば法律効果を生じる。本件の具体的事実は要件事実と等しい。故に、本件具体的事実は法律効果を生じる。したがって、具体的事実を証拠により明らかにしさえすれば、あとはほぼ機械的に判決を出すことができる。もしも本当に、このような三段論法の過程により判決が出てくるのであれば、コンピュータに要件事実と法律効果を全部暗記させておき、具体的事実をポンと入れれば判決が出てくる筈であり、裁判という作業を法律家が行う必要はない筈です。判決文は確かに、理路整然たる三段論法の形で書かれています。しかし、裁判

192 第3章 法と裁判

官が実際に判決を導き出していく過程では、こういう思考方法は採られていません。

　例えば、電車の運転手が急ブレーキをかけたので、乗客が車内で転んで足を折ったとします。鉄道会社と交渉してもラチがあかないので、乗客が裁判所へ訴えを起こします。訴状を読み、原告が松葉杖をついている様子を見たり、被告の答弁書を読んだりした裁判官は、損害賠償の請求を認めてやろうとか、認めてやらなくとも良いとか、まず一応の結論を出します。何とか救済すると決めたら次に、救済のためにはどういう理屈があるかを考えます。

　例えば、民法415条の債務不履行の条文を用いるとすれば、「鉄道会社は、乗客を安全に輸送する契約に違反したので、損害賠償を払え」という理論を立てることになります。そこで、原告と鉄道会社との契約内容を調べてみると、これは附合契約で、免責条項があったりします。この条項が有効だとすれば、この条項を承諾して電車に乗った以上、原告の損害賠償請求を認めることはできません。

　何か他に理屈はないかと考えると、民法709条の規定する、不法行為を思いつきます。不法行為を根拠に損害賠償請求を認めるには、故意または過失があったか否か、権利・利益の侵害があったか否か、因果関係などについて、事実認定をしなければなりません。本件で故意を認定することは、まず無理です。しかし、注意していればもっと早く事態を発見して、急ブレーキをかけなくても済んだかも知れないということが、判明しました。これは、過失という要件事実に合致しそうです。また、他の要件事実についても、問題はなさそうです。そこで、本件具体的事実を含むように要件事実を解釈すると共に、判例や学説を調べて精密な論理構成をし、必要に応じてより詳細な事実認定をして、判決文をまとめるのです。

　事実認定は、あらゆることがらについて必要なのではなく、要件事実との関係で具体的事実について、必要なのです。すなわち、もしも民法709条で処理しようとすれば、故意・過失があったか否か、権利・利益の侵害があったか否かなどについて、事実認定をしなければならず、もしも民法415条で処理しよ

うとすれば、どういう形式・内容の契約がなされたか、その契約に違反したか否かなどについて、事実認定をしなければならないのです。

判決文を読むと、極めて理路整然と三段論法で書かれていますが、司法過程の実際はこれとは全く異なります。まず一応の結論を出し、そのための法的な根拠を幾つか求めます。どの条文を使うかにより要件事実が異なるので、裁判所が事実認定をすべき対象、ないし、当事者が証明すべき対象も異なります。そこで、民事事件では、裁判官が弁護士に対して、こういう証拠を提出するよう努力してみて下さいなどと、訴訟指揮をすることもあります。つまり、裁判所が何を調べて何を確認すれば良いのかという、事実認定の対象そのものが、司法過程の中で揺れ動いているのです。

要するに、実質的な司法過程とは、条文の要件事実部分についての解釈を一方で加えつつ、他方では、具体的な事実について証拠があるか否かを考えながら、最終的に妥当な結論を導くように、努力していくものです。裁判官は、その具体的な事件に最も妥当な判決を出せるように、法の解釈という武器と事実認定という武器を用いて、辻褄を合わせているのです。

２．当事者主義

当事者主義の考察に入る前に、小説などでよく使われる「裁判で真実が明らかになる」という言葉の意味を考えてみます。広島高等裁判所で死刑の判決を受けた八海事件の阿藤被告人が、映画『真昼の暗黒』の中で、「自分は本当にやっていない。まだ最高裁がある」と叫んだのは、最高裁判所まで行けば「真実」を明らかにしてもらえるだろうという、裁判所に対するイメージと期待の現れです。裁判所が果たして真実を発見するところかを考えるためには、まず「真実」という言葉の意味を明らかにしなければなりません。

例えば私が、「昨晩24色の夢を見た」と主張したとします。これに対して、「それは嘘だ」と言う人、「５色位まではありうるけれども、24色の夢なんてない」と言う人などがいて、私が「絶対に見た」と主張しても、誰も認めてくれません。では、私が24色の夢を見たのは真実でしょうか。それは、「見方によれば

194 第3章 法と裁判

真実」です。つまり、私と神様との間にだけ通用する真実です。しかし、社会
では通用しませんし、法学の世界では、これを真実と呼ばないのが普通です。
そこで、ここではロマンティシズムと決別して、証拠によって証明でき他人を
説得できるもののみに、真実という言葉の意味を限定します。すなわち、絶対
的真実というものはあるに違いないものの、人間が証拠によってそれに近付き
えた範囲のみを法的な真実と考えることとし、これを客観的真実と呼ぶことと
しましょう。

　裁判において、絶対的真実にどこまで接近すべきかという問題があります。
民事事件と刑事事件とは性質が大きく異なるので、民事訴訟法と刑事訴訟法と
では、証拠法もかなり異なっています。民事事件では、個人主義・自由主義の
原則が貫かれています。したがって、例えば次のような事態が起こりえます。
AがBに「100万円貸してあるから返せ」という裁判を起こします。Bは、確
かに昔借りていたが既に返したので、争うための用意を始めます。しかし、途
中でBは次のように考え直して、争うのをやめます。すなわち、Aとは日頃か
ら付き合いがあり、来月も何億円もの大きな商取引をする予定になっている。
Aは勘違いをして返済を求めているが、将来、間違いだと気付けば、「やぁ、
あの時はごめんよ」と言って、返してくれるような人だ。だから、ここでAと
争って、Aとの関係が悪くなることはまずい。この際100万円を返済しておく
ことにしよう。

　絶対的真実という観点からは、100万円をもう1度弁済することは意味をな
しません。しかし、法律では違います。Aが「100万円返せ」と請求し、Bが
「100万円を確かに借りていますから、来週までに返します」と承知したら、
裁判官はその和解調書に押印します。本当は返さなくて良いなどと、裁判官が
余計な口出しをする必要はないのです。民事裁判においては、原告がある事実
を主張し、相手方が争わなかったら、その事実をあったことにしてしまうので
す。これは、個人主義・自由主義から導かれる私的自治の原則の、裁判の世界
における現れです。したがって、通常の民事裁判では、可能な限り絶対的真
実に接近しようとしなくても良い建前になっています。

第5節　司法過程と事実認定　195

　個人対個人の争いではなく、社会の名において犯罪者の責任を追及する刑事裁判では、検察官と被告人とが納得ずくで事実の有無・態様を決めることを、許していません。何故なら、刑罰は基本的人権の制約ですし、犯罪者の処罰は、社会秩序や正義など、極めて重要な問題と密接に関わるからです。例えば、やくざの親分の身代わりとして自首した子分について、検察官が「この被告人が犯人だ」と主張し、被告人が「はい、恐れ入りました。私がやりました」と述べて、両者の合意ができたとしても、この被告人に対して有罪判決をしてしまうと、やくざの親分の刑事責任を追及できないし、出所後出世できる被告人はかえって喜ぶかも知れないものの、無実の人を処罰することになります。したがって、刑事裁判では、必ずしも両当事者の合意の内容に捉われることなく、絶対的真実に可能な限り接近していく必要があるのです。このように、民事訴訟と刑事訴訟とでは、証拠の集め方、証拠による事実認定のあり方などが、基本的に異なっています。

　当事者主義の問題に移ります。当事者主義とは、民事裁判では原告と被告、刑事裁判では検察官と被告人という、相対立する当事者が争う形で、訴訟を進める形態です。証拠の提出は、専ら当事者の責任であり、裁判官の役割は、第三者として心を澄ませて双方の言い分を聞き、どちらの当事者の言い分が真実かを判断することです。なお、職権主義は当事者主義の対立概念であり、裁判所がその職務として積極的に証拠収集を行う、訴訟形態です。

　民事事件は、所詮、当事者が納得すればそれで良いという性格を持っていますから、当事者主義で扱ってかまいません。原告と被告のそれぞれに、自分の言い分が正しいという証拠を出させている過程で、もしも被告が面倒臭くなって「もう負けても良い」と証拠を出すのをサボったら、裁判所は被告を負けにすれば良いのです。

　これに対して、刑事事件においては、可能な限り努力して、絶対的真実に一歩でも近づいて行かなければなりません。では、この理念を実現するための制度として、当事者主義と職権主義のどちらが良いでしょうか。裁判官が積極的に証拠を収集し、さらに検察官も弁護人もそれに協力して証拠を収集すれば、

　無実の人が罰せられたり、犯罪者が無罪とされて処罰をまぬがれたりするような、絶対的真実と懸け離れた間違った裁判にならなくて済むと考えれば、刑事裁判では職権主義の方が良いということになります。

　実は戦前の日本の刑事訴訟は、職権主義の訴訟構造を採っていました。しかし、そこで実際に行われていた職権主義は、捜査機関の収集した証拠をそのまま裁判官が引き継いで有罪の心証を形成し、特に疑問があれば被告人に尋問してみるというものでした。したがって、絶対的真実にどの程度近付きえていたのかについて、今から考えると疑問があります。アメリカの影響を受けた現在の日本の刑事裁判は、当事者主義を採っています。それ故、可能な限り絶対的真実に近づくという理念を実現するための制度として、当事者主義が適切か否かを考えてみなければなりません。

　テレビで良く知られている遠山金四郎という裁判官は、自分で犯罪捜査を行い、自分で証拠を収集してから、自分で裁判を行っています。あれはテレビ番組ですから毎回うまく事件を解決していますが、あの裁判方式には重大な欠陥があります。裁判官は人間ですから、どうしても自分自身や自分の手下が収集

した証拠の方が本当で、他人の収集した証拠は嘘だという偏見を持ってしまいがちです。すなわち、あのような裁判には、とんでもない誤判を生む恐れがあるのです。そこで、相対立する当事者それぞれに、自分の側に有利な証拠を収集させて、裁判官は、それらの比較検討過程である立証を、一歩退いてアンパイアとして観察する方が、絶対的真実により近付けると考えられているのが当事者主義です。

　もしも裁判官が、自分の収集した証拠にも謙虚に批判的検討を加える姿勢を保ち続けうるならば、職権主義も真実発見という目的のために十分機能する制度となりえます。しかし、裁判官も人間であり偏見から逃れえないとするならば、当事者主義の方が弊害が少ないと考えられます。したがって、当事者主義と職権主義のどちらが優れているかを、一概には決められません。

　現在の日本の裁判では、民事事件、刑事事件共に、当事者主義が採られています。そこで、当事者主義の下で裁判官が、原則として第三者の立場に留まることに関連する問題点を、幾つか指摘しておきます。民事事件では、優秀な弁護士を依頼できた当事者の方が極めて有利になるという事態の発生が不可避です。例えば大企業は、それぞれの分野毎に優秀な弁護士が誰かを予め掌握しており、何か事件が起こると直ちにその弁護士に依頼するという態勢を採っています。したがって、相手方がその分野の得意な弁護士を知らないでモタモタしていると、大きな不利益を受けることになります。まして刑事事件において検察官は、被告人の有罪を立証するための証拠を、全日本の警察官を使って既に収集しています。これに対して弁護人が、被告人が無実であることについて証拠収集を試みても、なかなか太刀打ちできません。したがって、無罪判決を受けることは弁護士にとり、大変なことなのだそうです。すなわち、優秀な弁護士なり法律事務所なりを味方にした者とそうでない者の間、あるいは、検察官と被告・弁護側との間では、どうしても力のバランスが崩れています。したがって、そのバランスを回復する役割を裁判所が積極的に果たさないままに、当事者主義を形式的に貫くのでは、裁判所が認定した事実の絶対的真実からの距離が、遠くなってしまうのです。

198　第3章　法と裁判

　当事者主義の下では、どういう証拠を収集するかを、当事者にまかせています。それ故、明々白々な証拠が横にあるのに、当事者がそれを収集できないこともあります。例えば、交通事故の被害者が損害賠償請求をしようと考えたとします。被害者は、突然気絶して気が付いたら病院のベッドにいたのですから、何が起きたのかすら分からない状態から出発しています。それ故、加害者、車種、時速、酒酔いの有無等々一切について、被害者には証明できません。ところが、交通事故については警察が直ちに現場検証をしていますから、警察には詳しい証拠が揃っています。さて問題はそこから始まります。警察が交通事故について証拠を収集しているのは、犯罪捜査のため、すなわち、運転者が過失運転致死傷などの罪を犯したことを立証するためです。民間人同士の争いに備えて、しかも、一方当事者である被害者に有利な証拠を収集したのではありません。警察は個人対個人の争いに干渉してはならず、これを民事不介入の原則と言います。すなわち、警察が収集した証拠をもしも原告に渡したりすると、個人対個人の争いに警察が介入し、一方に有利な証拠を、税金を使って収集し提供したことになります。したがって、警察に存在していることが明らかな証拠を被害者側が貰いに行っても、警察は渡してくれません。そこで被害者は、「私が交通事故に遭った様子を見ていた人はいませんか」と、街を歩き廻らざるをえないのです。しかし、もしも裁判所が警察に対して、「警察が収集し保管している証拠を、裁判所へ提出しなさい。裁判所がそれを調べますから」と命じてくれれば、当事者の一方に警察が加担したのではなく、正義の実現という目的で裁判所に協力したという筋が立ちますから、その証拠を提出しやすくなります。

　このように、当事者主義の下でも、一定の場合に例外的に、職権による証拠収集を認めるべきであるという考え方も、成り立ちます。そしてこの問題は、当事者主義の訴訟構造と真実発見の関係、国や裁判所が個人対個人の紛争の解決をどのように位置付けているかなど、根本問題に繋がっています。

3．自由心証主義

　事実認定の方法に関連して、自由心証主義という制度が現在採られています。すなわち、刑事訴訟法 318 条は、「証拠の証明力は、裁判官の自由な判断に委ねる」と規定し、民事訴訟法 247 条は、「裁判所は、判決をするに当たり、口頭弁論の全趣旨及び証拠調べの結果をしん酌して、自由な心証により、事実についての主張を真実と認めるべきか否かを判断する」と規定しています。自由心証主義の詳しい説明は、刑事訴訟法、民事訴訟法の講義に譲ることとし、事実認定における制度的な基本問題だけを、ここでは述べることとします。

　事実認定は裁判官の自由な心証にまかされていますので、3 人の証人が 3 つの異なる証言をした場合に、裁判官が判決書に「Ｃ証人の証言によれば、事実はこうである。これと矛盾するＡ証人とＢ証人の証言は、措信し難い」と書くことがあります。措信し難いと書かれたＡ・Ｂ証人は怒るかも知れませんが、裁判官の自由心証ですから「Ｃ証人の証言を、自分は本当だと思う」と言われれば、引き下がるしかありません。したがって自由心証主義は、ある意味では大変危険な制度です。しかし、日本では裁判官を職業的裁判官として養成しているので、デタラメな証拠にだまされない能力を身に付ける訓練が十分になされている「筈である」ことを前提として、何が事実かの判断を裁判官に全面的に任せているのです。この点について、英米法系のように陪審制を採って、素人に事実認定の役割を委ねていると、嘘である可能性の高い証拠を信用してしまったり、世間の噂、マスコミの報道内容、被告人の皮膚の色などに影響されてしまったりする恐れのあることが、表面化します。そこで、陪審員の選び方を色々と工夫したり、疑わしい証拠については、陪審員を退席させた上で、陪審員の眼に触れさせることの可否を、法廷でまず裁判官が判断したり、陪審員が協議に入る前に、証拠について裁判官が説示したりしています。職業裁判官制度を採っているわが国においても、裁判官の心証形成過程を研究し、その成果を刑事訴訟法の解釈や運用に、さらに立法に反映させる必要があるかも知れません。また、前述したように、2009 年から行われている裁判員による裁判においては、職業裁判官とともに素人が事実認定に関与するため、陪審制の場

200　第3章　法と裁判

合と同様に、運用上種々の配慮が必要になり、さまざまな工夫が行われています。

　私は拷問制度に賛成しているのではありませんが、江戸時代の拷問にはそれなりの論理があり、決してデタラメに行われていたのではありません。江戸時代には、ある者を有罪として処罰するには自白がなければいけない、すなわち、自白がない限り処罰してはいけないという（消極的）法定証拠主義が採られていました。当時は科学的な犯罪捜査方法が発達していませんでしたから、本人の「恐れ入りました」という言葉が最も間違いのない犯罪の証拠であり、それ以外の何が本当か分からない証拠のみで処罰することが許されていなかったのです。そこで、たとえ犯罪の容疑が濃厚でも、「私はやっていません」と主張し続けられると処罰できないので、ある程度圧力をかけてでも「私がやりました」と言わせることになります。そのために行われる拷問について、どの位客観的な証拠があるかに比例させ、しかも、自白したときに科される刑を上限にするなど、どの程度の拷問をして良いかの体系が、合理的にでき上がっていたのです。したがって、この点ではむしろ、既に自由心証主義であった戦前に思想犯に対して警察で行われた拷問の方が、ルールの無いデタラメなものだったのです。

　現在の日本の刑事訴訟法では、被告人に反対尋問権を保障し、伝聞証拠の使用を禁止しています。これは、証人の嘘を見破るための制度であり、怪しげな証拠を事実認定に用いさせないための制度です。アメリカの16代大統領であるリンカーンがまだ若い頃、ある殺人事件の被告人を弁護したときの逸話が残っています。検察側証人が宣誓をし、検察官の尋問に答えて、事件のあった日時に現場を通りかかったところ、ある男がピストルで婦人を撃ち、森の奥の方へ逃げて行くのを見たと、証言します。さらに、検察官の尋問に答えて、その男の顔は今でも良く覚えており、被告人席にいるのがその男であると、証言しました。陪審員一同は、被告人席を見やりながら、有罪だなと思います。そこでリンカーンが、周到な準備に基づいた反対尋問を始め、「あの時はかなり暗かったにもかかわらず、良く見えたのはおかしい」という方向へ、尋問を進めます。すると証人は、「月明かりで良く見えた」と断言します。そこまで計算

済みのリンカーンは暦を取り出して、「その夜は月が出ていなかった」と証明
します。こうなると陪審員一同にとり、無罪評決以外はありえません。

　この例のように、反対尋問権の保障は、証人の嘘を見破るためには逆の立場
からの尋問が必要だという理由で、設けられている制度です。日本の刑事訴訟
法は、伝聞証拠の禁止をも保障しています。証人が「自分が見た」と証言する
場合には、リンカーンのように工夫をすれば、嘘を見破ることができます。と
ころが「友人が『見た』と言っていた」というまた聞きの人の証言では、その
友人が本当に見たのかどうかを、点検の仕様がありません。したがって、また
聞きの証言は、証拠として使えないのです。そして、さらにこの趣旨を広げて、
たとえまた聞きでなくとも、反対尋問による点検の済んでいない証言もまた、
証拠として使えないことになっているのです。

　真実発見のためには、ニセモノの証拠を見破らなければなりません。そのた
めの制度として、法定証拠主義と自由心証主義のどちらが良いかを考えるに際
しては、いずれにせよデタラメな証拠が法廷に出てくる可能性が常にあること
を、見落してはなりません。自由心証主義の下では、裁判官の心証形成過程に
当事者が参加して適切な尋問をすることを許せば、証人の嘘を見破れる可能性
が高まり、伝聞証拠を排斥すれば、絶対的真実から離れる距離を短くすること
ができます。要するに事実認定の問題は、形成される心証と絶対的真実との距
離を縮めるには、どのような制度が優れているかの問題なのです。

４．挙証責任

　両当事者の矛盾・対立する主張をそれぞれ根拠付ける証拠が出ていて、いず
れの主張が正しいかを判断しかねることがあります。しかし、現行法が自力救
済を禁止している以上、裁判拒否も禁止されていますので、この場合にも「ど
ちらの言い分が正しいのか、証拠からは判断できません」という裁判をするこ
とはできず、裁判所は必ず紛争を解決しなければならないのです。では一体ど
ういう基準で紛争解決をすべきかというのが、挙証責任の問題です。

　私達の身の回りには、この挙証責任に関わる議論が、かなり沢山あります。

202　第3章　法と裁判

例えば、腕白坊主のA男君が可愛いB子さんに、「ヤーイ、ヤーイ、お前の母さん出べそ」と囃立てます。B子さんが「違うよ、違うよ」と言いますと、A男君は「お前の母さんが出べそでないと言うのなら、出べそでないという証拠を出してみろ」と要求します。B子さんは、ただひたすら泣くばかりなので、A男君は「やっぱり出べそだ、ヤーイ、ヤーイ」と結論を出します。

　この事案では、B子さんの母親が出べそであるという証拠も出べそでないという証拠も出されていないので、裁判官はどちらとも判断できません。しかし、B子さんの母親はどちらかでしかないのですから、絶対的真実はあるのです。もしもB子さんの母親が、「うちの子をいじめちゃだめだよ」と言いながら現われておへそを出し、「ほらごらん」とやれば一件落着し、A男君はもう「お前の母さん出べそ」と言えなくなります。ところが、こういう母親ばかりではありませんから普通は、B子さんの母親が出べそであるか否かが明らかでないままに、腕白坊主の言い分が通ってしまいます。しかし、このような場合には、挙証責任の所在に従って紛争を解決すべきなのです。

　挙証責任を紛争解決の基準として役立てるために、挙証責任がいずれの側にあるかは、予め決まっています。例えば、Xはお金を貸したと主張し、Yはお金を借りていないと主張しているとします。この場合は、Xが貸したことを証明しなければなりません。もしもXがその証明をできなかったら、お金を貸さなかったことにしてしまうのが、挙証責任です。したがってYは、借りなかったことを証明する必要はありません。ただし、Yが確かにお金を借りたが、すでに返したと主張するのであれば、今度は、Yが、返したという事実を証明しなければなりません。やや抽象的に述べますと、「権利を主張する者は、自分の主張を根拠付ける事実を証明しなければならない。自分の主張している権利を根拠付ける事実をもしも証明できなかったならば、その権利はなかったことにしてしまう」のが、挙証責任の原則です。

　刑事事件においても、基本的には民事事件と同じです。検察官は、被告人が犯罪を犯したことを証明しなければならず、証明できなかったならば、被告人は無罪とされます。これが、「疑わしきは被告人の利益に」とか「疑わしきは

罰せず」とか言われている原則です。もしも挙証責任が被告人にあるとすると、例えば「去年の今日Ｚを殺害した」と起訴された被告人は、殺人をしなかったことを証明しないと、殺人犯として刑罰を科されることになります。日記をつけている人なら、去年の今日の頁を開け、自分のアリバイを証明できる友人・知人・親族を集めて証人になってもらい、ようやく刑罰を免れることができます。日記をつけていない人は、とても１年前のアリバイを思い出せないので、「身に覚えがない。冤罪だ」と叫びながら死刑にされるという全く無茶な結論になります。したがって、被告人が有罪であることの挙証責任は検察官にあり、自分は無罪だという証拠を被告人の側が出す必要はないという制度になっているのです。検察官が提出した証拠に対して、「この証拠には信用性がない」などと、被告人が反証を挙げてもかまいません。しかし、積極的に自分の側から、無罪であることを証明する必要はないのです。

　収賄罪などで起訴された有名人である被告人達は、裁判所で無罪判決が出ると、「これで私の潔白が証明された。青天白日の身になった」などと、主張しています。しかし、裁判所は黒でないと判決しただけで、白だとは判決していません。つまり、検察官が提出した証拠からは、黒という判断に至らなかっただけなのです。刑事事件では、黒（有罪）であると証明できない場合には、人権保障の観点から白（無罪）と判決しています。したがって、無罪判決には、冤罪で起訴されようやく青天白日の身になった本当の白ばかりでなく、限りなく黒に近い灰色も、含まれているのです。

　挙証責任という考え方は、日常生活にも応用可能です。すなわち、世の中には、両当事者の主張からはどちらが正しいとも言えない議論、つまり、水掛け論が沢山あります。そして、その勝敗の決着はしばしば、誰が証明すべきかによって決まります。すなわち、水掛け論では、その証明を引き受けた方が負けることが多いのです。証明すべき人の決め方は、前述のように、その事実が証明されることにより利益を受ける人、すなわち、権利を主張する者が証明するのが原則です。世の中の出来事には、交通事故の被害者や航空機事故の被害者が証明すべき相手方の過失など、証明が困難なものがかなり沢山あります。そ

して、証明できなければ原告の負けというのが挙証責任の理論ですから、被害者はなかなか救済されません。そこで、この種の事案について、法律が挙証責任を転換していることがあります。

　加害者側の過失を被害者が証明することが困難で、被害者に酷な結果となりがちな紛争は決して少なくなく、交通事故もその1例です。そこで、自動車損害賠償保障法3条は、「自己のために自動車を運行の用に供する者は、その運行によつて他人の生命又は身体を害したときは、これによつて生じた損害を賠償する責に任ずる。ただし、自己及び運転者が自動車の運行に関し注意を怠らなかつたこと、被害者又は運転者以外の第三者に故意又は過失があつたこと並びに自動車に構造上の欠陥又は機能の障害がなかつたことを証明したときは、この限りでない」と、規定しています。交通事故による損害賠償請求について、民法709条が一般法であり、自動車損害賠償保障法3条は特別法です。一般法である民法709条では、被害者の方が加害者に故意・過失があったことを証明しなければなりません。これに対して、自動車損害賠償保障法3条の本文は、交通事故があったときには無条件で損害賠償をしなさいと規定しており、故意・過失等々の証明については但書で規定しています。そして但書は、加害者側が、故意・過失がなかったこと、第三者に故意・過失があったこと、ならびに自動車に構造上の欠陥がなかったことを、証明しなさいと規定しています。つまり、これらの証明ができない限り、被害者に対して損害賠償をしなければならないのです。

　加害者側が交通事故を起こして人をひいたことは事実ですから、加害者側に故意・過失がなかったことを証明するには、被害者が飛び込み自殺をしたとでも証明するしかありません。つまり、加害者側が自己の無過失を証明することは、極めて困難です。逆に、被害者側が加害者側の過失を証明することも困難です。したがって、自動車損害賠償保障法3条は、挙証責任を被害者側ではなく加害者側に課すことによって、被害者を救済している規定なのです。すなわち、交通事故の場合には、特別法により挙証責任を転換することにより、過失がなくとも責任を負うという状況（無過失責任）に近くなっています。

第5節　司法過程と事実認定　　205

　挙証責任は、裁判の勝ち負けがそれによって決まる位重要です。したがって、法律が特にある人を保護しようとする場合に、挙証責任を転換することがあるのです。

　挙証責任との関係で、「推定する」「みなす」という用語の説明をしておきます。例えば民法188条は、「占有者が占有物について行使する権利は、適法に有するものと推定する」と、規定しています。例えば、Yが持っている時計について、Xが「自分のものだから返せ」と主張した場合に、Xの方が自分が所有者であることを証明しなければいけないのか、Yの方が、賃借権があるのでこれを使っていて良いと証明しなければいけないのかという、挙証責任の問題を生じます。民法188条によれば、この時計を持っている権利があるとYが積極的に証明する必要はなく、Yにはこの時計を持っている権利がないと主張するXが、Yに権利がないことを証明しなければなりません。すなわち、Yにこの時計を持っている権利がないことを誰かが証明しない限り、現に時計を持っているYにはそれを持っている権利があると扱うのが、「推定する」という言葉の意味です。換言すれば、「推定する」と規定している条文は、挙証責任すなわち誰が証明しなければならないかの役割を、分配している条文なのです。

　民法189条2項は、「善意の占有者が本権の訴えにおいて敗訴したときは、その訴えの提起の時から悪意の占有者とみなす」と、規定しています。Xの時計を持っているYは、民法188条により、その時計を持っている適法な権利があると推定されています。しかし、Xが「自分が所有者だから返せ」という裁判を起こし、結局Yが負けた場合には、Xが訴えを起こした時点から、Yが悪意でその時計を持っていたことにするというのが、民法189条2項の意味です。すなわち、みなすという言葉は、「本当は悪意でなかった」などと、後から主張してはいけない、悪意だったと決めてしまうという意味です。したがって「みなす」という条文があれば、そこに規定された事実を証明する必要がありません。これを擬制（フィクション）と呼びます。本当にその事実があった場合には、その事実があったものとみなされても結果は同じです。しかし、本当はその事実がなかった場合にも、その事実があったことにしてしまうのですから、

206 第3章 法と裁判

みなすという規定が擬制と呼ばれるのです。なお、擬制を行うときにみなすと
規定する条文を置く場合と、みなすという規定があるのと事実上同じ処理を、
法解釈によって行う場合とがあります。

第4章 法と行政

〔この章で学ぶこと〕

　現代社会では、社会構造が非常に複雑化しており、また、社会の中に色々な問題が大量に発生している。その結果、行政の役割が非常に大きくなっており、行政機関が私達の生活に直接介入する場面も多くなってきている。夜警国家思想の下では、国家がやたらに個人の私生活に干渉することは良くない、夜になったら目を覚して泥棒の取締りだけをしているべきだ、と考えられていた。したがって、行政法という科目の内容も当時は、国家行政組織法および行政作用の説明だけであった。しかし現在では、行政の役割の拡大に伴い、行政法の扱う分野が広がって、税法、教育法、社会保障法、環境法等々の科目も設置されるようになってきている。現代では福祉国家思想が優位であるから、国家が個人の私生活に積極的に関与することによって、人間が本当に人間らしい生活を営めるようにしていくべきであると考えられており、行政と法との関係が大きく変化して来ている。そこで行政と法との関係を、行政機関の持つ立法機能、司法機能、固有の行政機能について順次考察する。

第1節　行政機関の持つ立法機能と司法機能

　国民の権利義務に関わりのある問題については、国民の民主的なコントロールの及ぶ国会が制定する法律によって規律するのが、本来のあり方です。しかし、実際問題として、複雑かつ多様な社会を規律するあらゆるルールを、国会で審議し決定することはできません。例えば、労働者の安全や衛生を保護するために必要十分なルール総てが、労働安全衛生法で定められている訳ではなく、

労働省令である労働安全衛生規則などに細目の規定があります。また、現代社会における私達の生活が、事実上は約款によって規律されているので、行政官庁が約款の内容を審査する必要があり、主要な約款については、行政機関による認可制が採られています。これらを実質的に見ると、かなり重要なルールが行政機関によって立法されているということになります。

　国家行政組織法12条1項により、行政機関は、施行命令および委任命令を出すことができます。施行命令とは、法律が制定された場合に、その法律の実施時期などを定め、もしも欠けている部分があればそれを補うという、役割を担う命令です。委任命令は、法律が細部について命令に委ねている場合に、その委任に基づいて作られる命令です。例えば、自動車損害賠償保障法では、保険金額というかなり重要でかつ国民生活に関わる事項が、政令に委任されています。以上を要するに、現代社会においては、私達の権利義務を規律する成文法が、行政機関によって作られていることが非常に多いのです。

　行政機関が司法的な機能を営むことは、三権分立の見地に照しておかしいと思うかも知れません。しかし、行政機関が司法的な機能を営む場合が、制度上も事実上も存在します。行政機関が司法機能を営む第1は、行政機関が裁判所のような形で判断することではなく、行政機関が法の解釈を決めていることを指します。行政機関による法の解釈は、有権解釈、行政解釈、公権解釈などと呼ばれています。

　裁判所は、実際に紛争が起き具体的な法の適用をしなければならない段階になって初めて、法の解釈をしてくれるのですから、行政機関が法に基づいて行政を行うためには、行政機関自身がこの法律はこういう意味だとまず解釈して、その解釈にのっとって行政を行わざるをえません。もちろん、その後、行政機関の解釈はおかしいという紛争が起これば、裁判所がその解釈をひっくり返す可能性は残っています。しかし、このような紛争はあまり起きませんし、行政機関は、法の解釈や運用の統一をはかるという機能は営みつつ行政を行っていますので、行政機関の解釈が固定することとなり、行政機関が司法機能を果たしていることとなるのです。前述した（122頁）、子供に名前をつける際に用い

て良い文字に関する、戸籍法50条の「常用平易な文字」という規定の扱いは、その1例です。

　もうひとつ例を挙げましょう。2016年6月の改正前までは、婚姻の要件に関する民法733条1項は「女は、前婚の解消又は取消しの日から六箇月を経過した後でなければ、再婚をすることができない」と、規定していました。この条文の趣旨は、離婚してすぐ別の男性と再婚すると、生まれてきた子供の父親が、前の夫か後の夫か分からなくなるので、それを避けることです。したがって、同条2項が、離婚後出産した場合には、出産の日から前項を適用しないと規定していたのです。

　婚姻届が出されたときに、戸籍係はまずその人達の戸籍を見ます。既に配偶者がいれば、日本では重婚は認めていませんので、婚姻届を受け付けません。また、離婚済みであっても、その離婚判決があった日、あるいは協議離婚届が出された日から6カ月経っていなければ、婚姻届を受け付けないのが原則でした。ところが、行政機関では、この民法733条について色々な解釈をしつつ、行政事務を行っていたのです。

　民法733条2項には「出産」としか書いてありません。しかし、行政機関は、それが人工妊娠中絶手術をした日を含むと解釈して、婚姻届を受け付けています。「前の結婚が解消してからまだ6カ月経っていないのに婚姻届を受け付けたのはけしからん」などと、お節介をする人はいないでしょうし、本人同士は結婚したくて婚姻届を出しているので、本人が後になってあの結婚は無効だと言い出す心配もありません。したがって、行政官庁によるこのような解釈が法的に正しい解釈か否かについて、裁判所の審査を経る機会がないままに、行政機関が解釈を行い、それが確定しているのです。なお、現在はこの再婚禁止期間は、前述の2016年改正により100日に短縮され、同条2項も合理的な規定に改められています。

　民法770条3号は、3年以上の生死不明という離婚原因を規定しています。配偶者が蒸発してしまい、3年以上生死が不明なので離婚させてくれと裁判所へ訴え、裁判所がそれを認めた場合に、もしも民法733条を機械的に適用しま

すと、離婚判決があってからさらに6カ月待たなければ再婚できません。しかし、3年以上生死不明の夫の子がまだ胎内にいるはずありませんから、3年以上の生死不明という理由で離婚判決があった場合には、6カ月経っていなくても婚姻届を受け付けています。この解釈は、条文の文字の意味を広げる拡張解釈や類推解釈を超えています。しかし、文字の約束からは無理な解釈であっても、この制度の趣旨・理念に照らせば、充分説得力のある目的解釈なのです。

　他に、67歳の女性が離婚をし、6カ月待たずに出した婚姻届を受理した先例もあり、統計的に見て、67歳の女性は絶対妊娠しないというのが理由のようです。これらの例から分かるように、民法733条のような条文は、裁判所がその解釈をする機会がほとんどなく、行政機関による解釈が通用しているのです。

　市町村役場は全国にありますから、それぞれの現場に解釈を委ねていては、ある届け出を東京では受理し、大阪では受理しないという不公平な事態が起きてしまいます。そこで行政機関内部では、国家行政組織法12条で各省の大臣が出す省令、同13条で各委員会と各庁の長官が出す規則、同14条1項で、各大臣、各委員会、各庁の長官が公示を必要とする場合に発する告示、同14条2項で、各大臣、各委員会、各庁の長官が、その機関の所掌事務について命令

第1節　行政機関の持つ立法機能と司法機能　211

または示達をするために、所管の諸機関や職員に対して発する訓令や通達などにより、法令解釈の統一を図っています。これらの中で、解釈の統一のために特に重要なのは、訓令や通達、とりわけ解釈通達です。

　例えば、甲地方の市町村役場に、母体保護法による手術をしたという証明書を添付した婚姻届が提出され、窓口では、民法733条によると婚姻届を受理してはいけないのではないかと、考えたとします。全国の戸籍事務を監督する権限を持つ上級官庁は法務局ですが、民事局長がこういう問題の処理をしています。そこで、甲地方の市町村役場は、「こういう婚姻届が提出されたが、受理して良いか」というお伺いを、法務省民事局長に対して出し、法務省は民事局長回答を出します。すなわち、「法務省としては、民法733条を以下のように解釈するのが妥当であると考える。民法733条は出産という文言を用いているが、制度の理念・目的に照し、母体保護法による手術が済んでいる場合は、当然本条に含まれる。従って、貴庁の受け付けた婚姻届は、受理して良い」などと、回答します。

　甲地方の市町村役場からのお伺いに民事局長が回答することにより、その具体的なひとつの事件は済みました。ところが、他の市町村役場でも、似たような問題が起きているかも知れません。全国の戸籍事務が同じルールに従って処理されないと不公平になるので、次に民事局長通達という形で、「甲地方の市町村役場に対して、こういう回答をした。今後民法733条については、このような解釈により事務を処理するよう、よろしく関係者に伝達願いたい」と連絡します。そして、この通達により、全国の戸籍事務が同一のルールに従って処理されるのです。

民法733条　令和6年の民法改正により、再婚禁止期間を定めた733条は削除された。そのためこの部分の記述は現行法の説明としては成り立たないが、司法や行政による対応などとあわせて立法の背景として理解してもらいたい。

212　第 4 章　法 と 行 政

　訓令や通達は、上級の機関がその所管の諸機関および職員に対して発するものであり、省令や政令のように国民一般に対して出されるものではありません。したがって、訓令や通達の拘束力は、行政機関相互の間にしかありません。しかし、その内容が法の解釈に関わる場合には、私達の生活に実際上重要な意味を持っています。しかも、そのような解釈が妥当か否かが裁判上争われる可能性がある警察関係や税関係などの訓令や通達を除き、一般には裁判所で争われないままに、このような形で行政機関の行う有権解釈が、法の解釈として通用しています。そして、このような状態が長期間続くと、有権解釈の内容がいわば慣習法化していくことすらあるのです。

　行政機関が司法的な機能を営む第 2 は、行政機関が紛争解決にあたる場合であり、日本には現在 3 種類あります。第 1 は、独占禁止法違反の事案について、行政機関である公正取引委員会が審議をして審決を行うものです。第 2 は、特許権や商標権に関する争いが起きた場合に、特許庁が一種の第一審として審判を行うものです。第 3 は、海難審判庁が行う、船舶衝突など海難事故の審判であり、地方海難審判庁と高等海難審判庁という二審制を採っています。海難審判においては、損害賠償など普通の民事責任を追及するのではなく、その船舶衝突事故の原因を調べ、場合によっては、航海士の免許を停止するなどの制裁を課します。

　行政機関が司法機能を果たすと、当然先例が生まれます。行政先例は 2 種類あります。第 1 は、戸籍先例のように上級行政機関がある解釈をして、訓令・通達などの形で下級行政機関に指示を出し、下級行政機関がその指示に従って色々な行政事務を処理して行く中から、生まれてきた先例です。第 2 は、公正取引委員会、特許庁、海難審判庁などの審決が、先例となる場合です。

第 2 節　固有の行政機能

1.　行 政 活 動

　行政機関は、正に固有の意味での行政を行う機関です。国家行政組織法は、

官庁をどのように構成するかを細かく決めています。また、行政機関が行いうる活動内容を法律によって決めると同時に、その行政の活動を法律によってコントロールしており、これを法治主義と言います。したがって、行政法に固有の研究分野は、国家行政組織法で作られた行政組織に、どういう権限がそれぞれ与えられており、その権限行使の法的な根拠は何かを、考察することです。なお、行政権に対する法的コントロールの仕組みや行政権行使の性質等々は、行政法の講義に譲ります。

　行政活動は、規制行政と給付行政とに分かれます。規制行政とは、社会の構成員の行動を、行政的にコントロールないし規制することであり、その内容によって3種に分かれます。第1は、社会全体の利益あるいは社会の構成員に共通の利益を実現するために、行政機関が積極的に私生活に介入するものです。例えば、伝染病が流行らないように予防注射を子供に必ず受けさせる、法定伝染病にかかった人を隔離病棟に入院させ、家を消毒するなどが、これにあたります。その他、運転免許制度、車検制度などにより、道路交通の安全という市民共通の利益を実現する、薬害を起こさぬよう医薬品を認可制にする、食品事故を起こさぬよう食品添加物の使用を規制しているなど、行政が積極的に私生活に介入している場面が、非常に多いのです。

　第2は、経済的あるいは社会的なアンバランスを是正して行く活動です。例えば、公正取引委員会がカルテル、トラストなどを排除したり、行政官庁が直接に不当労働行為の救済を命じたりします。第3が、狭い意味での規制行政であり、社会秩序を維持する目的で、行政機関が私生活に干渉する場合です。例えば、デモ行進の規制、犯罪捜査、交通規制などが、これにあたります。

　給付行政は、授益的な行政活動です。「夜警国家から福祉国家へ」と表現されているように、現代社会では、国家が市民生活に積極的に介入して、実質的な生活保障をすべきだと考えられています。そして、最も狭い意味では、社会保障制度や社会福祉制度が、給付行政です。また、例えば教育や文化に関して、教科書を無償交付したり、社会教育施設や美術館を作ったりすることも、給付行政です。さらに、電気、水道、ガス、郵便、電話、鉄道等々、社会的な便宜

214　第4章 法と行政

を図る事業については、民間会社に委ねず、給付行政として行政機関が直接行ってもよいのです。

2．行政指導

　行政機関は、法律に基づいて、規制的・授益的な行政活動を行っています。行政機関の行為が、法律により全面的に拘束されている場合を、羈束行為と言います。しかし、行政機関は、法律で決められた通りに、機械的に活動するだけではありません。行政機関の行為にはある程度の裁量権があることが多く、これを裁量行為と言います。すなわち、ある程度の幅で判断のための枠が与えられており、その枠の中で、裁量により処理をしているのです。例えば、日本に帰化を希望する人が法務大臣に対して帰化の申請をした場合に、国籍法に規定された帰化条件を全部充たしていたとしても、帰化を許可するか否かは、法務大臣の裁量に委ねられています。

　日本の行政機関は、裁量権行使の他に行政指導によっても行政活動を行っています。例えば、経済産業省が自動車業界の代表者を集めて、「自動車輸出による日米間摩擦は、憂慮すべき政治的問題である。アメリカ側は、昨年の年間120万台を、今年は年間100万台に制限せよと、要求している。ついては、過去の実績に照して、A社は10万台減らしてくれないか。B社とC社は5万台ずつ減らしてくれないか。こうしてもらえると、日米貿易摩擦問題の解消に、一歩前進できるのだが」と、話を持ち掛けます。行政機関がこういう行為をする権限は、法律には明記されていません。しかし、行政機関は、関係業界に対して事実上介入して、日本の経済を動かすための調整役を果たしています。

　マンション建設に関する指導などは、身近な行政指導の例です。従来平屋建てあるいは2階建て位の民家ばかりであった地域に10階建てマンションが建つと、どうしても日照が悪くなるので、マンション建設業者と地域住民との間に紛争が起こります。そこで行政官庁が中に入って、建設業者に設計変更その他をお願いし、地域住民側にもこの程度で我慢して欲しいとお願いをします。行政官庁には何の権限もありませんから、これは「お願い」にすぎません。し

かし、こういう形で行政が、私生活の中にかなり積極的に介入してきているのです。なお、最近都市部の自治体の中には、事実上の建設規制を行えるような条例を制定するなどして、環境保全のための働きかけを効果的に行おうとする動きがみられます。

　現代社会では、複雑な利害を調整するために、行政機関が積極的な役割を果たさざるをえません。そのためには、機械的な法解釈や法運用では済まないので、裁量権の行使や行政指導が不可欠になっています。したがって、どのように行政指導を行うべきかの考察が、日本の行政法学の重要課題のひとつになっているのです。

　現代社会に生きる私達は、国家の役割あるいは行政の役割という問題について、矛盾した主張をときおりせざるをえない、極めて難しい立場に置かれています。例えば、教科書検定などでは、私達の自由な生活を保障するのが国家の役割であるから、国家が余計な干渉をするなと主張する一方、薬品公害などでは、国家はもっと積極的に監視し、怪しげな薬品が出回らないように取締りをせよと、主張しています。要するに、行政機関は、複雑化した現代社会の中における多様な役割期待に応じて、活動しなければならず、その役割期待の中に、もっと積極的に活動せよという側面と、私生活にあまり干渉するなという側面とがあるのです。そして、このふたつの側面の接点が、行政指導に代表されるような、行政活動のあり方の基底となっているのです。

第5章 法 の 発 展

> 〔この章で学ぶこと〕
>
> 法は、民族、宗教、倫理、社会経済条件など多様な要因と関係しながら、歴史的に形成されてきたものである。特に、フランス革命による近代市民社会の成立に伴う市民法の形成と、資本主義の展開の過程で要請されてきた社会法の登場、そして、夜警国家から福祉国家へという、国家の役割の変化に伴う近代国家法の変質の2点は、多くの課題を抱えている現代法を理解する上で、重要な歴史的変化である。この章では、法の発展に関わる諸問題のうち、この2点について、考えてみることにする。

第1節　近代市民法の発展

1．歴史的産物としての法

　「法は絶対的正義を追求するものである」という考え方が、法哲学ないし法思想の歴史の中で誕生し、有力な考え方のひとつとして、今日まで続いています。しかし、現在では、「世界各国で現実に行われている法律は、極めて歴史的な性質のものである」という考え方の方が有力です。何が正義であるかですら、特定の時代、特定の社会を離れた普遍的なものではなく、それぞれの民族や文化の中で歴史的に作られた、相対的なものにすぎません。そして、歴史的産物である法の役割は、社会の中に平和的な秩序を作り維持していくことであり、法は社会統制の道具のひとつなのです。すなわち、法は、それぞれの歴史、それぞれの時代の中で、かつ、それぞれの社会の型に応じて、最も適切な社会統制の手段として、作られてきたものなので、コントロールされる社会の実態

に応じて、法も変化していかざるをえないのであり、その社会のあり方が法のあり方の基底となっているのです。したがって、法解釈の体系をカッチリと作るだけではあまり意味はないのであり、ある歴史的な時点において法はこういうものであった、その後、法はこういう方向で動きつつあり、現在、どういう段階にあるかなど、法の変化の流れを把握していること、いわば、法を相対的なものとして認識していることが、大切なのです。

　法をめぐるいろいろな問題を説明するために、これまで、差押禁止物、譲渡担保、養子などの制度を例にしたことがあります。それらの例は、同時に、法制度が社会的・経済的条件や倫理観などの変化に伴って歴史的に発展していくことの事例でもありますから、この視点からも捉え直しておいて下さい。要するに、法を学ぶときには、法を歴史的な視点から捉えること、および、現代社会における法の役割をきちんと理解することが、大切なのです。

２．近代市民法の基本原理

　法を学ぶに際して、法を歴史的に理解することの到達点として、私達が生きているこの現代社会において、法がどういう役割を果たしているかを理解することが重要です。ゲルマン民族がどういう法生活をしていたかは、法理論史上の知識にはなるものの、現代に生きる私達に直接、生きた法として関連してくる訳ではありません。私達が当面学ばなければならないのは、現代法です。現代社会は、フランス革命により成立した近代市民社会の、個人主義と自由主義を、基本的前提にしています。そして、現代法は、この前提に立つ近代法を基礎にしています。したがって、「近代法とは何か」を考察することが、まず必要なのです。

　近代法について最も多く使われているのは、「近代市民社会の法」という定義です。しかも、その成立時期の社会は資本主義を前提にしていたので、「近代市民社会の法であり、かつ、資本主義を前提とする法体制」が、近代法ないし市民法ということになります。そして、近代法と市民法との異同について、言葉は異なるが同じ意味であると、理解するのが一般的です。

218 第5章 法の発展

　このような理解に対し、最近は疑問が提起されています。例えば、封建的な法体制を採っていた帝政ロシアは、個人主義・自由主義を目指す意味での市民革命を経ないで、直ちに社会主義国家体制に移行しました。また、第2次世界大戦後には、アジア・アフリカ諸国などの中に、ある程度発達した資本主義を前提とする近代市民社会を経験しないまま、発展途上段階から現代の社会主義国家へ、一気に移行した国もあります。これらの国を、近代国家でないと考える訳にはいきません。したがって、近代法という用語を、従来とは異なる角度から理解しなければならないという、問題提起がなされてきているのです。

　しかし、ここでは、日本における通説的な理解に従い、フランス革命で成立した近代市民社会の法としての、近代市民法原理をまずおさえた上で、それが資本主義の発展と共にどういう変化を遂げてきたか、現在抱えている課題は何かを、考察することとします。

　日本は、完全な近代市民革命を経験した訳ではありません。それ故、現在の日本社会の中には、日本の伝統的な社会で形成された、義理・人情のような人間関係の基準が、存在しています。他方、日本には、ヨーロッパ型のかなり発展した近代市民社会の法が、継受された法として入ってきました。したがって、法律の制度だけを見ると、近代市民法が日本の法となっているのに、日本社会の中では近代化あるいは市民社会化が、十分に行われていません。そして、建前と本音等々、日本人の法意識の二重構造の原因のひとつが、ここにあると考えられています。

　近代市民法の基本原理として、法人格を含む人格権の尊重、所有権の絶対性、契約自由の原則という、3点だけを挙げることが多いようです。しかし、ここではこれに過失責任の原則を加えた4点が近代市民法の基本原理であると、考えることとします。以下に、近代市民法の基本原理をそれぞれ考察するにあたり、近代市民革命前の社会と以降の社会では、どのような法の変化があったか、現代において近代市民法の基本原理は、いかなる課題を抱えているか、将来の方向はどうなるであろうかに、着目することとします。

3．人格権の尊重

　総ての個人が人格の主体として尊重されることが、近代市民法の基本原理の
ひとつとされています。フランス革命前は身分制の封建社会であり、僧侶や貴
族が権力を握っていました。都市の市民が徐々に力を蓄えていたものの、農村
には農奴制が残っていました。封建社会の農奴制をさらに遡ると、古代奴隷制
につながります。奴隷は所有権の対象にされ、いわば物扱いされていて、人間
として権利義務の主体になることを、認められていなかったのです。封建社会
の農奴も完全な人格権が認められていたのではなく、領主権によるさまざまな
制約が残っていたのです。

　フランス革命以降は、総ての個人に人格権を認め、権利義務の主体となるこ
とを認めました。したがって、日本の民法も3条に「私権の享有は、出生に始
まる」と規定し、総ての個人は生まれたとたんに権利義務の主体となれると、
宣言しているのです。

　人格権の内容は現在、プライバシーの権利、健康・生命に関する権利等々、
人が人であることにより当然認められるべきさまざまな権利を含むものに、ふ
くらんできています。すなわち、近代市民法の基本原理のひとつである人格権
は、現代社会においてもますます尊重されなければならないと、考えられてい
ます。しかし、それと同時に、「総ての人が人格の主体である」という言葉が
想定している人間像について、疑問が提起されています。

　フランス革命当時、近代市民法の担い手として想定されていたのは、抽象的
な人間、英語で言えばパーソン（person）です。パーソンという言葉の語源は
ラテン語のペルソナ（persona）であり、ペルソナとは、仮面劇に使うお面の
ことです。すなわち、総ての人にお面をかぶらせ、全員平等ですと扱うのが、
パーソンという言葉なのです。実際の社会には、身体の弱い人、身体障害者も
います。これらの人達に対し、「あなたも平等です。どうぞ自由に行動し、権
利義務の主体におなりなさい」と言っても、その人達にとっては、何ら自由が
保障されたことになりません。この問題点に気付き始めた人々は、ペルソナ同
士の形式的な平等ではなく、人間の実質的な平等を求めるようになります。す

なわち、ひとりひとりの人間を、個性もあり才能もある生身の人間として捉えた上で、ひとりひとりの人間がそれぞれ人間として幸せになることが大切だと、気付かれてきたのです。「夜警国家から福祉国家へ」という標語は、このような変化に対応しています。また、日本国憲法はこの観点から、生存権の保障を規定しているのです。

　要するに、近代市民法の基本原理のひとつである「人格権の尊重」という理念は、フランス革命と共に出発して、それ以降の社会を大きく変化させました。そして、現在では、人格権の尊重の内実化の方向に向けて、再検討の時代に入っているのです。

4．所有権の絶対性

　所有権の絶対性という基本原理は、個人の自由・平等を目指す近代市民法に内在する原理であるよりは、近代市民法とセットになった資本主義経済の要請から生まれてきた原理です。商品生産が行われ、生産された商品が売買されて、大勢の人の手に渡っていくためには、所有権を自由に移動できる体制、すなわち、自分でお金を出して買った物は自分の物であるという体制が、法的に認められていなければなりません。土地についても同様であり、土地をすべて領主の物として売買を禁止していては、生産手段として最も重要な土地・家屋を、市民が入手できません。

　近代市民社会の成立までの所有権は、非常に不自由な権利であり、特に土地をめぐる権利関係は極めて複雑でした。例えば、日本にも上土権（ウワツチケン）とか底土権（ソコツチケン）という言葉があります。すなわち、ある土地の所有者は荘園の領主であるが、その土地から収穫した米の２割はある寺院のものであり、１割は別の権力者のものであるなど、複雑に入り組んでいた権利関係を、上土権とか底土権とか表現していたのです。こういう情況では、土地取引を行っても、その土地をめぐるあらゆる権利を100％相手に移転することはできませんから、資本主義経済にとって極めて不都合です。

　民法206条の、「所有者は、法令の制限内において、自由にその所有物の使用、

収益及び処分をする権利を有する」という規定、および、民法207条の「土地の所有権は、法令の制限内において、その土地の上下に及ぶ」という規定は、近代市民社会が資本主義とセットになったことにより、近代市民法の基本原理のひとつに組み込まれた、所有権の絶対性という原理を、宣言している規定です。いずれの規定にも、法令の制限内という制約があります。しかし、民法206条は、所有者はその物について何をしても良いという規定です。また、民法207条を機械的に読むと、例えば、飛行機が自分の土地の上を飛ぶのを禁止できることになります。したがって、これらの条文の背後にある考え方は、資本主義経済を成り立たせるために、所有権の絶対性を確認することなのです。

　権利の濫用として既に述べたように、所有権の絶対性という原理には、その成立当初から、例えば隣人を苦しめる目的で煙突を作ってはいけないなど、内在的な制約がありました。この点は別としても、商品交換秩序を作るために、所有権の絶対性が近代市民法の基本原理の中に入ってきたのですから、資本主義のある面での行き詰まりとその打開策の模索が、所有権の絶対性に問い直しを迫ることになります。

　現在の日本で行き詰まっている代表的なものは、土地問題です。例えば、東京都区内で土地所有者に、「自分の土地だからどう使おうと勝手だ」という権利を認めると、宅地が極端に細分化されてミニ開発され、環境がますます悪化したり、都市再開発計画・高層化計画の障害になったりします。その他、緑の保護、資源保護、環境保全等々、色々な観点からも、土地の利用形態を所有者の完全な自由に任せることなど、現実問題として考えられない状況です。しかし、所有権の絶対性は、近代市民法の基本原理のひとつとして、民法にも明記されています。したがって、現代社会で正に必要となっている所有権の制限を、今後どういう方向で行ったら良いのかが、模索されているのです。

　土地所有者に対して、公共目的のためにその利用を制限する事態がもしも行き過ぎると、自由の否定になります。私達は、望ましい人間生活のあり方、社会のあり方は自由主義であるという前提で、近代市民法原理を生み、かつ、維持してきています。したがって、自由の重要さ、および、その延長線上にある

222　第5章　法の発展

近代市民法原理と、人々の行動が自由であることによって破壊されたものの回復との接点に、現代の法および現代以降の法の発展すべき方向があるのです。

5．契約自由の原則

　封建社会から近代市民社会への展開を、「身分から契約へ」という標語で表わすことがあります。封建社会では、農民の子は代々農民、領主の子は代々領主という身分関係によって、社会の体制が規律されており、身分の変更が許されないことはもちろん、それぞれの身分毎に許される行動が決まっていました。これに対して、個人主義・自由主義の下では、人が自分の意思で自分の行動を自由に選択することが、当然認められなければなりません。また、資本主義社会であることを前提とすれば、個人の自由な経済活動を保障せざるをえません。したがって、身分制度によって縛られていた人間活動の分野が、契約自由の原則という基本原理に変更されたのです。

　契約自由の原則の内容は、4点あります。第1は、契約を締結するか否かの自由であり、誰も契約をすることを強制されません。第2は、誰と契約を結ぶかという、相手方選択の自由です。第3は、契約内容を決める自由であり、どういう内容の契約を結んでもかまいません。第4は、契約の仕方の自由であり、必ず契約書を作らなければいけない、口約束ではだめだ、ハンコを押してなければいけない等々の、制約はありません。

　民法には、契約自由の原則を規定している条文がありません。これは、あまりにも当然の原則なので規定を設けなかったのだと、言われています。敢えて理屈を付けるならば、私有財産制の基本的な条文である憲法29条に、この契約自由の原則が含まれていることになります。

　現代では、この契約自由の原則も、色々な意味で問い直されています。まず第1に、そもそも契約自由で良いのかという問題も、無かった訳ではありません。例えば、患者の治療申し込みに対して医者が、「今日は疲れたから契約をしたくない」と断わって良いのか、火事だから消してくれと言われたときに消防士が、「あの家なら消してやらない」と断わって良いのか等々の、事例があ

第1節　近代市民法の発展　223

　りえます。このように、「ある職業に従事した以上は、契約の申し込みを受けたときに契約を締結しない自由はない」と考えるべきか否かという問題は、近代市民法の成立時から内在していた筈です。
　契約自由の原則が近代市民法の基本原理のひとつである以上、原則として医者や消防士にも契約を締結しない自由があると、認めざるをえません。しかし、人々は、連帯して役割を分担しながら社会を支え合って生きています。それ故、ある職業を選択しその役割を分担した人が、ある種の義務を当然に負い、個人の自由を否定されることの是非という問題、すなわち、個人主義・自由主義と社会連帯とを、どのあたりで調整するかという問題があるのです。
　もしも、医師会がストライキをして、「今日病気になった人は、運が悪い。死ぬのがいやなら、医師の優遇税制や脱税に文句を言うな」という形で、契約自由の原則をふりかざしたら、人々の賛同をえられないでしょう。しかし、逆に、医師聖職論などの感情論のみで、医師に契約の自由を認めないという結論を出すのは早計です。同様に、警察官や消防士も聖職です。しかし、聖職だと

いう理由だけで、契約の自由やストライキ権を奪い、低賃金に甘んじさせるのが良いかどうかは、別問題です。

　契約自由の原則が、資本主義の発展の中で問い直される場面の考察に移ります。契約自由の原則が前提としていた人間像は、先程の用語法で言うペルソナです。つまり、「総ての人は自由な個人であるから、相手方と交渉して、自分の納得の行く契約内容で、契約を結びなさい」というのが、契約自由の原則です。しかし、資本主義の発展に伴い、現実の社会では、いわゆる大資本家と貧しい労働者とを生じます。日本においても、野麦峠や女工哀史に代表されるように、労働者は、極めて劣悪な労働条件の下で、１日18時間も働かされ、しかも賃金は非常に安かったのです。もしも労働条件の改善を要求したら、契約をしてもらえず、クビにされました。労働者が身体を壊すと、契約違反として解雇され、捨てられて、死んでいったのです。

　もしも、契約自由の原則を遵守する場合には、このような状態を放置することになります。したがって、貧乏人にとっての契約自由は、直ちに飢え死にをするか、過酷な労働を我慢して病死するかを選択する自由であって、契約内容を決定しうる自由ではないのです。資本家と労働者の関係がその代表例ですが、地主と小作人、大家と店子などの関係も、全く同様です。

　資本主義経済の発展と共に、契約自由の原則が経済的強者の自由に変化し、経済的弱者にとっては飢え死にをする自由でしかないなど、弊害が大変大きくなったので、契約自由の原則の中に、法が積極的に介入せざるをえなくなりました。代表的なのは、労働法の分野です。例えば、労働基準法で定められているのより悪い契約条件で、労働契約を結ぶことはできない。賃金は、最低賃金法以下ではいけない。労働者が資本家と対等に交渉できる場を保障するために、団結権・団体交渉権・争議権を認める等々です。また、借地借家法なども、契約自由の原則を強行法規により制限しています。

　契約を締結するか否かの自由は、現代でもなるべく残しておいた方が良いと思われますが、色々な分野で、契約締結が強制されています。例えば、食糧管理制度の下で、農家は米を必ず国に売らなければなりませんでした。指定され

たお米屋さんから消費者が購入しうる配給米の量も決められていました。これは、食糧が極めて不足した状態を放置すると値上りしてしまい、貧乏人は食糧を入手できなくなる恐れがあったからです。米離れが進んでおり、しかも、消費者米価が国際価格を大きく上回っている現状を踏まえて、平成6年（1994年）に「主要食糧の需給及び価格の安定に関する法律」が制定され、昭和17年（1942年）に制定された食糧管理法はようやく廃止されました。

　経済的な状況によっては、契約締結の自由も、否定されうるのです。戦争中は、例えば、○○会社が製造したアルミニュウムは、100％必ず△△飛行機製造会社に売らなければならない。△△飛行機製造会社は、そのアルミニュウムを使って、飛行機を何機作らなければならない。でき上がった飛行機は、陸軍か海軍に売らなければならない等々が、決められていました。社会主義国における計画経済とは、正にこういう仕組みなのであり、自由主義経済と計画経済との基本的な差異のひとつは、契約締結の自由を認めるか否かなのです。

　自由主義陣営と呼ばれている国々では、計画経済・統制経済よりも自由主義経済の方が望ましいというひとつの価値選択に立って、現在の社会秩序を作っています。したがって、契約締結の自由を、全面的に否定することまではしていません。しかし、食糧管理制度の例からも分かるように、社会の経済体制を最小限度維持していくためには、契約締結の自由すら、ある程度制限せざるをえない場面が出て来るのです。

　食糧管理制度の下で、農民が米を国に売らなければいけなかったのは、契約の相手方を選択する自由の制限でもあります。その他にも、電力会社・ガス会社など、公共的な仕事を独占している企業には、相手方選択の自由が否定されています。[*]契約方式の自由についても、例えば、訪問販売や割賦販売が盛んになると、消費者が充分慎重に考えないで契約を結んだ場合に備えて、契約内容を必ず書面に記させる、一定期間内は無条件に契約を解除する自由を消費者側にだけ認める等々、消費者保護の制度が必要になってきています。

＊　現在は電気・ガスも民営化の流れの中で、契約の選択が可能となっている。

226　第5章　法の発展

契約自由の原則の将来について、社会連帯というものをどう考えるか、および、経済的な強者と弱者の対立という資本主義の矛盾をどう考えるかが、問題になっています。また、必ずしも経済的弱者保護とは言えない、消費者保護という問題もあります。これらを総合的に考えながら、自由主義経済と計画経済ないし統制経済との接点をどのあたりに置くかが、現在問われているのです。

6．過失責任の原則

　個人が自分の行動について他人に対して責任を負うのは、自分に故意または過失がある場合だけであるというのが、過失責任の原則です。不法行為を規定する民法709条はその冒頭に、「故意又は過失によって他人の権利又は法律上保護される利益を侵害した者は」と、規定しています。意図的にやった行為も、ついうっかりやった行為も、いずれもその人の人格の現われなので責任を負いますが、それ以外の行為については責任を負わないのです。また、民法415条の債務不履行の規定に過失という文言はありませんが、わざと約束を破ったか、または、ついうっかりと破った場合だけに損害賠償責任を負うと、解釈されています。

　封建社会において、個人の責任はどのように考えられていたでしょうか。例えば、江戸時代には5人組という制度が作られ、その5軒の家の中で誰かひとりでも犯罪者が出ると、残りの4軒の人も全員処罰される、連帯責任原理が使われていました。これは、権力者の側からは、大変便利な制度です。何故なら、江戸時代の庶民にとり、どんなに自分の行動を慎んでも安全ではなく、隣の人が犯罪を犯せば自分も処罰されるのですから、隣の家の者が悪いことをしないかどうかを、庶民が相互に監視せざるをえません。それ故、権力者にとり、直接に監視をしなくても済むので、大変便利だったのです。

　これに対し、近代市民法の基本原理は個人主義であり、総ての個人が尊重されるのですから、自分の行為についてだけ責任を問われ、他人の行為については責任を問われません。すなわち、近代市民法はその出発点において、連帯責任原理を過失責任原理へ転換することによって、近代市民社会を支える人々の

行動の自由を保障したと考えられます。したがって、例えば旧軍隊など、ある社会に連帯責任原理が残っている場合にそれは、その社会が個人主義や自由主義を、充分正当に受け止めていない証拠なのです。

個人主義の責任原理に立つ民法は、709条で過失責任の原則を規定しており、715条と717条のみがその例外規定です。民法715条は、使用者責任と呼ばれています。すなわち、使用者自身に故意または過失がない場合であっても、被用者が他人に損害を与えた場合に使用者は、「被用者の選任及びその事業の監督について相当の注意をしたとき、又は相当の注意をしても損害が生ずべきであったとき」にあたることの挙証責任を果たさない限り、損害賠償責任を負います。例えば、タクシー会社を経営している社長にとり、交通事故を起こしたのは運転手であって、自分ではありません。運転手を雇った際には、免許証の確認・身体検査等々手を尽くしたし、労働条件も決して厳しくしていません。すなわち、会社に故意または過失がないにもかかわらず、そのタクシー会社の運転手が交通事故を起こした場合に、会社が責任を負うのです。

民法717条は、土地工作物の占有者と所有者の責任を規定しており、これは危険責任と呼ばれています。その設置や保存に瑕疵があって、家の塀が崩れたり、屋根瓦が台風で飛んだりして、人が怪我をしたような場合には、その工作物の占有者が、損害賠償をしなければなりません。すなわち、ここでも故意または過失を要件としていません。なお、「ただし、占有者が損害の発生を防止するのに必要な注意をしたときは、所有者がその損害を賠償しなければならない」と規定して、占有者と所有者との間で若干責任を変えています。

現代社会に住む私達は、連帯責任から解放されて、自分に故意または過失がない限り責任を負わないという、個人主義社会で暮らしています。しかし、公害や製造物責任などに関して、過失責任の原則が問い直されて来ています。スモンの薬を製造した会社やサリドマイド児を生んだ薬を製造した会社が、故意であのような薬を製造した筈はありません。また、薬学はもちろん、医学や農学を研究した技術者達を使って、色々な試験・実験を重ねながら、薬を製造しているのですから、通常の意味での過失もありません。つまり、故意や過失が

228　第5章　法の発展

なくても、事故は起きるのです。

　既に述べた、挙証責任の転換は、ある意味では過失責任の原則から無過失責任の原則への転換の、第一歩です。例えば、過失責任の原則を採る民法によれば、運転手に故意または過失があったことを、交通事故の被害者が証明しなければなりませんでした。これに対して、自動車損害賠償保障法3条によれば逆に、無過失を証明しない限り運行供用者が責任を負うのですから、自動車損害賠償保障法3条が挙証責任の転換を行った段階で既に、過失責任の原則が実質的には無過失責任の原則に、切り替わっていたのです。これに対して、公害や薬害事故、企業災害などについては、挙証責任の転換が行われていないので、過失責任の原則通り、会社側に故意または過失が無ければ、損害賠償をする必要がありません。そこで現代では、こういう分野に個人主義原理をそのまま残しておいて良いかが、問われているのです。

　公害を発生させた企業や欠陥製品を製造した企業の責任を追及する場合に私達は、とかく企業の責任を安易に認めて、「会社側は無過失損害賠償をせよ」と、主張しがちです。しかし、現代社会においても、近代市民法の基本原理のひとつとしての過失責任の原則を、そう簡単に捨て去って良いものではありません。もちろん、沢山ある企業の中には、有害物質であることを知りながら、経費節約のために違法な廃棄をしているものがありますから、このような企業に対して、責任を追及すべきことは当然です。しかし、企業の中には、安全性の点検を重要な課題と受け止め、当時の科学技術の粋を尽くして、できるだけの慎重な実験などをした上で、投棄をしているものもあるかも知れません。まして、薬品や食品ということになれば、有毒であることを知りながら発売するなどということは考えられないでしょう。それでも健康障害が発生してしまうことがあるのです。もちろん、それらの薬品や食品が原因ではないかと疑われるような健康障害が発生した場合、直ちに適切な処置を採らなかったことに対して、責任を追及するということは考えられます。つまり、果たすべき注意の限度を充分果たした人に対して、責任を追及してはいけないというのが、過失責任の原則ですから、過失があるとは言えないような場合にも、公害を惹き起こした

企業は当然責任を負うべきだという主張には、疑問が残ります。そして、これは、企業の社会的責任をどう考えるかという問題とも、当然関連しています。現代における企業の役割に照して、公害や薬害は、個人主義原理・過失責任の原則があてはまらない、特殊な分野なのだと言い切ってしまうならば、それはもう別問題です。しかし、これ以上の技術はない、あるいは、これ以上注意のしようがないという程度に、注意義務を果たした人（企業）に対してまで、結果が発生した以上は責任を取らせるべきか否かが、ここでの問題なのです。

　現代では、結果が発生した以上は、故意または過失がなくても責任を取らせる、無過失責任の原則が主張され始めています。確かに、原子力事故のような場合には、無過失責任の原則も充分考えられます。何故なら、もしも事故が起きると極めて重大な被害が発生しますし、しかも、99.9999％は事故が起こらないように、現代科学上の努力をしている筈なのですから。それにもかかわらず事故が起きた場合に、「当社としては、できるだけのことはしていたので、損害賠償は払いません」ということで済まさせて良いのでは、事故によって生じた重大な被害が全く保障されないことは、明らかだからです。こういう観点からは、企業にだけは無過失責任の原則を認める方が、良いのかも知れません。しかし、過失責任の原則あるいは個人主義の原理を修正・廃止することの是非は、慎重な考慮を要する問題であり、安易に結論を出すべき問題ではありません。

　公害のような問題が起きた場合に、私なりの結論としては、企業の社会的責任を問うという形で、問題を処理することが、妥当だろうと思います。しかし、この結論は、近代市民法の発達の歴史をきちんと理解した上で、明確に場合分けをし、限界付けをして、「これこれの条件の下で、こういう人に対して、無過失責任を追及する」という形で、出されるべきです。感情的かつ安易に企業責任を追及することは、非論理的であることはもちろん、新たな秩序への見通しを欠いたままに、近代市民法の基本原理を根底から崩すものであり、法律家の採るべき態度ではないと思います。

230　第5章　法の発展

7．社会法の成立

　現代では、社会法という法分野が、でき上がりつつあります。先程、契約自由の原則は、労働者にとっては飢え死にの自由でしかなかったので、労働契約の締結については契約自由の原則を否定して、契約内容に法律が干渉したり、ストライキ権などを認めたりしていると述べました。その根底にある法理念の変化は、「人格から人間へ」というものです。この理念、すなわち、抽象的な人格の自由・平等ではなく、ひとりひとり能力も身体的な条件も違う人間が、正に人間として生存する権利が保障されなければならないという思想を背景にして生まれて来たのが、「社会法（droit social）」という法分野です。

　社会法と呼ばれる場合の社会という言葉は、個人原理と対比された意味での社会原理からきています。すなわち、資本主義の発展の中で起きてきた歪みを、資本主義体制の中で改善していく法分野として、社会法の成立が認められてきたのです。

　「社会法とは何か」という問題は、労働法の講義や経済法の講義の冒頭で、詳しく説明される筈です。日本における代表的な社会法の分野は、労働法、社会保障法、および、独占禁止法に代表される経済法です。その他、現代社会における諸課題を解決するための法的努力も、社会法と呼ばれています。例えば、近代市民法の基本原理のひとつである所有権の絶対性について、最初に権利濫用という考え方が生まれ、それが所有権は義務付けられるという考え方に発展し、さらに、現代の土地利用法制に結び付く考え方が登場しているのが、その一例です。現代社会は、抽象的な自由の保障から、実質的な自由を保障する方向へ、すなわち、生存権など社会権を保障する方向へと、徐々に動いているのです。

第2節　公法と私法の関係

1．実定法の体系

　現在の日本の実定法の体系は、公法、私法、社会経済法と、3分類されるの

が普通であり、ほとんどの六法全書の分類もそうなっています。六法全書の目次には、一番先に公法という分類があり、憲法から始まっています。つまり、公法という概念がまずあって、その下に一群の法律が並んでいます。次が私法編か民事法編であり、民法、商法を中心とした、一群の法律が並んでいます。次に刑事法関係が入っています。通常は刑事法を公法に分類しますが、刑事法という分野の重要性から考えて、刑法や刑事訴訟法などは、特別扱いをされています。その後に社会経済法があり、労働関係、社会福祉関係、経済関係の法律が、色々と並んでいます。

　何種類かの六法全書の目次を比較すると、いわゆる特殊六法を除いて、載っている法律に多少の出入りはあるものの、いずれもこのような順序で分類され編さんされています。すなわち、日本の法体系を、公法と私法と社会経済法の３つに分類することが、わが国の法学界の一般的理解となっているのです。

２．保護法益による区別

　現在では、公法と私法とを区別する必要性があるのか、疑問視され始めています。しかし、公法と私法とは明治以来分けられてきたし、両者を分けた学科構成をしている法学部もあるので、一応両者の区別を試みておきます。

　何を基準として公法と私法を分類するかにつき、色々な学説が対立しています。よく言われているのが、保護法益の差、すなわち、その制度が保護しようとしている法律上の利益による分類です。あらゆる制度には保護法益があるので、それが、個人的な法益（私益）であれば私法であり、公共の利益（公益）あるいは社会全体の利益であれば公法であると、分類します。例えば、交通事故で損害を受けたときに使われる不法行為制度は、被害を受けた個人を救済するための制度なので、私法です。また、成田に飛行場を建設するために、国家が農民から土地を強制的に買い上げるのは、形式的には民法の売買と同じような機能を持っているものの、国家が公共の目的のために行う行為なので、私法ではなく公法です。

　保護法益という観点からの分類は、不自然ではないし、一見分り易いもの

232　第5章　法の発展

の、よく考えてみると、欠点が幾つかあります。例えば、刑法は社会秩序の維持という社会全体の利益の保護を目的としているので、公法と分類されています。しかし、刑法には、個人の利益を保護する条文が沢山あります。例えば、詐欺罪、窃盗罪など財産関係の犯罪を規定している条文は、個人財産の保護を目的としていますし、殺人罪、傷害罪なども、個人の生命、身体の保護を目的としています。しかし、これらの犯罪についてであれば、社会全体の迷惑でもあるという説明が可能なので、公法と言えないこともありません。ところが、刑法には、親告罪とされている犯罪もあります。親告罪とは、犯罪の被害者から告訴があって初めて刑罰権の発動を行いうる犯罪であり、その代表例は強姦罪です。強姦行為をした人を処罰することは、社会的な利益でもあります。しかし、強姦罪の保護法益は主として個人の性的自由（性に関することがらについての自己決定の自由）であること、および、個人のプライバシーを考慮すべきことなどに照して、強姦罪が親告罪とされているのです。公法と分類されている刑法には、このように個人の利益を守るという性格が強い規定も、含まれているのです。

強姦罪と親告罪　177条の強姦罪は、平成29年の刑法改正により「強制性交罪」となり、さらに令和5年の刑法改正で「不同意性交罪」と罪名が変更され、非親告罪化された。なお、名誉毀損罪や侮辱罪は親告罪である。

　また、親族法・相続法は、個人の利益保護のための法律だと言われていますが、社会秩序に大きく関わっています。例えば、戦前の家督相続制度が均分相続制度に変更されたことに見られるように、個人の利害関係を調整するという私法的な機能だけではなく、社会における家族の位置付けという、社会全体の利益に関わりを持つ目的をも含んでいます。要するに、保護法益の差のみにより公法と私法を区別することは、困難なのです。

3．主体による区別

　個人対個人の関係は私的な関係だが、個人対国家や個人対社会の関係には、私的関係とは違った配慮が必要であると言われています。したがって、法律関係の主体によって、公法と私法とを一応区別できます。例えば、個人同士が私的な資格で、契約など法律関係の主体となっている場合は私法であり、一方または双方が国家や地方自治体である場合は公法であるという区別です。

　法律関係の多くは、この基準によってうまく分類できます。しかし、うまく分類できないものもあります。例えば、郵便事業は、かつては国営でしたが、その時代、この基準によると、私達が宅配便を送るのは私法であり、郵便小包を送るのは公法となります。しかし、いずれの運送契約においても、料金を支払い荷物を運んでもらうという、その内容や性質は基本的に違わず、たまたま一方は国家が運営していただけです。

　これらの例は、国家と言ってもいわゆる公社や現業なので、特殊すぎるという、批判があるかも知れません。しかし、ある事務機メーカーが、机を民間会社へ納入すれば私法であり、官庁へ納入すれば公法という例もあります。要するに、法律関係の一方または双方が国家や地方自治体であれば公法であるという分類基準が、妥当でないことも少なくないのです。

4．法律関係の性質による区別

　法律関係の当事者が国か私人かによる分類の欠陥を修正した、法律関係の性質による分類もあります。すなわち、事務機メーカーが机を、国へ納入しようと民間会社へ納入しようと、どちらも売買契約であり、売買契約の性質は常に私的な関係と考えて良いので、いずれも私法であることになります。一般的な形で整理すると、当事者が、たとえ理念的にせよ、対等な立場で交渉し、契約内容を決め、取り引きをするという形態で営まれる法律関係は、一方当事者が国家であっても私法であり、個人間をも含めて、支配服従の関係や、上下関係がある場合は公法であるという分類です。この基準によると、かなりうまく公法と私法を分類できるのですが、やはり難点があります。

234　第5章　法の発展

　国際法は伝統的に、公法に分類されています。しかし、国際法は、総ての国家が、主権平等であり、互に対等であることを前提として、国家と国家の間に発生する権利義務関係を調整する法分野ですから、この基準によれば私法に分類されてしまいます。また、未成年の子と親との関係は、公法に分類されることになりますが、家族関係は私法というのが、伝統的な分類です。しかし、新たな分類を試みる以上、伝統的な分類に反することを、この分類の欠陥と考える必要はないのかも知れません。

　これまで伝統的に行われて来ていた公法と私法の分類基準は、必ずしも明確ではありません。そこで、以上の3基準を全部当てはめると、保護法益が主として公共の利益であり、法律関係の主体の少なくとも一方は国家か公法人、そして、法律関係に支配服従か上下関係の性質のあるものが、一応公法となります。さらに、「統治権の発動に関わるもの」という基準を付け加えて、それに合致するものを公法と分類し、それ以外を私法と分類すると、伝統的な分類と合致し、内容的にも妥当な基準となります。しかし、次に述べるように、公法と私法という分類をする必要性の有無、積極的意味の有無が、そもそも問われているのですから、ここであまり正確な定義をしても仕方がないと言えます。

5．公法と私法の相対性

　法の歴史の中で、公法と私法という分類がいつ頃から生まれて来たのか、いかなる状況の下で、公法と私法という分類の必要性が強調されていたのか、何故現在では、公法と私法という分類がそれ程意味がないと言われるようになったのかを、考察しておきます。近代市民法の成立前には、公法と私法の区別がなく、国家と国民の間の関係と、個人と個人の間の関係が、法の概念としてあまり区別されていなかったと、言われています。例えば、不法行為法と刑法との区別がなく、殺人事件において被害者の遺族に損害賠償を払うことと、犯人を処罰することとが混同されていたり、債務拘禁のように、契約の処理の問題と刑罰とが混同されていたりしたのです。

　その後、近代市民社会が成立し、個人主義・自由主義を基本に、資本主義体

制の加わった、近代市民法の基本原理が生まれました。その中で特に重要なのは、私的自治の原則・契約自由の原則です。したがって、法律の中で最も重要なのは、個人対個人の関係を規律する法律であるという、私法優位の認識が出てきます。そして、この認識は、国家観における「夜警国家思想」、および、経済活動における「予定調和の思想」と、密接に結び付いていました。

　統治権の発動として国家が国民の私生活に介入することが禁止される夜警国家思想の下では、介入するための条件を決めることは不要であり、決める必要があるのは、国家組織のあり方や警察官を雇うための税金の取り方位でした。すなわち、必要最小限度の公法のみが、存在したのです。したがって、近代市民社会が比較的早くから成熟していたイギリスでは、public law という言葉が稀に法律書に出てくる場合にも、日本で言う「公法」と同じ意味では、ほとんど使われていませんでした。

　これに対して、ドイツや日本では、いわゆる近代市民社会の発達が非常に遅れ、資本主義経済体制の出発も大分遅れました。そこで、日本の明治以降の歴史に見られたように、ある程度国家主導型で、資本主義体制を整備していきます。すなわち、私的自治の原則にのみ委ねるのではなく、国家行政機関が積極的に私的生活に介入したのです。しかし、思想的には夜警国家思想ですから、行政機関が積極的な役割を果たすことを一方で認めながらも、他方で、国家権力を法によってコントロールする必要性が、非常に強く認識されることになります。

　すなわちイギリスでは、どちらかと言えば「公法は無くても良い」という考え方だったのに対し、ドイツや日本では、行政権の行使を法的にコントロールする手段として、公法が積極的に位置付けられました。つまり、英米法における rule of law（法の支配）のような考え方が、ドイツでは、行政権に対するコントロールの手段として、考案されてきたのです。したがって、私法は、自由な個人の活動の中で起きる種々の紛争を、対等な関係の紛争として処理するための法秩序であるのに対して、公法は、国家が統治権の発動を行う中で起きる種々の問題について、特に国家の統治権の発動が濫用にわたらないように、

236 第5章 法の発展

法でコントロールするものと位置付けられて、公法という概念が登場したのです。

　登場当時の公法という概念は、法による行政という原理に支えられていたので、できれば最小限のものであるべきだと、考えられていました。しかし、既に述べたように、夜警国家思想が徐々に福祉国家思想へと変化し、近代市民法の基本原理に反省が加えられて、社会法の理念へと移行して行きます。そして、社会法の理念の下では、個人に本当の意味の自由・平等・幸福な生活を保証するために、国家が積極的な役割を果たすことを認めています。

　社会法の理念の下で、国家権力の介入が許される限界を定めることは、かなり困難です。自由主義陣営の国家では、原則は経済活動を自由としつつ、一定の範囲で経済的自由を制約することによって、社会法の理念・福祉国家の理念を実現しようとしています。したがって、自由の幅の極めて狭い社会主義国家の計画経済と、結果的に接近しつつあります。例えば、イギリスやフランスでは、かなり大幅に企業の国有化をしたり、社会主義的な経済政策を資本主義体制の中へ取り入れたりし始めています。他方、社会主義原理・計画経済の建前を掲げつつも、経済の自由化を始めている国もあります。したがって、この意味では、図式的に100％自由な近代市民法の基本原理を採る国家や、完全な統制経済である社会主義原理を採る国家は無くなりつつあり、現代社会における国家は、接近しつつある両者の幅の中で行う選択に従って、その国の法秩序を作っているのです。

　福祉国家思想の下では、公法と私法という区別が徐々につかなくなってきます。例えば、私法の中心であり、自由な筈の「契約」に、国家が色々な干渉をするようになります。この観点から制定された法律の中で、比較的早いのは借地法・借家法であり、これらを引き継いだ借地借家法は、現在でも私法に分類されています。しかし、同じく契約の自由が制限されている、労働契約をその規制対象に含む労働法は、既に第3の分野である社会法に分類されています。なお、建築基準法は公法的な色彩が強い法律であるものの、私法的な分野も混ざり込んでいます。

第2節　公法と私法の関係　237

　公害に関する法律の分野において、損害賠償請求という基本的な部分は、私法的なものです。しかし、厚生労働省や環境省が公害の発生を事前に予防しなかったことを理由とする国家賠償請求は、私法とは呼べません。関係官庁が、会社の経営に干渉し、定期的な立ち入り検査をして、施設の稼動を一時停止させたり、改善命令を出したりする部分は、統治権の発動であり、上下関係であって、公法です。したがって、私達の生活を公害から守るための法分野は、私法の分野と公法の分野の双方にまたがっているのです。

　私達の日常生活において、私法だけで処理される分野や公法だけで処理される分野がだんだん減少し、公法と私法が入り組んだ形で法規制をしているいわば第3の法領域が、どんどん増加しています。したがって、公法と私法とを分類することが、現在では積極的に意味付けられなくなっています。また、このような状況であるにもかかわらず、公法的にはどうだ私法的にはどうだと分けた議論をしても、現在ではあまり有効ではなくなって来ているのです。

終　章　法学の学び方

> 〔この章で学ぶこと〕
>
> 　前章まででは、「平和と秩序の叡知」を求めるべきことから始めて、幾つかの基本的な問題を扱ってきた。しかし、その扱い方が他の法学入門書と異なるために、その記述がやや分かりにくかったかも知れない。そこで、本書の結びとして、何を念頭に置きながら記述してきたのかをまとめて、参考に供することとする。

1. 人と社会の認識

　法学は、社会科学の一分野であり、人と社会を対象とする学問です。したがって、「六法全書と法律の教科書」だけで法学を学ぼうとする姿勢は誤りであり、人と社会をきちんと認識しつつ、法学を学ばなければなりません。そこで、本書では、そのことを念頭に置きつつ、色々な議論をしてきたのです。

　その一環として、本書は、法学部へ入学した学生が、法学ないし法律学に対して抱いているイメージを打ち破ることを、目標にしました。「法学部における学問は、英語の単語を覚えるように、六法全書を1条から暗記することである」と、考えている学生がもしもまだいるならば、本書を読み返してみると共に、一刻も早くその考えを改めなければなりません。

　例えば、権利と義務について述べた際に本書は、日本人の法意識についてかなり言及しました。これは、伝統的な義理・人情とは何か、日本の社会はどういうものなのか、人間と人間との紛争がどのように捉えられてきているのか等々に関する充分な理解を欠いては、法なり法律なりを理解できないからです。

　法律は、現実の人間社会の中で起きている現実の紛争を、解決するための道具です。例えば、ある会社の社長として労働組合との団体交渉に臨むとき、労

働法の知識を持っているのは必要なことかも知れませんが、労働法の知識だけでは十分ではありません。その団体交渉でその社長がどういう役割を果たせるかは、条文の知識だけではない、素養によります。そして、その素養とは、法学を学ぶことを通して養われた、人間を見る眼、日本社会を見る眼等々なのです。

　法学を学ぶには、関連諸科学の知識も、極めて重要です。大学の「共通基礎科目」などでは、色々な学問分野の専門家がそれぞれの視点から、人と社会の解明に向けて努力してきた成果を教えています。すなわち、「共通基礎科目」などは、その履修を終えたとき、人と社会を多角的に見る眼が自ずと養われていることを、目標としています。しかし、現在の学問はいわゆる蛸壺型になっているので、それぞれの専門家がそれぞれの専門的な角度から、社会現象の一部を斬って見せてくれているだけであることが、少なくありません。したがって、後は学生が自力で、それらを統合しなければなりません。そして、人と社会について統合的に認識する力を持つこと、または、少なくとも、人と社会について統合的に認識しようという問題関心を持つことが、法学を学んで行く上で、極めて重要な出発点なのです。

2．法学の体系性

　法学には、体系的な学問という性格があります。法学部へ入学した際にみなさんには、例えば、「環境汚染や悪質商法被害などで苦しんでいる人が沢山いるのに、なかなか救済されていない。法学部へ入学して、一体この問題はどうなっているかを解明してみたい」等々、色々な動機や期待があったと思います。これはちょうど、宇宙船同士が宇宙空間でドッキングしたのをテレビで見た小学生が、「自分も是非同じことをしたいので、教えて欲しい」と研究所へ訪ねて来た状態と、大変良く似ています。「地球上から、どの位の速度でどの方向へロケットを打ち上げたら、今宇宙を飛んでいる宇宙船のそばへ行けるか、軌道計算の仕方を教えてくれ」と、その小学生が頼んだとしたら、その研究者は、まず「足し算を知っているか。もしまだなら、それを覚えなさい」と指示し、

240　終章　法学の学び方

足し算をできるようになると、次は引き算、掛け算等々と、順次学ばせます。

　「こういう知識を持ちたい」という希望や、そういう知識の必要性は、充分理解できますし、ここで水をさそうとは思いません。しかし、法学を学ぶには、長い目で見ると、体系的に勉強する方が能率が良いのです。例えば、自分は著作権に興味があるからと、１年生のときから著作権法の講義を聴講し、著作権法の本を読んだとします。すると、権利とか有体物とか色々な用語が出てくる度に法学辞典を横に置いて調べなければならず、しかも、それでも良く理解できないので、結局、非常に無駄な時間と労力を使うことになります。しかし、例えば民法を一から始めて順番に積み上げて行き、ある程度積み上げができると、横への枝が広がっていきます。根を学び、幹を学び、だんだん自分の好きな細かな枝葉を学んでいくことの方が、勉強方法として能率的なのです。

　なお、法史学、法哲学、法社会学、アメリカ法、ドイツ法等々基礎法学科目は、実定法学科目とは異なり、その知識を身に付けたら直ちに実務上役立つという役割を、直接果たす科目ではありません。しかし、広く法学を理解する上で極めて重要なものです。

３．リーガル・マインド

　法学は、論理的であると同時に、技術的な要素をも持っている学問です。したがって、みなさんは、一方で、技術的な約束事としての法を理解していかなければならず、他方で、法的な論理を駆使できるようになっていかなければなりません。しかも、さらに、人と社会の認識と共に、いわゆる価値観を、自分の中に形成していかなければなりません。

　価値判断と法の論理をどのようにつなげていくかは、制度と理念の関係として、何度か述べました。その際に素材として採り上げた幾つかの例について、考え方のプロセスを充分納得できた場合と、納得できなかった場合とがあった筈です。納得できなかった場合はおそらく、そこで結論めかして述べた価値判断が、みなさんの価値判断と一致しなかった場合だろうと思います。もしも、別の価値判断に基づいて説明されれば、納得することもあるのではないでしょ

うか。

　法学教育の目的として、リーガル・マインドの養成ということがよく言われています。法が平和的な紛争解決を目標とするものであり、法学が平和と秩序の叡知を求めるものである以上、そこでは、まず、人間の間にどのようにして、何故意見の対立が生じ、それが争いにまでエスカレートするのかについて、人と社会に関する多角的な理解が必要です。そして次に、そのような人間理解・社会認識に立った上で、どのようにしたら、その争いを平和的に解決しうるかが、考えられることになります。人情も条理も、ある役割を果たしてくれるでしょうが、特に重要なのは、主観的価値判断ではなく、客観的説得力を持ち、紛争当事者をも納得させうる論理なのです。そこでの論理とは、ただ理屈の筋が通っているという意味での形式論理ではなく、前述の人間理解・社会認識の上に作られた、価値判断の客観的表現としての論理でなければなりません。したがって、このような論理を身に付けるためには、多元的な人間理解や社会認識が成立しうることに広く目と心を開き、そこに形成される多様な対立する価値判断の間で適切な取捨選択をしていくことのできる、バランスのとれた思考過程に習熟することが必要だと言えましょう。リーガル・マインドの養成ということが強調されるのは、法の技術的知識の蓄積のほかに、このような意味での思考過程を身に付けることが、法学の学習にとって重要だと考えられているからなのです。

　以上に簡単に述べたことに留意しつつ、法学の勉強を、今後も続けていただきたいと思います。

練 習 問 題

次の問題に挑戦して、本書で学んだ内容を十分理解できている
かどうかを、確認してみましょう。（各60分〜90分程度）

[問1]　他人の家の垣根に咲いているバラ一輪を折り取った人が、以下のよう
　　な理由で自己の無罪を主張している。この主張を論評して下さい。
　1．刑法235条（窃盗）に規定されている他人の財物という文言の解釈には、
　　一輪のバラは含まれない。
　2．日本には「花盗人は盗人でない」という言葉があり、これは日本社会に
　　おいて慣習法となっている。

[問2]　日本の法文化に関連して、(1)権利についての考え方、および、(2)紛争
　　解決のあり方、を特徴的に示すような言葉をそれぞれ少なくとも、ひとつ
　　ずつ挙げ、それについて、自由に論じて下さい。［適当な言葉を思いつか
　　ない人のための例。(1)泣き寝入り。ゴネ得。(2)喧嘩両成敗。長いものには
　　巻かれろ。］

[問3]　交通事故を少なくするためには、どのような法律的な方法が考えられ
　　ますか。できるだけたくさんの方法を考えて下さい（少なくとも4つ）。
　　その上で、それぞれの方法が、法的サンクションとして、どのような長所
　　と短所を持っているかを説明して下さい。
　　　さらに日本人の法律に対する意識および日本社会の特質との関係で、ど
　　の方法が有効にその目的を達成しうるかについて論じて下さい。

[問4]　「憲法で言論の自由（各人の意見を自由に発表する権利）を認めてい
　　るのに、刑法で名誉毀損罪（発言したことの内容によっては処罰される）
　　を規定していることは、制度として矛盾している」という文章について論
　　評して下さい。

244　練習問題

［問5］　「有効に婚姻を成立させるためには、戸籍法上の届出をしなければならない」という制度は、どのような目的を実現しようとするものと考えられるか。他方、この制度は、婚姻とか家族というものの本質という角度から眺めた場合、どのような問題点があるか。自由に論じて下さい。その際、「内縁の妻」の地位をどのように考えるべきかという論点に必ず触れて下さい。

［問6］　次のような紛争は、調停、仲裁、裁判のうち、どの制度によって解決することが望ましいか。理由を付して答えて下さい。
　1．交通事故の加害者と被害者の間で、治療費・修理費などの金額については合意ができているが、分割払いにするか一括払いにするかで、争いがある場合。
　2．隣家の塀が自分の土地の中に一部くいこんで建造されたかどうかという、土地の境界に関して争いがある場合。
　3．ある会社の製造している製品が、他社の特許権を侵害しているかどうかについて、争いがある場合。

［問7］　紛争解決制度としての裁判と調停について、日本人の法意識と関連させながら、その長所、短所を論じて下さい。

［問8］　以下の意見は、判例に関連して述べられたものである。そこに含まれているいろいろな論点について自由に論じて下さい。
　1．判例を法と認めることは、三権分立の原則に反すると考えるべきではなく、むしろ、それに積極的な意味を認めるべきである。
　2．判例法も法であり、その法規範に従って行動をしていた人々にとっては、判例が変更されるということは、期待が裏切られることになるので、判例変更を認めることは、いろいろな法の基本原則に反する疑いがある。
　3．調停と仲裁とは、紛争解決制度として、裁判とは異なるものであるから、調停や仲裁では、判例法の適用ということは問題となりえない。

［問9］　キセル乗車を発見された乗客が、次のような主張をしている。これらの主張に対し、法学的見地から論評して下さい。
　1．みんながキセル乗車をしているのに、自分だけ見つかったのは、たまた

ま運が悪いだけで、不公平だ。

2．JRが一方的に決めた規則で、3倍もの罰則金（割増運賃）をとることは、一方的で正しくない。

3．小銭が足りなかったので、途中までの切符を買っただけなのに、キセル乗車と決め付けるのはおかしい。

[問 10]　交通事故に関して述べられている次の意見について、自由に論評して下さい。

1．被害者に対して十分な賠償金を支払って、示談が成立している場合には、それ以上加害者の責任を追及する必要はない。

2．ある健康障害が、その交通事故の結果であるということは、はっきりいえないことがあるだろうから、後遺症の認定には、特別の考慮が必要だ。

[問 11]　交通事故に関して述べられている以下の意見について、理由を示して批判して下さい。

1．誰でもスピード違反ぐらいはしているのだから、それを非難することはできない。

2．加害者が被害者に十分な賠償金を払えないときは、重い刑罰を加えるべきだ。

3．運転手に過失があったかどうかを判断する場合、裁判所は事件の性質に関係なく、常に同一の基準によるべきだ。

[問 12]　Aは、レジャー・スポーツ・クラブに入会し、入会金と1年分の会費を納入したが、入会後間もなく転勤になり会を脱退せざるをえなくなった。会則によれば、納入された入会金などは一切返還されないことになっている。この入会金などの返還について、以下の点を論じて下さい。

1．この会則はクラブ側が一方的に作ったものだから、Aはそれには拘束されず、入会金などの返還を求めうるか。

2．Aが入会金などの領収証を失くしてしまった場合でも、Aは入会金の返還を求めうるか。

3．この会則の規定が妥当でないとした場合、立法、司法、行政は、それぞれ、どのような方法で、会則の内容に対し規制をすることができるか。またその規制において、実効性を確保するため、どのようなサンクションを

246 練習問題

用いることができるか。

[問 13] 旅館・民宿などで発生する食中毒事故に関連して、
1. 食中毒事故の被害者は、誰に対し、どのような性質の権利を根拠として、どのような内容の救済を求めることができるか、説明して下さい。
2. 事故の予防や事後処理など、総合的な事故対策を検討し、各種の法的規制を強化することとした場合、それらの規制にあたり、過去の事故をも対象とすることは許されるかについて、自由に論じて下さい。

[問 14] 交通事故被害者の医療に関する甲乙2人の議論について、自由に論評して下さい。
　甲：医者も人間である以上、疲れることもある。朝から診療をし続けて、一日の仕事を終わった以上、診療拒否をすることもやむをえない。医者の人権も尊重されなければならないのだ。
　乙：もし診療拒否を認めれば、病院のタライ回しによって患者が死亡することも起ってしまう。医者という職業を選んだ以上、診療拒否は許されない筈である。

──［採録にあたって］──

　以上14題の論述式問題は、立教大学法学部における「法学原理」の学年試験として、澤木教授が実際に出題された問題です。澤木教授の科目担当年数と比較して少なすぎると思いますが、荒木には自信作しか教えてくれなかったのではと推測しています。

　これらの問題はいずれも広く深いすそ野を有しています。問題文の表面的な文言に惑わされてしまい、「あそこで扱われた話だ」とか「本書の何頁だ」とかいう受け止め方をして記した答案では、合格答案とは決してなりえません。練習用の答案作成に挑戦する方は、本書全体の内容を、参考文献をも含めて、想起して下さい。合格答案を書ける程の実力を養った方には、どの問題においても問われていることが実は共通だと、見えている筈です。

参考文献一覧

　　本書の内容について理解を求めるには、
　碧海純一『法と社会——新しい法学入門』　1967 年　中公新書
　田中英夫『実定法学入門』（第 3 版）　1974 年　東京大学出版会
　の他、必要に応じて、以下の文献のいくつかにも眼を通すことが望ましい。

団藤重光『法学の基礎』　1997 年　有斐閣

我妻　栄『法学概論』　1974 年　有斐閣

山本桂一『新法学入門』　1967 年　有信堂

米倉　明『法学入門』　1973 年　東京大学出版会

尾高朝雄『法の窮極に在るもの』（新版）　1965 年　有斐閣

講座現代法第 15 巻『現代法学の方法』　1966 年　岩波書店

川島武宜『科学としての法律学』　1964 年　弘文堂

川島武宜『「科学としての法律学」とその発展』　1987 年　岩波書店

碧海純一編『法学における理論と実践』　1975 年　学陽書房

利谷信義『日本の法を考える』　1985 年　東京大学出版会

神島・澤木他編『日本人と法』　1978 年　ぎょうせい

川島武宜『日本人の法意識』　1967 年　岩波新書

ルース・ベネディクト『菊と刀』　1967 年　社会思想社現代教養文庫

イザヤ・ベンダサン『日本人とユダヤ人』　1971 年　角川文庫

きだみのる『にっぽん部落』　1967 年　岩波新書

中根千枝『タテ社会の人間関係』　1967 年　講談社現代新書

土居健郎『「甘え」の構造』　1971 年　弘文堂

岡崎照男訳『パパラギ』　1981 年　立風書房

ジョージ・オーウェル『1984 年』　1972 年　ハヤカワ NV 文庫

ドメニコ・ラガナ『ラガナ一家のニッポン日記』　1983 年　角川文庫

渡辺・鈴木『朝鮮語のすすめ—日本語からの視点』　1981 年　講談社現代新書

高瀬善夫『一路白頭ニ到ル—留岡幸助の生涯』　1982 年　岩波新書

谷　昌恒『教育力の原点』　1996 年　岩波書店

潮見俊隆『法律家』　1970 年　岩波新書

ロスコー・パウンド『法の任務』　1954 年　岩波書店

三宅正太郎『裁判の書』　1955 年　角川文庫

大内・我妻『日本の裁判制度』　1965 年　岩波新書

青木英五郎『日本の刑事裁判』　1979 年　岩波新書

上田・後藤『誤まった裁判』　1960 年　岩波新書

後藤昌次郎『冤罪』　1979 年　岩波新書

浜田寿美男『〈ウソ〉を見抜く心理学』　2002 年　NHK ブックス

浜田寿美男『取調室の心理学』　2004 年　平凡社新書

大塚久雄『社会科学の方法』　1966 年　岩波新書

田中・竹内『法の実現における私人の役割』　1987 年　東京大学出版会

野村二郎『裁判と市民感覚』　1981 年　有斐閣新書

横川敏雄『新しい法律家の条件』　1982 年　有斐閣新書

田宮　裕『現代の裁判』　1985 年　日本放送出版協会

ジェローム・フランク『裁かれる裁判所上・下』　1970 年　弘文堂

ダレル・ハフ『統計でウソをつく法』　1968 年　講談社ブルーバックス

谷岡一郎『「社会調査」のウソ』　2000 年　文春新書

秋山賢三『裁判官はなぜ誤るのか』　2002 年　岩波新書

今村　核『冤罪と裁判』　2012 年　講談社現代新書

〈著者紹介〉

澤 木 敬 郎 (さわき・たかお)

昭和 6 年　東京都新宿区に生まれる

昭和34年　東京大学大学院修了・法学博士

元立教大学法学部教授・国際法学会理事

平成 5 年 9 月　逝去

　主　著　新版国際私法入門（昭和47，有斐閣），日本人と法（昭53，ぎょうせい，共編），法とは何か（昭55，北樹出版，共編），国際民事訴訟法の理論（昭62，有斐閣，共編），国際私法演習（昭48，有斐閣，共編）

荒 木 伸 怡 (あらき・のぶよし)

昭和19年　神奈川県横須賀市に生まれる

昭和50年　東京大学大学院修了・法学博士

　現　在　立教大学名誉教授・弁護士・犯罪社会学会元会長・法と心理学会元常任理事・元監事

　主　著　裁判——その機能的考察（昭63，学陽書房），社会調査のためのコンピュータ入門〔改訂版〕（平11，北樹出版），迅速な裁判を受ける権利（平 5，成文堂），刑事訴訟法読本（平 8，弘文堂），非行事実の認定（平 9，弘文堂，編著）

南 部　篤 (なんぶ・あつし)

昭和29年　青森県八戸市に生まれる

昭和62年　日本大学大学院博士後期課程満期退学

　現　在　日本大学法学部教授

　主　著　スタッフ刑事政策（平12，辛夷社，共著），目で見る刑法教材（平 9，有斐閣，共著），わいせつ情報とわいせつ物頒布等の罪の客体（平16，勁草書房『現代社会型犯罪の諸問題』所収），フランス刑法における組織犯罪の規制（平 4，日本法学57巻 4 号），コンピュータ犯罪と1988年のフランス刑法一部改正（平 2，日本法学55巻 4 号）

ホーンブック　法学原理〔第 4 版 補訂〕

1988年 2 月10日	初版第 1 刷発行
1998年 4 月30日	初版第11刷発行
1999年 4 月15日	新版第 1 刷発行
2005年 4 月15日	新版第 6 刷発行
2006年 4 月15日	第 3 版第 1 刷発行
2014年 4 月15日	第 3 版第 6 刷発行
2015年 4 月20日	第 4 版第 1 刷発行
2021年 5 月10日	第 4 版第 4 刷発行
2025年 4 月25日	第 4 版補訂第 1 刷発行

著　者　澤　木　敬　郎
　　　　荒　木　伸　怡
　　　　南　部　　　篤

発行者　木　村　慎　也

・定価はカバーに表示　　印刷　新灯印刷／製本　和光堂

発行所　株式会社　北 樹 出 版
URL:http://www.hokuju.jp

〒153-0061　東京都目黒区中目黒1-2-6　電話(03)3715-1525(代表)

© T.Sawaki & N.Araki & A.Nanbu, 2025, Printed in Japan

ISBN978-4-7793-0772-0

(落丁・乱丁の場合はお取り替えします)